ミネルヴァ教職専門シリーズ3

広岡義之 / 林泰成 / 貝塚茂樹
監修

教職論

津田 徹 / 広岡 義之
編著

ミネルヴァ書房

監修者のことば

　21世紀に入って，すでに20年が過ぎようとしています。すべての児童生徒にとって希望に満ちた新世紀を迎えることができたかと問われれば，おそらくほとんどの者が否と言わざるを得ないのが現状でしょう。顧みてエレン・ケイは，1900年に『児童の世紀』を著し，「次の世紀は児童の世紀になる」と宣言して，大人中心の教育から子ども中心の教育へ移行することの重要性を唱えました。それからすでに120年を経過して，はたして真の「児童の世紀」を迎えることができたと言えるでしょうか。

　そうした視点から学校教育を問い直し，いったい何が実現・改善され，何が不備なままか，あるいは何が劣化しているかが真摯に問われなければなりません。このようなときに，「ミネルヴァ教職専門シリーズ」と銘打って，全12巻の教職の学びのテキストを刊行いたします。教職を目指す学生のために，基本的な教育学理論はもとより，最新知見も網羅しつつ，新しい時代の教育のあるべき姿を懸命に模索するシリーズとなりました。

　執筆者は大学で教鞭をとる卓越した研究者と第一線で実践に取り組む教師で構成し，初学者向けの教科書・入門的概論書として，平易な文章で，コンパクトに，しかも教育的本質の核心を浮き彫りにするよう努めました。すべての巻の各章が①学びのポイント，②本文，③学習課題という３点セットで統一され，学習者が主体的に学びに取り組むことができるよう工夫されています。

　３人の監修者は，専門領域こそ違いますが，若き少壮の研究者時代から相互に尊敬し励まし合ってきた間柄です。その監修者の幹から枝分かれして，各分野のすばらしい執筆者が集うこととなりました。本シリーズがみなさんに的確な方向性を与えてくれる書となることを一同，心から願っています。

2020年8月

広岡義之／林　泰成／貝塚茂樹

は じ め に

　本書は，教育職員免許法施行規則に定める「教育の基礎的理解に関する科目」のうち，「教職の意義及び教員の役割・職務内容（チーム学校運営への対応を含む。）」に相応する教職論のテキストである。

　編者は，本書の企画段階において，以下の点を念頭に内容構成を考案した。①主としてこれから教師の道を志そうとする大学生にとって教職論の全貌が理解しやすい教科書であること，②教職論としての基本的内容を網羅する教科書であること，③現代の社会変化にも対応できる教職論としての内容を加えること，④教師の実際的側面にも配慮した内容であること，⑤大局的観点から教育問題の構造を理解し，さらには意識的に教育改善に携わることのできる視点を取り入れること，である。

　近年，教師の多忙化については社会的に問題視されている。また採用選考試験の競争率の低下の問題（地域差や校種・教科別の相違はあるが）や教員の資質能力低下の問題，教員免許状更新講習のあり方，さらには職業としての教職の魅力についても議論されるようになってきている。加えて，教科指導の充実や特別支援教育，生徒指導，進路指導，食育，安全教育，そして ICT 教育の運用など，教員に求められている内容は，膨れ上がってきている。

　そのようななか2020年には全世界中に新型コロナウイルス感染症が猛威を振るい，私たちの日常生活は激変し，学校教育においてもこれまでにない対応が求められ，社会全体が前代未聞の事態に遭遇することとなった。

　学校現場では，校内での感染予防の方策を必死になって考えるとともに，学びの機会や教育内容をどのように確保するかが議論された。また遠隔授業による新たな教育的学びの可能性も浮上してきたことは記憶に新しい。

　紙面の都合上，このような内容すべてを詳細に網羅することはできなかったが，教師がおかれた位置（過去），おかれている現状（現在），そして今後どうあるべきか（未来）の各観点から問題提起することができたと考えている。各

章の論述を何度となく読み返していただければ，各執筆者の意図を読みとることができるように思う。また教職教育の現状の理解を促すために，教職の意義や教員養成の歴史はもちろんのこと，具体的な教師の一日の内容や教員採用選考試験の現状，チーム学校の理念の背景，さらには今後の教師教育の将来のあり方とも関係する教育政策や制度的な内容にもふれている。各執筆者は大学等においてすでに何年にもわたって指導経験を有した先生方ばかりであり，読者のみなさんは多くの示唆を得ることもあるだろう。各章末の学習課題にもぜひ挑戦していただき，各章のねらいの理解を深化させていただきたいと考えている。そして「児童生徒に寄り添い，考え行動できる教師」を目指していただければ幸いである。

　今回，大学生を対象とした教職論としてのテキストという性格上，内外の多くの研究者・団体の研究・調査の成果を援用させていただいた。感謝を申し上げる次第である。また本書の刊行に際して，ミネルヴァ書房編集部の深井大輔氏ならびに平林優佳氏からは詳細にわたる助言や配慮を賜った。厚く感謝を申し上げたい。

　2021年7月

編著者　津田　徹／広岡義之

目　次

第1章

教員になるために

　本章では，数多くある職業のなかでも「教員」という職業には，どのような特性があるのかについて学習する。また，専門職としての教員にはどのような内容が期待されているか，教員を目指す動機にはどのようなものが見出されるか，教員になる条件としてはどのようなものが考えられるかを考察していく。それらの考察を通して，教員の有する教育的責任の意味を認識し，自らの職業選択の1つとしての教師像の確立を試みてみよう。

1　教員という用語とその性格

（1）教育者の呼称のいろいろ

　古来から教え導く者の存在は多様であった。たとえば，神話的世界においては神職や巫女が，古代エジプトでは書記（王に次ぐ政治的指導者）が，古代ギリシアにおいては詩人や悲劇作家，哲学者が教え導く者であった。また子どもにとっての一番身近な教え導く者は，親である。社会との関わりが生じてくるにつれ，社会における指導者が教え導く者の役割を兼ね備えることもある。職場の上司，宗教的指導者などがそうである。ところが近代的な意味での学校が誕生し，そこで勤務する者が本格的に登場するようになって以降，制度的に確立された指導者が登場することとなる。それが教師であった。

　ところで，教育職には教師や教員をはじめ数多くの呼称が存在する。

　教員とは「学校の教職員のうち，直接児童・生徒の教育に携わる者の総称」（窪田・小川，2021：236）をいう。**教師**とは「①学術・技芸を教授する人。②公認された資格をもって児童・生徒・学生を教育する人。教員。③宗教上の教化

をつかさどる人」（新村，2018：761）である。教員の呼称の方が教師よりも教育行政分野でより多く使用されている。**先生**は広く通俗的にも用いられ，「①先に生まれた人。②学徳のすぐれた人。自分が師事する人。また，その人に対する敬称」（新村，2018：1665）である。

さらに教員のなかでも公立学校の教員は教育行政上，**教育公務員**または**教育職員**と呼ばれている。この呼称は法律によって定められたもので，「教育公務員」は教育公務員特例法第2条，「教育職員」は教育職員免許法第2条第1項において，それぞれ定義されている。ちなみに「教職員」は公立義務教育諸学校の学級編制及び教職員定数の標準に関する法律第2条第3項で定義されている。

近代以前において，教師は師匠，師範，親方等と呼ばれていた。**師匠**とは「①学問・技芸などを教授する人。先生。（中略）②芸人に対する敬称」（新村，2018：1280）とされ，**師範**とは「①手本，また，手本となる人。師表。②武道や技芸などの先生」（小川ほか，1994：317）とされる。華道などの稽古事の師匠とか，舞踏や武術の師範などと現代でも用いられる。

教員，教師，先生以外にも，明治期から昭和初期においては，**視学**（旧制度の地方教育行政官）や**視学官**（文部省に置かれ，学校教育に係る専門的，技術的な指導・助言を行う職）という用語も登場し，小説などにおいては「**代用教員**」（戦前に存在した無資格の教員のこと。戦前においては官立の師範学校出の教員が正規のコースであったのに対し，無資格の教員の途も存在した）も登場する。民間の職業教育においても，**親方**（弟子・奉公人・部下などを抱えて，〔中略〕保護したり，指導したりする人〔松村，2006：380〕）が職場における丁稚・見習い人などの指導者として登場した。

また中国においては**老師**，**師傅**（シフ）という呼称もある。老師は，「①年をとった先生。また，単に先生をよぶことば」（小川ほか，1994：805）のことであり，師傅は「①先生，②周代，三公（太師，大傅，大保），三狐（少師，少傅，少保）の官があり，天子や皇太子の顧問や教育係をし，地位が高く名誉のあるものであった。これを総称して，師傅，師保，師傅保」（小川ほか，1994：317）というように使われていたのである。

　古代ギリシアではパイダゴーゴスやソフィストという言葉がある。パイダ
ゴーゴスは家庭から学び場へ子どもを連れていく奴隷の家庭教師であった。子
ども（パイス）を導く役目（アゴーゲー）を担っていた者である。またソフィス
トと呼ばれる職業的教師も存在した。代表的なソフィストであるゴルギアスは
「万物の尺度は人間である」と主張し，相対主義を主張した。相対主義とはた
とえば，ある国の正しさが，別の国に行けば不正となったり，ある時代の正し
さが，別の時代においては正しくなかったりするなど，時や場により価値が変
わるとする考え方である。このように，正しさなどの価値は相対的であるとし
て，主に有力子弟に通俗的な価値（たとえば，「正しさとは強者の利益にほかならな
い」など）を教え，高額の授業料を得ることに従事した。それに対して異議を
唱えたのがソクラテスであった。ソクラテスは著作を残さなかったが，弟子の
プラトンが伝えるところによれば，問答を通して対話相手の偽なる信念（ドク
サ）を明らかにし，教育活動に従事した。ソクラテスは，通俗的価値には見向
きもせず，真理探究に従事すること（＝哲学）に専念したため，彼こそ真の教
師であるとする解釈する学者もいる。

　外国語のうちでは，英語にも教育者を指す呼称は多くある。たとえば
teacher（教える人，教師，先生，教育者），instructor（教授者，教師，指導者，〔大
学の〕専任講師），professor（教授，正教授），educator（教育専門家，教育者，教職
者，教育学者），assistant（助力者，助手，補佐），lecturer（講演者，訓戒者，〔大学
などの〕講師）等である（松田ほか，1984：127，688，1133，1253，1736，2224）。

　本項の最後に，教員という職業への理解を深める手がかりとして，文学作品
における教員についてもふれておこう。

　教員を主人公とした文学作品や映画，漫画は数多く見出される。もちろん
フィクション（創作作品）もあるが，時代背景や教員（教師）に期待されていた
役割・メッセージ性などを知る手がかりになるだろう。同時に教員に期待され
る役割や学校組織のあり方，人間としてのあり方等，どのような文脈において
教員としての振るまいがなされているのかを考察することも教育的な意味をも
つこととなる。主な文学作品としては，夏目漱石『坊っちゃん』（1906），田山
花袋『田舎教師』（1909），壺井栄『二十四の瞳』（1952），灰谷健次郎『兎の目』

(1974），新田次郎『聖職の碑』(1980），三浦綾子『銃口』(1994），ヘレン・ケラー『ヘレン・ケラー自伝』（『私の生涯』)(1902），ヘルマン・ヘッセ『車輪の下』(1906) などが挙げられる。

　これらの著作は，教員生活に生じる問題を多く取り上げている。問題解決にどう立ち向かうか，子どもの心情をどう理解しているかなど，自らの教師像を考察するうえで参考となるから，ぜひ読んでみるとよいだろう。

（2）数多くある職業のなかでの教員の位置づけ
①　働くための条件
　数多くある職業のなかから自分が就く職業を選択するにあたっては，自らの関心や能力や技能，適性をはじめ労働条件等に応じて考察するのが一般的である。

　そもそも，現在，労働に従事できる年齢は何歳から何歳までだろうか。たとえば，子役として活躍する芸能人がいるが，彼らの扱いはこうである。避止義務のうち，「児童酷使の禁止」（日本国憲法第27条第3項)，「労働年齢の制限」（労働基準法第56条）があり，15歳以下は労働者として使用できない。近年「未成年のタレント」がよく見受けられるようになったが，彼らを使用する場合，使用者側には義務教育を受けることを妨げてはならない義務が生じる。児童生徒のアルバイト就業についての規制もあり，たとえば，15歳未満の児童は，修学時間を通算して1日7時間，1週間については40時間を超えて使用することはできない（労働基準法第60条第2項)。

②　世のなかの職業の数
　労働力調査の対象となる15歳以上から65歳未満で生産活動に従事することのできる者を「生産年齢人口」という。この生産年齢人口はさらに，働く意志のない「非労働力人口」と働く意志のある「労働力人口」とに分類される。「職業名索引（改訂版)」2011年度の索引によれば，**27673の職業がある**が，重複などを整理すると，**17209の職業がある**とのことである（労働政策研究・研修機構，2011)。そのなかで教員は「専門的・技術的職業」の1つに数えられている（広岡，2017：3)。

③　欠格条項

　ところで，教員は18歳未満の者はなることができない（「免許状の欠格条項」，教育職員免許法第5条第1項）。これは**欠格条項**のうちの1つであり，その他「禁錮以上の刑に処せられた者」（同条第3項），「免許状失効及び取上げの処分を受け，当該処分の日から3年を経過しない者」（同条第4・5項），「高等学校を卒業しない者。ただし，文部科学大臣において高等学校を卒業した者と同等以上の資格を有すると認めた者を除く」（同条第6項）などがある。欠格条項とは，その職に就くための資格を欠く項目のことである。当然のことながら，免許状取得に必要な条件と教員採用選考試験の受験資格とは異なっている点に注意しておこう。受験資格については，各都道府県や政令指定都市が実施する教員採用選考試験において年齢上限が定められていることや，特定の教科の受験者に対して複数の免許状を求める都道府県もある。たとえば，受験者の年齢上限が49歳以下である場合や，高等学校の福祉・情報・工芸科では，教科の免許状も必要とする場合，などが挙げられる。

④　デモシカ教師

　かつて我が国において，経済状況の変化に伴う就職市場の買い手市場の影響によって「教師にでもなろうか」とか「教師しか他に残っていない」といわれた時代があった。そこから**デモシカ教師**という用語が誕生した。そこには教員としての不本意な動機を読み取ることができる。冗談半分のようにも聞こえる話だが，なり手の少ない教育職にこのような表現が生まれたことは，そうした教師によって教えられる子どもにとっては迷惑な話であった。さらに熱心さに欠け必要最小限だけの仕事をこなし給与を受け取る**サラリーマン教師**という言葉もあった。これは一部の教師を批判的にたとえた用語であったが，近年では逆に，頑張りすぎる教師，あるいは早朝出勤や残業が当たり前となってしまった教師が社会問題化している。政府は働き方改革を推進しようとその問題に着手しつつあるが，教職は依然として労働環境の厳しい職業ではないかという声も根強い。

⑤　学び続ける教師

　教師を目指し晴れて教師となること，それ自体は喜ばしいことである。だが

教師になることが最終目的ではない。当然，教師を勤め続けるうえで，スキルアップしていかなければならないのである。大学に入学後教職課程を履修すること（養成段階），続いて教員採用試験に合格すること（採用段階），そして現職となっても研修や自己研鑽を重ねること（研修段階）と，教職のライフステージがある。このことを，教師のキャリアデザインなどとの関連で，養成（大学）⇨採用（教育委員会）⇨研修（学校・教育委員会）での「学び続ける教師」という側面と捉えることができる（中央教育審議会教員の資質能力向上特別部会，2012：3〜4）。都道府県（政令指定都市等）の教育委員会では，育成指標を公表し，このあり方をサポートしようとしている。

（3）法的な教員の位置づけ

① 研究と修養を目指して──『教育基本法』

　教員の定義は，様々な文脈において語られることが多いが，教育基本法，教育職員免許法，教育教務員特例法など，複数の法によって位置づけられている。教員は教育職としての職業的使命を深く自覚し，現状のままで満足することなく常に「研究と修養」のための努力を重ね，その意志によって教育職の遂行に努力しなければならない。「研究」とは「物事について深く考えたり調べたりして真理を明らかにすること」（松村，2006：807）であり，「修養」とは「学問を修め精神をみがき，人格を高めるよう努力すること」（松村，2006：1188）である。よって教員には，常に研究態度を身につけるとともに，知識を高め，さらに一歩踏み込んで品性をも磨くことが求められている。「下品」という言葉があるが，この言葉は「品の悪いこと」（新村，2018：928）を意味し，このことから教員は，保護者や児童生徒に対し示しがつかないことのないように，品位を保つことが求められているとも理解できる。

　教育基本法第9条第1項には「法律に定める学校の教員は，自己の**崇高な使命**を深く自覚し，絶えず**研究と修養**に励み，その職責の遂行に努めなければならない」と規定されている。続く第2項では「前項の教員については，その使命と職責の重要性にかんがみ，その**身分は尊重**され，**待遇の適正**が期せられるとともに，**養成と研修の充実**が図られなければならない」と教員の身分の尊重

と待遇の適正，研修の充実が求められている。

　教育職員免許法第 2 条にも「『教育職員』とは，学校（学校教育法〔中略〕第 1 条に規定する幼稚園，小学校，中学校，義務教育学校，高等学校，中等教育学校及び特別支援学校〔中略〕並びに就学前の子どもに関する教育，保育等総合的な提供の推進に関する法律第 2 条第 7 項に規定する幼保連携型認定こども園〔中略〕）の主幹教諭（中略），指導教諭，教諭，（中略）をいう」とある。そして，この法律は，同法第 1 条にある通り，免許の基準を定めると同時に，「教育職員の資質の保持と向上を図ることを目的」としているものである。

　教育公務員特例法第 2 条第 2 項によれば，「この法律において『教員』とは，公立学校の教授，准教授，助教，副校長（副園長を含む。〔中略〕），教頭，主幹教諭（幼保連携型認定こども園の主幹養護教諭及び主幹栄養教諭を含む。〔中略〕），指導教諭，教諭，助教諭，養護教諭，養護助教諭，栄養教諭，主幹保育教諭，指導保育教諭，保育教諭，助保育教諭及び講師をいう」とあり，教育公務員特例法においても教員の規定がある。

② 　公立学校教員に求められるもの——『地方公務員法』

　しかし，教員といっても，校種別，教科別の区分以外に，国立・公立・私立の各学校の教員の区別がある。公立学校の教員には地方公務員法が，私立学校の教員には各学校法人の服務規程が関係する。地方公務員として活躍する公立学校の教員は，地方公務員法等の服務規定の制約を受ける。地方公務員法では，服務の宣誓，法令等及び上司の職務上の命令に従う義務，職務に専念する義務，信用失墜行為の禁止，秘密を守る義務，営利企業への従事等の制限などがある。もし服務違反が認められれば，場合に応じて処分（**分限処分・懲戒処分**）がなされる（本書第 8 章を参照）。

③ 　相当免許状主義——『教育職員免許法』

　教員として働くためには，勤務する学校や教える教科に対応する免許状が必要である。教育職員免許法第 3 条によれば，「教育職員は，この法律により授与する各相当の**免許状を有する者**でなければならない」とある。これを**相当免許状主義**という（文部科学省，2019）。「相当の免許状を有しないにもかかわらず教育職員となった者」，つまりもし免許を持たずして意図的に教員になった者

には，30万円以下の罰金に処せられるという刑事罰がある（教育職員免許法第22条第2項）。

　これまでの法的な位置づけとは性格を異にするものではあるが，以下2つの内容は，ここで取り上げることがふさわしいと考えるものである。1つはユネスコによる勧告で，国連での加盟国の過半数以上の賛同を得て成立し，日本でも国会で報告されたものである（ただし，法的拘束力はない）。もう1つは，学習指導要領であり，学校教育法施行規則（小学校は同規則第52条，中学校は同規則第74条，高等学校は同規則84条）に規定されるものであって，学校の教育課程について示されているが，教員にとっては同じく知っておく必要のあるものである。

④　専門職としての教員──「ユネスコの教員の地位に関する勧告」

　ユネスコの「教員の地位に関する勧告」（1966年）では，「『教員』（Teacher）という語は，学校において生徒の教育に責任をもつすべての人々をいう」と教員の定義が述べられている。この勧告は，他にも「教員の地位は，教育の目的，目標に照らして評価される教育の必要性にみあったものでなければならない」「教員の仕事は専門職とみなされるべきである。この職業は厳しい，継続的な研究を経て獲得され，維持される専門的知識および特別な技術を教員に要求する公共的業務の一種である」「教員の労働条件は，効果的な学習を最もよく促進し，教員がその職業的任務に専念することができるものでなければならない」等の内容を含んでいる。

⑤　学習指導要領に関する理解を深める

　学習指導要領とは，国（文部科学大臣）の定める学校の教育課程の基準のことである。約10年ごとに全面改訂がなされている。学校種別ごとにある。学習指導要領は，学校の教育課程の理念を表し，教科書作成の基準，子どもたちの身につけるべき学びの内容，方向性を示すもので，入試にも関係する。

　学習指導要領は，直接教員について定めたものではなく，校種ごとの学校の教育課程の基準を示したものである。しかし社会の情勢や学校のあり方，子どものあり方がめまぐるしく変化するなかで，教員として学校運営や学校経営にどのように関わっていくかは常に問われつつある。よって，学校を知ることに

加え，学習指導要領での教育観について理解しておくことはもちろん，常に学校のあるべき姿についても学び続けることが教師には求められる。

2　教えるプロを目指して

（1）動機による相違から生じる問題——なぜ教職課程を履修するのか？

　本書の読者の多くは大学で教職課程を履修している者がほとんどであろう。そして何らかの動機に基づいて教職課程を履修しているはずである。各大学では，そのような教職課程を履修するに至る理由や項目観点別の成長の経年変化などを4年間継続して確認し，通常4年次後期に行われる教職実践演習に備えて，「教職カルテ」とか「教職課程履修カルテ」と呼ばれる記録を利用する。これは学生自身が1年生から4年生の卒業までの教職課程の学びを継続的に自己評価するものである。大学教員側も，教員用カルテなどを活用しつつ，制度的に履修学生を支援しているところが多い。そうした支援のなかから見出せる，学生の教職課程履修の理由は，大きく次の3つに分類できるように思われる。幾分，過分な論の展開に思われるかもしれないが，あえて述べてみたい。

　1つ目は，**自己に依拠した考え方**である。これはさらに，**利他的に根拠づけられるもの**と**利己的に根拠づけられるもの**がある。わかりやすくいえば，利他的に根拠づけられるものとは，子どものために教師になるとか，学校（教育）の向上を目指し自身の能力や活動を貢献させたい，とする考え方である。利己的に根拠づけられるものについては，教員は社会的に確立された職業であるとか，経済的に安定しているから教員を志願するとか，子どもや人から「先生」と呼ばれ羨望の対象として崇められるためとの考え方である。利己的根拠のうち教職者として最も由々しき問題となるのは，子どもを教育の対象と認識せずに，それ以外の対象とみる場合である。近年，わいせつ行為やセクハラの問題は子どもや人を性の対象とみる教職全体の信頼に関わる問題として取り上げられている。

　2つ目は，**他者に依拠した考え方**である。特に学生の保護者からの期待があったから，とか，中学や高校での教員のすすめ，友人が教職に就きたいから

それに連られて，保護者が大学入学の条件として学費を負担する条件として教職課程を履修させるという事例もある。

　3つ目は，上記いずれにも属さない考え方である。大学に入学したら教職課程があったためであるとか（本来入学前に確認できる内容であるが），将来今の学科で就職できるか自信がなく，資格である教職免許状を取得しておけば就職困難な時になんとかなる，などの考え方である。また大学教員の一部には専門学科では就職が困難であるため，教職でも履修しておくようにとの指導を耳にしたことがあるが，無責任な指導といわざるをえない。

　こうした動機の分類が成功しているかどうかはともかく，特に教職課程履修の必然的理由の度合いが低い場合，介護等体験や教育実習，学校ボランティアなどの場面において，時として実習校や実習施設の関係者に多大な迷惑をかけることがあることに留意すべきである。たとえば，実習校受け入れは，大抵前年度より指導体制について準備をしていることもあり，実習受け入れの条件として，「某市の教師を第1に希望とする者」「選考試験を必ず受験する者」などの条件を挙げているところも多い。ところが実習期間中に就職活動と重複し，そのような受け入れの現状を軽視する事例が後を絶たない。指導担当の学校や教員は，将来の教員となろうとする実習生を，多忙のなか，いわば善意で指導しているのである。

　認識の度合いが高くとも，適性上課題が多く，自己都合や自己正当化によって著しく迷惑を周辺にかける場合もある。この場合の例としては，実習ノートや指導案の提出について，指導教諭の指示が理解できない，守ることができない事例や，わからないことは聞くべきであるにもかかわらず放置してしまう事例，さらには児童生徒に菓子類を与えたり，児童生徒と連絡交換を行う事例，SNS上に実習や子ども，指導教員の様子を発信したりするなど，様々な問題がみられる。

　いずれにしても，教職免許状取得が実際の教壇に立つことができる資格であることの意義について再認識することが必要であり，教育実習といえども子どもにとっては一度限りの学校生活の一部を実習生と共有することにほかならないため，教職課程履修の動機を自身で再確認し，責任の重さを認識する必要が

ある。何よりも教職課程履修の動機を子どもに堂々と説明できるかどうかを考察することも必要である。そして，履修するうえで迷いが生じる場合には，別の職業との比較や別の進路についても考察することが必要である。

（2）教師の条件

① 法的要件とそれに加味される内容

まずは教職免許に必要な**基礎資格**について学んでいこう。免許状の種類別に二種免許状の基礎資格としては短期大学士，一種免許状の基礎資格としては学士，専修免許状の基礎資格としては修士の学位がそれぞれ必要である。これらはそれぞれの教育機関における修了を証明するものである。もちろん基礎資格のみでは教師となることはできず，教職課程認定を受けた大学（学部や学科等）において，**教育職員免許法施行規則に定められた所定の単位**を修得することが求められる。2021 年現在は，たとえば一種免許状（小・中・高等学校）については，教育職員免許法施行規則第66条の 6 に定める科目と，教育の基礎的理解に関する科目や大学が独自に設定する科目を含めた，教科及び教科の指導法に関する科目の合計59単位である。

以上は，校種や免許に応じた専門性を身に付けることが目指されて法的に規定されている。ただしこれらの学びのほかに，教員としての**人間性**や**社会性**，**教養**なども求められる。

② あらためて教員に求められるもの

そもそもなぜ教師を目指すうえで専門性以外に人間性や社会性，教養が問題となるのだろうか。それは，学校教育の指導において期待される内容に，児童生徒たちに身につけさせたい能力として人間性や社会性の獲得があるとする考え方があるからである。もちろん教えるということは，その教える者がその内容を理解しないかぎり不可能であり，そのためかつて教員によい人柄が求められたこともあった。貝原益軒の『和俗童子訓』（1961）においては，「学習の初めに人柄のよい師匠を選べ」（貝原，1961：218）とあるし，明治時代の「小学校教員心得」では，「人を導きて善良ならしむるは，多識ならしむるに比すれば更に緊要なりとす」（常に自分自身が子どもの模範となって，子どもに徳性を身につ

けさせ善き行いに慣れ親しませるように努力しなければならない），「常に己が身を以てこれが模範となり，生徒をして徳性に薫染し善行に感化せしめんことを務むべし」（人を教育し善良とすることは，多くを教え知らしめることと比較すれば，いっそう重要である）等とある（山住，1990：126～127。丸括弧内は筆者訳）。

　人間性や社会性は身につけることはもちろん，教えることも容易ではないが，保護者の立場からすれば，人間性や社会性の欠けた教員が我が子の担当となった場合，信頼関係を築くことは困難であろうし，人間的魅力の欠けた人物に子どもも尊敬を抱かないだろう。

③　学校という実際の教育場面を想定して

　実際の教育現場では，実に様々な教育活動が展開され，教員は多くの人々と接し，話し合い，計画の立案や企画，課題への対応や書類作成などを行う。それらの多くを単独で，場合によっては他の教員とともに行う。学校における教員の組織的な運営には，**学校経営**，**学級経営**などがある。学校経営には複数の側面があり，管理職と教諭，事務職員の職階や立場に応じて分担すべき内容がある。**校務分掌**と呼ばれる各種部会や各種委員会による運営も分担する。学級経営についても，主としてクラス担任や教科担任がほかの教員と連携して運営にあたる。もちろん，**教科指導**は教員の大きな働きの1つである。しかし望ましい学校の目的や目標を達成するため，各教員が分担して学校経営にあたるのである。

　さらに教員間のやりとりから生じる教員としての能力，子どもと接することから生じる教員としての能力，保護者と接することから生じる教員としての能力，授業そのものについての能力がある。手段的能力（コミュニケーション能力，企画力，事務処理能力，渉外力，文章表現能力，読解力，行動力など）と，本質的・実際的能力（教科指導の能力，児童生徒への対応能力，保護者への対応能力，同僚への対応能力，人間力，社会への対応能力など）もある。

　森信三は「中学教師の5つの条件」について述べている。それによれば，「(1)脚もとの紙屑を拾えること，つぎに(2)社会科学的な勉強も怠らぬこと，(3)として，現代においては，パソコンの技術をもち自由に打ちこめること，(4)としては，バイクの機動力［即座に現場や家庭に駆けつける行動力］が自在に発揮で

きること，そして，いま 1 つ(5)日常生活の中に何か 2 つ 3 つの生活規律をもつこと──と思っています」(森，2006：78。角括弧内は筆者による) と指摘している。

　現代の教員養成の政策も，カリキュラム・マネジメント，チーム学校等のように，手段的・技術的，方法的論調の施策もみられる。他方，教師の能力について，一人ひとりが子どもとどう関わり合うかという人間観の考察など，精神科学や教育哲学的側面からの議論もされなければならない。近年の教員の不祥事には目を覆いたくなるものばかりである。彼らは教師としての本質的なあり方を忘れて何をしているのだろうか。そのため教職を目指す者，現職の者も教師論の本質を探る努力を怠らず，教師論の古典や最新の動向についてもふれ，教師とは何かを忘れぬようすべきであろう。

学習課題　① 歴史上の人物のうち師弟関係を築いたことで知られる人物を探し出し，師が弟子に対し，どのようなことを伝えたか，教えようとしたかを調べて考察してみよう。

　　　　　② 小学校，中学校，高等学校など自身が受けた教育のなかで印象的な先生を思い出し，どのような点で印象的であったのかを，互いにグループで話し合ってみよう。

引用・参考文献

小川環樹・西田太一郎・赤塚忠編『角川新字源　改訂版』角川書店，1994 年。

小原國芳『師道』玉川大学出版部，1974 年。

解説教育六法編修委員会編『解説　教育六法　2021』三省堂，2021 年。

貝原益軒著，石川謙校訂『養生訓・和俗童子訓』岩波書店，1961 年。

窪田眞二・小川友次『学校の法律がこれ 1 冊でわかる　教育法規便覧　令和 3 年版』学陽書房，2021 年。

新村出編『広辞苑　第 7 版』岩波書店，2018 年。

中央教育審議会教員の資質能力向上特別部会「初等中等教育分科会 (第 80 回) 配布資料　資料5-4　教職生活の全体を通じた教員の資質能力の総合的な向上方策について (審議の最終まとめ (案))」より「1. 現状と課題」2012 年。https://www.mext.go.jp/b_menu/shingi/chukyo/chukyo3/siryo/attach/1325922.htm (2021 年 6 月 25 日閲覧)。

広岡義之編著『はじめて学ぶ教職論』ミネルヴァ書房，2017 年。

松田徳一郎ほか編『リーダーズ英和辞典』研究社，1984年。

松村明編『大辞林　第3版』三省堂，2006年。

森信三著，寺田一清編『森信三　教師のための一日一語』致知出版社，2006年。

文部科学省「教員免許制度の概要（平成31年4月1日版）」2019年。https://www.mext.go.jp/a_menu/shotou/kyoin/__icsFiles/afieldfile/2019/09/09/1339300_1.pdf（2021年6月25日閲覧）

山住正己校注『教育の体系（日本近代思想大系6）』岩波書店，1990年。

労働政策研究・研修機構「第4回改訂　厚生労働省編職業分類　職業名索引」2011年。https://www.jil.go.jp/institute/seika/shokugyo/sakuin/index.html（2021年6月25日閲覧）

第2章

教員養成の歴史

　本章では，①日本の教育の歴史のなかで，「教える者」（＝「教員」）は，いつから，どのようにして「養成」されることになったのかということ，②そのことによって，「教員」にどのような資質能力が求められ，またそれに伴ってどのような教員養成が求められることになったのかということ，以上2点の概要をみていこう。教員の社会的役割や期待のあり方と，それに伴う教員養成の変化に注意しながら読み進めてほしい。

1　アジア・太平洋戦前期の教員養成

（1）教員養成のはじまり

　1872（明治5）年6月，日本最初の総合教育法令「学制」の制定途中で，太政官は「速ニ師表学校ヲ興スヘキ事」，すなわち早々に教員養成学校を設置するよう指示している。そこではこれから国民が学ぶ小学校の教育を完全なものにするならば，教則に則った，正しい教育をしなければならない，したがって教員養成学校を設け，正しい教則に則って教える教師を養成することが急務である，としていた。

　このように日本の学校教育制度のはじまりにあたり，教員にまず求められたのは，国家が用意する公教育の内容を子どもたちに正確に教えることのできる，国家近代化のためのスタッフとしての資質・能力であった。教員は国家的課題を担う者として位置づけられたのである。このような教員観は，近代学校教育制度の導入に伴って，その必要に応じて生まれたものであった。近世期における「教える者」は，庶民教育の場合は**手習塾（寺子屋）**（図2-1）や私塾の「教

図2-1　近世の手習塾の様子

注：子どもは師匠の方を向かず，それぞれに書き取りなどをしている。
出所：一寸子花里画「文学万代の宝（始の巻・末の巻）」（弘化年間
〔1844～1848年〕頃）東京都立図書館江戸東京デジタルミュージア
ム（https://www.library.metro.tokyo.lg.jp/portals/0/edo/tokyo_
library/gakumon/page1-1.html）より閲覧可能。

師」「師匠」であったが，それらは明確な社会的意図をもって「養成」された
存在ではなく，むしろその学問的教養や読み・書きの技能に関する個人的資質
によって「教える者」としての位置づけを得ていたといってよい。近世期は，
子どもたちに共通して教えなければならない内容はなかったので，教授は原則
的に個別対応であった。したがって集団の学習を制御したり，同じ内容を多数
の子ども（学習者）に一斉に伝えたりするような専門技術は必要なかったので
ある。

（2）師範学校における教員養成のはじまり

　まず小学校教員の養成制度について概観しよう。1872（明治5）年5月，日
本最初の官立教員養成機関として「小学ノ師範タルヘキモノヲ教導スル」こと
を目的とした東京師範学校の生徒の募集が布達された。養成の対象が「小学ノ
師範」にかぎられていたのは，当時の政策目標が，国民の初等教育（基礎教育）
の普及にあり，そのため当初計画上，全国でおよそ5万に上る小学校（実際に

図2-2　近代学校での教え方

注：子どもは整然と並んで教員の方を向いて，全員が同じことを学
　　ぶ。
出所：土方幸勝編，田中義廉・諸葛信澄閲『師範学校小学教授法』
　　　土方幸勝（雄風舎蔵版），1873年。

は1873〔明治6〕年で1万2558校，1875〔明治8〕年で2万4225校）に教員を配置
する必要があったからである。

　1873（明治6）年には大阪，宮城に，翌74（明治7）年には愛知，広島，長
崎，新潟に官立師範学校が設立された。これら官立師範学校の卒業生が，府県
の師範学校，教員講習所の教員となって，各地に新式の教授法，教則を伝えて
ゆくことになる。したがって初期の官立師範学校は，各地における教員養成の
指導者を育成する役割を持っていたといえる。

　日本近代の教員は「正しい教則」に則って教えることと同時に，近世とは
まったく異なる「教授法」を身につける必要があった。「正しい教則」通りの
進行を裏づける近代的な教授法，すなわち**一斉教授法**の修得である。学校教育
では寺子屋とは異なり，子どもたちは教室内に整然と並び，教員が書き示す黒
板を注視する（図2-2）。このように，学校教育制度のもとでは，一斉に，確
実に教える“技術”を教員が修得している必要があったのである。

　このように「教える」ことのあり方が大きく変わり，教える者が「養成」さ
れるようになるなかで，教育政策はもとより，日本全体も啓蒙・開化の段階か

ら，儒教的道徳を基礎とした国家形成の段階に入ってゆく。こうしたなかで，国民形成を担う「教員像」が具体的に示されることになる。

　1881（明治14）年6月18日，文部省達第19号をもって「小学校教員心得」が定められ，府県の師範学校に配布された。「小学教員ノ良否ハ普通教育ノ弛張ニ関シ普通教育ノ弛張ハ国家ノ隆替ニ係ル其任タル重且大ナリト謂フヘシ」とした前文に続き，全16項にわたって示された教員の「心得」は，常に生徒の模範となる道徳性，「生徒ノ信憑」を失わないような幅広い知識，模範となる「善良ノ性行」などを備えることとし，それらを総括して「教員タル者ノ品行ヲ尚クシ学識ヲ広メ経験ヲ積ムヘキ」としたのであった。

　1886（明治19）年4月に公布された師範学校令は，教員養成学校の目的と同時に，「生徒ヲシテ順良信愛威重ノ気質ヲ備ヘシムル」と，そこで養成する教員の資質についても明示したことが注目される。この「順良信愛威重」は「（教員の）3気質」と総称され，その後，アジア太平洋戦前期における教員養成において，ほぼ一貫して維持される「目指すべき教員像」であった。

　次に中等学校教員の養成について概観しよう。「学制」が施行され，小学校に続く中学校の設立・整備も必要となったため，1875（明治8）年8月，東京師範学校に中学校教員を養成する中学師範学科が置かれた。以降，一部地方の師範学校に中学師範学科や中学師範学校が設けられ，中等学校教員需要への対応がみられた。

　先にふれた1886（明治19）年の師範学校令によって「高等師範学校」が設けられた。この学校の主眼は，師範学校の校長および教員の養成にあったが，しだいに中等学校教員養成の課程を整備してゆくことになる。1897（明治30）年10月の師範教育令により，高等師範学校は師範学校，尋常中学校，高等女学校の教員を養成するための教員養成学校となった。師範教育令第1条では，高等師範学校，女子高等師範学校，師範学校の各師範学校に共通する目的を「順良信愛威重ノ徳性ヲ涵養スルコトヲ務ムベシ」とした。これをもって「順良信愛威重」は，小学校教員，中等学校教員に共通した資質となったのである。

　中等学校の教員免許状を得るルートは高等師範学校卒業が原則であったものの，拡大する中等学校の教員需要を満たすことはできなかった。このため高等

師範学校以外の学校，すなわち帝国大学やその他の官立学校や諸学校の卒業生が中等学校の教員になるためのルートを設けておく必要があった。そのルートとなったのが「文部省師範学校中学校高等女学校教員検定試験」（いわゆる「文検」）で，文部省の指定を受けた官立の高等教育機関の卒業生や，文部省から許可を受けた学校で特定の学科日を履修した者は，学科目については無試験で検定を受けることができた。

　1900年代に入ると，官立の「臨時教員養成所」が開設される。東京帝国大学をはじめ全国 5 カ所に置かれ，「師範学校中学校及高等女学校ノ教員タルヘキ者ヲ養成スル所」（臨時教員養成所官制第 1 条）とされた同養成所は，国語漢文科，英語科，数学科，博物科，物理化学科の「一学科若ハ数学科」（臨時教員養成所規程第 1 条）を置くとしていることから，中等学校教員資格を得るための補充教育機関であった。

（3）地方の教員伝習所と講習——府県立師範学校と地方教育会による教員養成

　府県は「学制」に基づいて小学校を設立し，そこに小学校教員を配置する必要があった。しかし官立師範学校を卒業した教員はまだ輩出されていなかったから，府県は元手習塾師匠，元藩校教師，僧侶，神官，士族などに小学校教員を委託した。しかし，これらの小学校教員は，一斉教授など，「学校」における教え方を修得しておらず，「学制」が要求する，教則に基づいた体系的授業を行えるはずもない。よって，委託した小学校教員に，「学制」に準拠した教則や教授法を「伝習」，あるいは「講習」することにしたのである。

　伝習・講習を受ける者は概ねすでに「現場教員」であったから，伝習・講習期間は短く，短いもので半月，長いものでも半年程度，多くの場合は 2 〜 3 カ月程度の期間で行われた。教育内容も在籍児童が最も多い下級小学の教科内容程度であった。これら府県設置の伝習所は，1877（明治10）年から1878（明治11）年にかけて，財政緊縮のため官立師範学校が廃止されたことから，府県立の師範学校（公立師範学校）として整備されていくことになる。

　こうした教員養成機関のみで，当時の教員需要を満たしえたわけではなかっ

た。戦前期は教員の離職率も高く，有資格教員は慢性的に不足しており，師範学校卒業者のみでは，小学校教員の必要人数を充足させることはできなかった。このため師範学校卒業者以外にも教員免許状を与える途を開く必要性が大きくなり，1879（明治12）年に制定された教育令から，師範学校に入学しない者にも教員資格を与えることとし，1881（明治14）年1月に定められた「小学校教員免許状授与方心得」により，「検定」による免許状付与の制度が設けられた。

　1930年代まで，師範学校を卒業した教員は，全体の6割程度だったとされる。残りの4割を満たしていたのは，師範学校を卒業せずに，府県が実施する「検定」を経て教員資格を得た者たちであった。こうした検定受検者は，地方の教育会が実施した講習会などを経て，「検定」を受験していた。講習会は，単に教員免許状の取得を目的とするだけでなく，すでに免許状を所持していた者が，より上位の免許状を取得するための機会でもあった。

　ここまでみてきたように，戦前期の教員養成は，官公立の**師範学校**といった閉鎖的養成機関か，**教員養成所**，講習会など，教員検定合格，すなわち国家基準の資格取得を専らとする機関によって担われてきた。多くは「国家の教師」を養成する師範学校において教員養成が担われてきたが，決して少なくない割合の教員が，師範学校を経ずに教員資格を取得していたのが実態であった。

2　アジア・太平洋戦後の教員養成

（1）大学における教員養成のはじまり

　アジア・太平洋戦争の敗戦を迎え，日本の学校教育制度は戦前期からの転換を遂げる。教員養成においても，「国家の教師」から「国民の教師」へという教師像の転換に応じるための養成制度のあり方が強く志向されたのであった。この時期の教員養成改革の要点は，第1に教員養成を教員養成学校ではなく，大学（新制大学）で行うとしたこと，第2に，教員免許状は，大学において，教職に関する一定の単位を修得すれば取得できるとしたこと，以上の2点にまとめることができる。

　1949（昭和24）年5月31日，国立学校設置法の公布・即日施行による新制国

立大学が発足し，同時に**教育職員免許法**も公布された（施行は同年 9 月 1 日から）。同法の目的は「教育職員の免許に関する基準を定め」ると同時に「教育職員の資質の保持と向上を図る」（第 1 条）こととされた。免許状の種類としては，各学校および園の教諭，そして校長，教育長，指導主事の普通免許状（一級および二級），仮免許状，各教諭臨時免許状が設けられた。免許状取得に必要な科目は「一般教養」「専門科目」（「教科に関するもの」と「教職に関するもの」とで構成される）で，所定の単位を修得すれば，免許状取得資格が得られることとした。要するに，教職希望者は，開講されている教職科目を，必要な単位数さえ修得すれば，教員免許状を得ることができることになったのである。同年11月 1 日には教育職員免許法施行規則が公布され，教員免許状取得に必要な単位の修得方法も示された。

　これをもって，教職科目を開講するすべての大学に教員免許状取得の道が開かれたことになる。教員資格の取得ルートが，ほぼ官立教員養成機関に限定されていた戦前の閉鎖的な仕組みと対照させて，戦後のこのような教員免許状取得の仕組みを「**開放制**」と呼ぶ。

（2）教員養成制度の転換──「課程認定制度」の導入，「教師像」の創出

　このようにいわば"完全"開放制で始まった戦後日本の教員養成制度であったが，早くも教員教育のあり方としての不十分さが指摘されるようになってきた。新制大学のほとんどで教職教育が行われたことから，各大学の「自主性」に任せた教職教育運営の問題等が表面化していたのである。加えて，戦後直後は不足していた教員有資格者に関しても，1950年前後には供給が満たされつつあり，養成された教員の資質や水準にも目が向けられるようになってきたのであった。

　このようなことを背景に，1953（昭和28）年 7 月，教育職員免許法の一部が改正され，教員免許状取得のための単位については「文部大臣が，**教育職員養成審議会**（以下，教養審）に諮問して，免許状授与の所要資格を得させるための課程として適当と認める課程において修得したものでなければならない」と改められた（別表第 1 の備考中追加）。これにより，大学の教職課程は，文部大

臣の認定を受けることにより設置できるという，課程認定制度に改められた。改正前の教育職員免許法のもとでは，教員免許状取得に必要な最低履修単位数のみ指定されていたのが，改正後は，教員を養成しようとする大学が，課程認定申請書をあらかじめ文部大臣に提出し，教員養成課程設置の認定を受けることが必要になったのである。

　1957（昭和32）年3月，灘尾弘吉文部大臣は**中央教育審議会**（以下，中教審）に対し「教員養成制度の改善方策について」を諮問した。その中教審第11特別委員会では，教職の専門性を高める必要性が議論され，教員養成の基本理念，そして「教師像」が議論の中心となった。その結果，4つの項目によって構成される「教師像」（議論の当初は「教員像」）がまとめられた。各項目の内容は，①教師は，教育に対する正しい使命感と，児童生徒に対する深い教育的愛情をもつものでなければならない，②教師は，自然，文化，社会の全般にわたる正しい一般的な人間的国民的教養および専門的学問的教養を備えなければならない，③教師は，社会的および個人的要求に応ずる適正な学習指導，生活指導の教育的取り扱い方に関する専門的科学的教職技能を必要されるので，それを基礎づける正しい教育思想を身につけていなければならない，④教師は，一般的人間的教養，専門的学問的教養および教職教養を，教育者としての自主的人格のうちに統合し，教育に対する全体的な識見，情操を高めうるのでなければならない，とまとめることができる。

　上記中教審の議論の過程で，「（「教師像」は）今後，教員養成制度を審議する際の物差し」になると位置づけられたように，これ以降「教師像」は，児童生徒，社会，そして教員養成制度を結びつけるものとして，検討，そして共有が図られることになる。

3　学校教育制度拡充期の教員養成

（1）1980年代——臨時教育審議会以降の方向

　1980年代に入ると，児童生徒の問題状況が様々な形で指摘されるようになった。1984（昭和59）年の文部省初等中等教育局中学校課長通知「校内暴力

等に関する調査について」によれば，対教師暴力は中学校で1404件，高等学校で159件，生徒間暴力は中学校で2340件，高等学校で702件となっていた（いずれも1982年度）。また「登校拒否」の児童生徒も増え続けており，特に中学校生徒の不登校は，1981（昭和56）年には全国で1万5000人を超え，翌82（昭和57）年には2万人を超えるなど，以後も著しい増加をみていた。いわゆる「いじめ」「教育荒廃」が顕在化し，社会的にも注目が集まるようになったのである。そのような状況に対応する教員の役割期待が，教員養成にも反映することになる。

　1984（昭和59）年8月，内閣総理大臣の諮問機関として，**臨時教育審議会**が設置された。その「教育改革に関する第2次答申」は，「教育荒廃」に対応する教員養成制度の改革を提言している。この答申に基づき，教養審の審議と答申「教員の資質能力の向上方策等について」（1987〔昭和62〕年12月）とを経て，1988（昭和63）年12月から翌年3月にかけて教育職員免許法，教育職員免許法施行規則が改正された。この一連の改正により，教員免許状の種類は，大学院修了程度を基礎資格とする専修免許状，学部卒業程度を基礎資格とする一種免許状，短大卒業程度を基礎資格とする二種免許状の3種類と，社会人に対し教育職員検定によって授与される特別免許状が加えられ，今日に至る教員免許状の構成はここで形作られることになる。

　教員養成に関わって注目すべきは，教育職員免許法施行規則における教職科目の区分が大きく変更されたことである。従来の「教育原理」「教育心理学，青年心理学」ほか7つの科目に替わり，全体を5つの科目群に再編し，さらにそれぞれにおける科目（「教育の本質及び目標に関する科目」「教科教育法に関する科目」「教育課程一般に関する科目」「生徒指導及び教育相談に関する科目」「教育実習」等）が設定されたのであった。

　なお先述の1987（昭和62）年教養審答申は，「教育者としての使命感，人間の成長・発達についての深い理解，幼児・児童・生徒に対する教育的愛情，教科等に関する専門的知識，広く豊かな教養，そしてこれらを基盤とした実践的指導力」が教員には必要であるとしており，これが後にも，いつの時代も変わらずに求められる教員の資質能力として引用されていくことになる。

（2）1990年代──変化する社会への対応

　1996（平成 8 ）年 6 月，中教審は「21世紀を展望した我が国の教育の在り方について」の第 1 次答申をまとめた。「これからの社会は，国際化，情報化，科学技術の発展などが一層進展。変化の激しい時代，先行き不透明な時代」としたうえで，教員の資質・能力の向上に関わる教員養成制度の改善充実を求めていた。

　こうした中教審の提言を受けつつ，1997（平成 9 ）年 7 月の教養審は，「新たな時代に向けた教員養成の改善方策について」（ 1 次）を答申した。この答申では，**教員の資質能力**を「いつの時代も教員に求められる資質能力」「今後特に教員に求められる具体的資質能力」とに分け，前者については先の1987年教養審答申で示された教員像を引き継ぎつつ，後者については「地球的視野に立って行動するための資質能力」「変化の時代を生きる社会人に求められる資質能力」「教員の職務から必然的に求められる資質能力」という 3 つの資質能力を提示している。

　この答申をふまえた1998（平成10）年の免許法改正では，特に義務教育に関わる教職課程で，中学校および高等学校の免許課程における「教職に関する科目」の必要単位数が増えた。さらに教育職員免許法施行規則における教職に関する科目の構成は，1988年に続いて約10年振りに，大きく再編されることになる。この再編により，第 6 条の科目群が「教職の意義等に関する科目」（第 2 欄），「教育の基礎理論に関する科目」（第 3 欄），「教育課程及び指導法に関する科目」・「生徒指導，教育相談及び進路指導等に関する科目」（第 4 欄），「総合演習」（第 5 欄），「教育実習」（第 6 欄）となった。

4　今日の教員養成に求められているもの

（1）教員に求められている資質能力

　近年，学校，そして教員に対するまなざしもいっそう複雑なものになっている。ネット社会の浸透により，児童生徒のコミュニケーションは急速に変容を遂げ，能動的な学習を軸としたアクティブ・ラーニングや ICT を活用した学

びが展開される一方で，ネット上でのいじめなどが問題視されるに至っている。また児童虐待や貧困も社会問題化し，学校および教員にそのセーフティネットの役割が期待されることもある。これらの諸課題の端緒がみられた2000年代以降，教員の資質能力が繰り返し問い直されることになった。

　2006（平成18）年に改正された教育基本法第 9 条は「法律に定める学校の教員は，自己の崇高な使命を深く自覚し，絶えず研究と修養に励み，その職責の遂行に努めなければならない」とされ，「その使命と職責の重要性にかんがみ（中略）養成と研修の充実が図られなければならない」とされた。「養成と研修の充実」は，改正によって新たに加えられた事柄である。旧教育基本法においては，学校教員の身分の尊重，待遇の適正が規定されたのみであったが，改正によって，「養成と研修」が位置づけられたことに留意しておく必要がある。そして2009（平成21）年には**教員免許状更新制**が導入された。

　2015（平成27）年12月中教審答申「これからの学校教育を担う教員の資質能力の向上について——学び合い，高め合う教員育成コミュニティの構築に向けて」では，「これからの時代の教員に求められる資質能力」として，教員に従来求められてきた，教員としての使命感や責任感など「不易」（＝時代を通じて変わらない）の資質能力とともに，「今後，改めて教員が高度専門職業人として認識される」ための資質能力として「学び続ける教員像の確立」を求めている。

　「学び続ける教員像」とは，端的にいえば社会や環境の変化に応じる能力，といえる。答申には「自律的に学ぶ姿勢を持ち，時代の変化や自らのキャリアステージに応じて求められる資質能力を，生涯にわたって高めていくことのできる力」や，「情報を適切に収集し，選択し，活用する能力や知識を有機的に結びつけ構造化する力」，子どもの育成のために「確固たる信念をもって取り組んでいく姿勢」といったことが挙げられている。また多様な課題に対して学校・地域が連携したり，校内の教員・専門スタッフがそれぞれの能力を活かして協働し，学校が一体となって課題に対応する「チーム学校」のように，課題に対して組織として対応するための能力も求められている。

（2）求められる教員養成のあり方

　先の2015年中教審答申は，大学における教員養成課程に関して「養成段階で真に必要な基礎力を明確にした上で，厳格な成績評価はもとより，各大学の学部等において教育課程の科目全体を精選しつつ総合的かつ体系的に教員の養成を図っていくような取組が必要」と提言した。この提言に基づいて「教職課程コアカリキュラム」が教員養成のあり方として新たに考案された。

　「教職課程コアカリキュラム」とは，「全国すべての大学の教職課程で共通的に修得すべき資質能力を示すもの」（教職課程コアカリキュラムの在り方に関する検討会，2017：2）である。教職実践演習を除く「教職に関する科目」について，各科目の一般目標，到達目標が設定され，各大学においてはそれらの諸目標をシラバスや授業内容に反映させることになる。これにより大学の教職課程で共通する修得すべき資質能力が明確にされ，教員養成の全国的な水準が確保されることをねらいとしているのである。

　2017（平成29）年11月，教育職員免許法施行規則が一部改正され，2019年度入学者より，教職課程コアカリキュラムを含めた新しい教職課程が適用されることとなった。教員養成制度の大きな改正点として，科目区分の大くくり化，特別の支援を必要とする幼児，児童および生徒に対する理解に関する科目の新設（1単位以上修得）など履修事項の追加，大学が独自に設定する科目の内容が設けられたことなどである。

　この答申に示された教員養成システムの改革動向にもよく現れているように，いつの時代にあっても，教員はその時代に即応した資質能力が要求される。同時にもう一方で日本社会のなかで蓄積されてきた，教育に関わる専門知識や技能，倫理観などをもった者という「教師像」があることが，今日強く意識されなければならない。

学習課題	① 1881（明治14）年の「小学校教員心得」，そしてほぼ同時に制定された「学校教員品行検定規則」を調べ，当時の「教師像」を自分なりにまとめてみよう。

② 1957（昭和32）年中教審で検討された「教師像」や関連する議事録を調べ，今日に至っても「不易」と思われることを考えてみよう。

引用・参考文献

梶山雅史編著『近代日本教育会史研究』学術出版会，2007年。

教職課程コアカリキュラムの在り方に関する検討会「教職課程コアカリキュラム」2017年。https://www.mext.go.jp/component/b_menu/shingi/toushin/__icsFiles/afieldfile/2017/11/27/1398442_1_3.pdf（2021年6月20日閲覧）

中央教育審議会「中央教育審議会総会（第59〜65回）配布資料・（昭32.5〜昭32.9）」1957年。国立公文書館デジタルアーカイブ（https://www.digital.archives.go.jp/）より閲覧可能。（2021年6月20日閲覧）

中央教育審議会「中央教育審議会第11特別委員会議事概要・（昭32.8〜昭35.11）」1957〜1960年。国立公文書館デジタルアーカイブ（https://www.digital.archives.go.jp/）より閲覧可能。（2021年6月20日閲覧）

土屋基規『戦後日本教員養成の歴史的研究』風間書房，2017年。

寺﨑昌男編・解説『教師像の展開（近代日本教育論集6）』国土社，1973年。

寺﨑昌男著，「文検」研究会編『「文検」の研究——文部省教員検定試験と戦前教育学』学文社，1997年。

中内敏夫・川合章編『教員養成の歴史と構造（日本の教師6）』明治図書出版，1974年。

船寄俊雄編著『教員養成・教師論（論集現代日本の教育史2）』日本図書センター，2014年。

山田昇『戦後日本教員養成史研究』風間書房，1993年。

第3章

教員採用選考試験

　教員採用選考試験は，一般公務員の試験や企業就職などとは大きく異なる特徴を持つ。また教員免許取得には国家試験もないため，実質はこの教員採用選考試験が教職を目指すにあたっての1つの大きな目標になる。しかし教員採用はゴールではなく，長く続く教員としてのキャリアのスタートにすぎない。そのスタートラインに並ぶために求められる力とは何か，採用の具体的な実態にもふれながら「教員になる」という夢の実現へ一歩踏み出してみよう。

1　教員採用選考試験とは

（1）教員採用の特徴

　教師を目指すにあたっては教員免許を取得すればいいというものではなく，教師として採用される必要がある。学校には大きく分けて公立・国立・私立の学校があるが，圧倒的に多いのは公立学校の教師としての採用であり，そのためには教員採用選考試験に合格する必要がある。公立学校には都道府県立と市町村立があるが，幼稚園を除きほとんどの場合は都道府県およびそれに近い権限を持つ政令指定都市といった地方自治体ごとの採用となる。さらに採用の主体は知事部局などではなく，教育委員会となる。

　地方自治体で採用されるということは，公立学校の教師は教育公務員特例法に基づく地方公務員ということだ。「教師」といった時に地方公務員というイメージが想起されるかどうかは人それぞれだが，教師は地方公務員といっても，教育公務員としてほかの地方公務員とは採用において制度上大きな違いがある。それは「選考」であって「選抜」ではない，ということである。

　教員採用選考における「合格」とは，厳密には「合格者名簿」へ記載されるということであって採用を確約したものではない。ただ実際には各自治体の予算編成との関係や児童生徒数，退職予定の教師数などによって採用予定人数が選考の前に発表され，その人数に合わせて作成される合格者名簿に記載されれば，教師としての採用はほぼ間違いない。募集の校種も各自治体によって様々である。中学校と高等学校の教師を別々に募集する自治体もあれば，分けずに採用する自治体もある。分けない場合は中学校と高等学校，双方の教員免許を取得ないし取得見込みでなければ受験できない。また特別支援学校の採用を小学校，中学校，高等学校とは独立させて採用する自治体もあれば，特別支援学校の教員免許の有無に関係なく分けずに採用する自治体もある。

　中学校と高等学校については，教科ごとの細かい予定人数まで発表する自治体もあれば，校種全体の人数しか発表しない自治体もあるが，毎年どの教科も募集があるとはかぎらない。教科によってはある年のある自治体では採用ゼロということもあるし，たとえば高等学校福祉科の教員採用は福祉科以外の教科の免許も必須としている自治体も多い。校種や特別支援学校を分けない場合や，教員免許として校種の限定がない養護教諭および栄養教諭の場合，合格後に希望する校種を聞いてくれる自治体もあるものの，自身がどの校種に勤めることになるかの決定権は合格者本人にはない。

（2）都道府県・政令指定都市で異なる試験

　教員採用選考試験は通常，毎年夏に翌年4月からの採用分の選考を実施する。たとえば2022年4月採用の教師の選考は2021年の夏に行われる。地方公務員であるため当然ながら地方自治体ごとの実施となり，ほとんどの場合において6月中旬から7月下旬に1次試験，8月上旬から9月上旬にかけて2次試験が行われ，9月から10月にかけて合格発表という日程となっている。

　特に1次試験については近隣の自治体で人材獲得競争が起きないよう，各地域ごとに試験日を重ねる慣習がある。概ね6月末から7月はじめに近畿地方，7月第2週末に関東地方，第3週末に中部地方の教育委員会が1次試験を実施する。北海道や高知県など日程が最も早い教育委員会は6月第3週が通例であ

る。それ以外の地方の教育委員会も7月中に1次試験を実施する。東京や大阪などの大都市に試験会場を用意する教育委員会もある。

　日程以上に自治体ごとで大きく異なるのがその試験内容である。試験内容は次節で述べる通り筆記試験，面接試験，実技試験の大きく3種類に分かれるが，その内容や実施方法，3種それぞれを1次試験で行うのか2次試験で行うのかなどは，自治体によって非常に様々であり，それぞれの自治体の採用の特徴を表すことになっている。

　また「自治体ごと」の詳細だが，小学校，中学校，義務教育学校の義務教育段階の教師は俗に「県費負担職員」と呼ばれるように，市町村立の学校で働いていても給与は国からの補助金を含めた形で各都道府県の予算から出ている。また高等学校および特別支援学校，中等教育学校は多くの場合はそのほとんどが都道府県ないし政令指定都市が設立している。そのため教師の人事権は各都道府県および政令指定都市の教育委員会が持っている場合がほとんどで，それゆえ教員採用選考試験の実施もこの単位で実施される，ということである。

　政令指定都市のなかには独自の試験を実施する市も多いが，問題作成の負担などが大きいこともあり，それぞれの政令指定都市が含まれる道府県と共通の筆記試験の問題を使用する政令指定都市もある。大阪府では特区制度を活用して，政令指定都市ではないが豊中市・池田市・箕面市・豊能町・能勢町の豊能地区が独自の採用を行っている。

　なお教員免許がなければ教師としては採用されないことになるが，大学4年生や短期大学2年生などは「免許状取得見込み」として受験をし，卒業後に取得した教員免許状を確認することで正式な採用となり，卒業時点で教員免許が取得できていなければ合格者名簿の記載は無効となる。

（3）幼稚園および私立学校の採用

　教員採用というと一般的には公立学校の採用を意味するが，私立学校や幼稚園の教師の採用は公立学校とは異なる形で行っている。それぞれの私立学校で独自に採用を行っている地域もあれば，都道府県単位で私立学校が協力して共通の筆記試験などを行ったうえで，各学校ごとに面接試験を行う地域もある。

また義務教育ではない幼稚園についても，公立の場合は市町村単位での実施が
ほとんどである。

2　教員採用において求められる力

（1）筆記試験

　これまで述べたように，公立学校の教師は公務員であることから，教員採用
選考試験では必ず筆記試験が実施される。出題内容としては，教職教養，一般
教養，論作文などである。

　教職教養とは各大学で「教職課程」などと呼ばれる科目で学ぶ内容に相当す
る。教育に関わる法規，教育哲学や教育史など教育学全般に関わる知識，発達
段階など心理学に関わる知識，中央教育審議会答申などの教育に関わる時事的
事項などが出題され，特に学習指導要領が重視される傾向にある。具体的に出
題される分野は各自治体によって多様である。生徒指導など実際の場面想定の
問題や人権教育の分野に重点を置いている教育委員会もある。いじめ対応や体
罰禁止など，教師として最低限守らなければならない事項からの出題も多い。
教師に限定されず，地方公務員としての倫理規定に関わる出題が多い教育委員
会もある。

　一般教養は多くの場合は高校 1 年生までに学習する教科内容と時事問題，そ
れに「ローカル問題」と呼ばれる当該自治体に関わる問題が出題される。教科
からの出題も各教育委員会でかなり特徴があり，理科に重きを置いていたり教
科横断的な出題が必ずある県などもあるが，英語の出題はほぼ共通している。
算数的な出題など一般公務員と共通したような内容の教育委員会もある。時事
問題は教育に関わらず社会の動向に敏感であるかを問うもので，日頃から新聞
を読んだりニュースをみたりする習慣が求められている。ローカル問題は地域
に根ざした教育が叫ばれるなか，いわば「郷土愛」を試すもので，出題数が多
い教育委員会もある。

　論作文はたとえば 70 分で 1200 字以内といった形で論述するものが多い。出
題内容も各校種や教科ごとに分ける自治体もあれば，時事的な内容で 1 題ない

し2題のみという自治体もある。量も400字程度を数題という自治体もあれば1500字といった自治体もある。公立学校の教師は公務員であり，公務員は日本国憲法第15条1項に定める「全体の奉仕者」として業務を報告する義務がある。その報告書を書くための論述する力を試すとともに，教師として何を重視しているか，どのような教育を行おうとしているかを問うものである。

　なお筆記試験の内容を大きく3種類に分けたが，すべての自治体が3つともを課すわけではない。教職教養のみで一般教養の出題がない教育委員会や，論作文を課さない教育委員会もあるし，県民の声を聞いて出題内容や傾向を変えていく教育委員会もある。

（2）面接試験

　教員採用選考試験で最も重視されるのは面接試験である。面接試験には個人面接，集団面接，集団討論，模擬授業や場面指導が行われる。

　個人面接はほとんどの教育委員会で実施され，1次試験と2次試験の両方に課していたり，2次試験で2回実施したりなど重きを置いている自治体が多い。なお，大阪府と大阪市のように1次試験は筆記のみで，いわば「1.5次」のような形で筆記試験の合格者だけが個人面接を受けて，さらにその合格者だけが8月の試験を受験できる，という教育委員会もある。

　個人面接の内容や時間も様々で，5分程度で志望動機などを聞く教育委員会もあれば，30分かけて学習指導要領のある単元の狙いを説明させるような出題をする教育委員会もある。基本的には教師として求められる様々な資質が備わっているかをみるものとなっている。

　集団面接は時間が短い個人面接を5人や8人といった人数で一緒に実施している面もあるが，試験という緊張した状況のなかでどれだけ他者に対して配慮をしたり，ほかの受験者の発言も受けつつ個性をみせることができているかが問われている。同じ試験室にいるほかの受験者は，共に合格すれば翌年から30年以上続く同期の仲間であってライバル視するような発言をしてはならないし，ほかの受験者がたとえば法規上間違った回答をしていた場合に，当人を傷つけないような形で後から正解を述べるようなことができれば，教師として

の力量が評価されることになる。

　この側面を強くしたのが集団討論で、これも時間や出題内容、司会の有無など教育委員会によって様々であるが、核となるのは「**チーム学校**」の一員として他者と協力して物事を進めていく力、また児童生徒や保護者を相手に話を続けていくことができる力の見きわめである。出題内容としては近年の子どもたちについて気になることといった校種や教科を超えて共通のものから、校種や教科などそれぞれの免許に求められる力について、また「いじめの相談を受けた時にどうするか」といった生徒指導に関わるものなどがある。集団面接も集団討論も1次試験で課される場合が多いが、2次試験で課す場合もある。

　一方で近年、このような面接以上に重視されているのが模擬授業や場面指導である。これは試験会場で決められた時間内に授業などを実際にやってみせる、というものである。世間一般には、就職したら新人は研修などを経て仕事を始めるものであるが、教師は新人であってもいきなり担任を持つという特徴がある。もちろん初任者研修などもあるが、教員採用にあたっては翌年4月からすぐに授業ができるか、また児童生徒や保護者の対応ができるかを見きわめるため、模擬授業や場面指導が重視されている。

　模擬授業の出題内容としては、事前に学習指導要領のこの箇所の授業をするよう指示がある教育委員会もあれば、試験当日にどの単元の授業をするか言い渡す教育委員会もある。事前公表の場合はさらに学習指導案を事前に作成させる教育委員会もあるし、その日に出題される場合は試験が始まるまでに時間を与えられて指導案を考えさせる教育委員会もあれば、即興で実施させる教育委員会もある。場面指導の出題内容としては、児童生徒から相談を受けたケースや、保護者からクレームが来たという想定の電話対応のケースなどもある。実施方法としても集団面接に続く形としてほかの受験者が児童生徒役をつとめる教育委員会もあれば、試験官が児童生徒や保護者役をつとめたり、相手役なしに行う教育委員会もある。

（3）実技試験等

　小学校および中学校・高等学校のいわゆる実技教科では、実技試験を課す自

治体も多い。そのほとんどは8月中の2次試験で実施される。小学校は全科担当のため，水泳などを中心とした体育や，ピアノなどの音楽を課し，複数日に渡って試験を受け続ける教育委員会もある。実技教科については，各教科の特性に合わせ，たとえば体育では球技などいくつかの試験内容を選択できる場合や，あらかじめいくつかの出題内容が示されていて当日にそのどれを受けるか選ぶことができる教育委員会もある。養成課程が多様なために，家庭科の運針や養護教諭の救急処置といった基本的事項を課す教育委員会もある。実技試験が課される場合は，面接試験の模擬授業や場面指導と同様の理由から，かなり重きが置かれているとみてよいだろう。

　また教育委員会によっては性格検査やパソコン実務，校種や教科に関わらず英語のヒアリングを課したりといったこともあったが，近年はこういった内容は減少傾向にある。

3　教員採用の実際

（1）採用までのスケジュール

　すでに述べたように教員採用選考試験は前年の夏に実施されるが，その募集要項は早くて2月頃から，遅くて5月頃までには各教育委員会が発表する。前年度のうちに概要を発表して採用予定人数などは当該年度が始まってから発表する，といった2段階での公表の教育委員会も多い。

　出願にあたっては，必要とされる教員免許のほかに，その教員免許に関わるほかの実績や資格があれば加点ないし1次試験の一部を免除する教育委員会が多い。たとえば英語に関する資格で高度なレベルに達している場合や，何らかの形で表彰される経験を持っているなどである。また「多様性」がキーワードとなる21世紀にあっては，学校で働く教師にも多様性が求められており，教師以外の勤務経験を評価して，同じように加点や試験の一部免除をする教育委員会が一般的となっている。さらに後に述べる講師経験やほかの自治体での教諭経験に対しても同様の扱いをする教育委員会があるし，専修免許取得者増加のために大学院との併願を認める枠を設けている教育委員会もある。

　試験を受けて2次試験の合格者が発表されるのは9月から10月で，合格後には任意ではあるものの，一般企業の内定者研修に似たような形で合格者が集まって学ぶ機会を用意している教育委員会もある。いずれにしても先に述べたように「合格」は「名簿掲載」の意味であり，その年度での退職者や異動などの調整が終わった後に名簿掲載者の配属を決める教育委員会が多い。そのため小学校および中学校だと，都道府県であればそのなかのどの市町村ないし特別自治区に，政令指定都市であればどの区に配属されるかの通知時期は，働き始める直前の2月か3月に通知される場合がほとんどで，さらにどの学校に勤めることになるかが4月1日に初めてわかる場合もある。ほとんどが都道府県立である高等学校や特別支援学校も同様である。

　したがって，たとえば都道府県教育委員会の教員採用選考試験に合格したとしても，その教育委員会の管轄内の，どこの市町村で，あるいはどこの都道府県立学校（高等学校，特別支援学校）で働くことができるかは希望どおりにはまったくならない，ということである。

（2）教育委員会が実施する養成講座

　2010年代に入り，全国の都道府県および政令指定都市の教育委員会に広がった取り組みの1つに，いわゆる「教師塾」などといった教員養成講座がある。呼び方としては「教師塾」「教員養成講座」などいろいろあり，「教志」などとねらいを当て字にしたり教師志望学生に求める理念を名称に入れ込んでいる教育委員会もある。

　これらには複数のねらいがあり，1つには教育委員会として教師志望の学生たちに知っておいてほしいこと，また身につけておいてほしい実践力を採用前に模範例として示すことにある。そのため講義と学校での実践経験の2つを中心にしたカリキュラムが多い。時期としては大学3年生の後期に相当する時期に行うのが一般的である。講義は週末に各教育委員会の研修施設で行われることが多く，学校での実践経験は当然ながら児童生徒が学校にいる期間に行う必要があるため，受講する学生たちが個々の大学の時間割に合わせて数カ月間，毎週平日に学校に行く場合もあれば，多くの大学で春季休暇となる2月から3

月に集中して学校に行く場合もある。

　養成講座は，対象となる学生を広く募集して選抜を行う教育委員会がほとん
どであるが，その地にある大学から推薦される形をとって，実質は各大学内で
選抜をさせる教育委員会もある。養成講座のねらいの1つに，小学校での大量
退職に伴うベテランから若手への実践能力の継承機会の欠落を補う意味合いが
あるため，募集を小学校教員志望学生に限定している教育委員会もあれば，校
種などを限定しない教育委員会もある。限定している場合はプログラム修了証
でもって教員採用選考試験での1次試験の筆記試験免除など特例措置が設けら
れているが，限定していない場合はそのような措置はない教育委員会もある。

　このような取り組みに対しては，たとえば出身の都道府県から遠く離れた大
学へ進学したものの，Uターンして出身の都道府県の教員採用選考試験を受け
ようとしている学生は受講できないなどの公平性の観点から問題視する指摘も
ある。教育委員会側の負担も大きく，どの教育委員会でも実施できるものでも
ない。とはいえ，後に述べる**養成・採用・研修の一体化**や実践力の向上を求め
る動きなどから，完全になくなるということはないだろう。重要なことは，教
師を目指すにあたってどのような形であれ，必要な知識と経験をどのように養
成段階で自ら鍛えようとするか，である。

（3）教員採用における非正規雇用

　教員採用選考試験に晴れて合格し，その翌年4月から教員として働くことだ
けが教師になる道というわけではない。実際には正式採用された教員のほかに，
ほぼ1年任期の常勤講師と，時間給ないし日給の非常勤講師という雇用形態で
働いている「先生」たちもいる。これは1つには，先に述べたように教育委員
会が退職者数などから必要となる新任の人数を予測はするものの，その通りに
なることはまずなく，不足分を講師という形で補うことによる。ほかにも育児
休業や介護休業を取得する教諭の代替として雇用される場合も多い。

　また教育委員会は児童生徒の実態に応じて独自の取り組みを行うが，その予
算のために雇用する教員には国からの補助金はないため，講師として確保する
ことになる。たとえば不登校対応や特別支援教育の充実，外国籍の児童生徒対

応，ほかにも人権教育など地域ごとの教育課題に取り組むために雇用される場合がそうである。この場合は「加配教員」と呼ばれることが多い。特に近年は，どの教育委員会でも学級定数の35人や40人よりも少ない少人数学級や，複数の教員が教室に入るチームティーチングのための加配教員を雇用するようになっている。

　講師には常勤講師と非常勤講師があると述べたが，この両者ではいくつか大きな違いがある。まず常勤講師は学級担任を持ち，正式採用である教員と同じ勤務形態になる。そのため一般に児童生徒からすれば，教員と常勤講師の区別はつかない。大学卒業後すぐの採用の場合，初任給も教員と大差なく賞与も支給されるが，昇給は限定される。

　非常勤講師は特に教科担任制である中学校や高等学校において，その授業だけを担当する勤務形態である。地域によっては実技教科の教員免許の取得者が少なく，1日の間に複数の学校を掛け持ちで担当しているような場合もある。授業を持っている間だけの時間給であるが，実際には児童生徒たちに試験を行えばその採点などもあるものの，その時間分までは支給されない。また常勤講師と違って社会保険にも加入できない。

　常勤講師にせよ非常勤講師にせよ，若い講師にとって大きな問題点の1つは研修を受けることができない点にある。採用試験に合格して採用されれば1年目に初任者研修があり，さらに2年目以降も各教育委員会が独自の研修を用意しているのが通例である。教師としての資質向上は研修だけによるものではないが，講師はこのような研修によって教師としての力量を伸ばしていく機会が与えられていない。生涯を教師として生きていこうとするのなら，働きながら教員採用選考試験を受けて合格を目指すことになる。国立大学の教員養成学部を卒業して教師になった者のうち3人に1人は講師という実態もあり，多くの教員は正式採用される前に講師を経験している。

4 教員採用のこれから

（1）養成・採用・研修の一体化

　教育改革が続く状況にあって，教員採用もまた改善を求められている。その
なかの1つに「養成・採用・研修の一体化」がある。これまでは養成は大学
（短期大学を含む），採用と研修は教育委員会（しかも多くの場合は採用と研修を担
う部署は異なる）が担うと分かれていたのを，教師のキャリア形成の観点から
一体的に考えていこうというものである。具体的には2015年の中央教育審議
会答申「これからの学校教育を担う教員の資質能力の向上について」を受けて
教育職員免許法などが改正され，各都道府県および政令指定都市の教育委員会
は「**教員育成指標**」を作成することとなった。これは養成期，初任期，中堅期
といった形で各教育委員会が教師に求める力を一覧表にしたもので，教員採用
選考試験はこのうち養成期に望む力を身につけているかを測るものである，と
される。そして，大学は教員育成指標を参考に学生に教育をすることが求めら
れている。

　しかし，この動きに応じて教師を目指すにあたり「ただいわれるままに必要
とされることをやろうとする」受動的な態度は，本来的に望ましいとはいえな
い。各教育委員会も時代の変化が激しい現代にあって，そのなかを生き抜いて
いく子どもたちを育てる教師を求めているのであって，どのような時代であれ
教員採用選考試験にのぞむにあたり，自らの理想の教師像を模索していく姿勢
が重要であることは肝に命じておく必要がある。

（2）教員免許更新制

　養成・採用・研修の一体化の前に行われた改革の1つが教員免許更新制であ
る。これは2007年に教育職員免許法が改正されて始まった制度で，教員免許
は一度取得すれば終身にわたり有効だったが，10年の期限つきに改められた。
そして有効期限を迎える前に教員免許更新講習を受けなければ延長できない制
度となっている。教員免許更新講習の内容などについては制度開始から数年ご

とに見直すものとされているため少しずつ変わってきているが，2021 年現在で期限を迎えるまでの 2 年間に通算 30 時間以上の講習を受けなければならない。具体的には必修 6 時間，選択必修 6 時間，選択 18 時間と区分され，受講料も必要である。講習にあたっては必ず評価を受けることになっており，講習後の試験で期限までに合格できなければやはり更新はできない。

　講習の主体は大学で，講習自体はオンライン実施もあるが，試験は必ず本人確認ができる方法が求められている。教員免許を取得したものの，教員採用選考試験に合格できず講師の道も選ばなかった場合や民間企業などで働く場合，教員免許を更新するには現状では困難が大きいことも，教員免許取得にあたっては考慮しておく必要がある。

　なお，2021 年 3 月に文部科学大臣が中央教育審議会への諮問で教員免許更新制の見直しを求め，負担軽減策などが議論されている。

（3）キャリアのスタートラインとしての教員採用

　「試験」といわれれば「合格」をゴールと思う人も多いに違いない。しかし教員採用選考試験は教師としての人生のスタートラインにつくための通過点である。教員採用選考試験で様々に求められる試験内容も，教師として必要な力を試されているのだから，そのために努力をすることは当然であろう。

　合格して教壇に立ち，児童生徒たちにどのような教育をしていきたいかが重要であって試験の合格は目的ではないのである。少子化の影響で教員採用の人数は今後減少することが予測されている。しかし，どのような状況であれ，教員採用選考試験の先の長い教師生活のキャリアをみつめて，自分なりの理想の教師を追求していってもらいたい。

学習課題　① 　自分自身の出身都道府県ないし政令指定都市の教員採用選考試験の募集要項などに記載されている「教師に求める力」にどのようなことが書かれているか調べてみよう。
　　　　　　② 　自分自身の出身都道府県ないし政令指定都市の教員採用選考試験の面接試験でどのような出題がなされているか調べてみよう。

引用・参考文献

岩田康之「日本的教師のハードワークはどこから来るか――教員養成の現場から考える」
『日本教育行政学会年報』43，2017年，153～156頁。

牛渡淳「わが国における教師教育改革の動向と課題――中央教育審議会教員養成部会『中間
まとめ』（2015.7.）・『答申素案』（2015.9.）を中心に」『仙台白百合女子大学紀要』20，
2016年，1～9頁。

布村育子「教員採用システムの史的動向に関する考察」『埼玉学園大学紀要 人間学部篇』
13，2013年，107～120頁。

第4章

学び続ける教師
——教員の養成・採用・研修——

　近年，変化が激しいとされる社会に対応するために，学校教育のあり方にもますます大きな変化がみられる。このような学校教育を支えるために，教員の養成段階から「実践性」が重視され，「学び続ける教員（像）」というキーワードとともに養成・採用・研修の一体的な改革が行われるようになってきた。本章では，児童生徒の自立を支援する教員として，学ぶ内容や方法を制度的にただ与えられるだけでなく，自分で考えていくことがいかなる意義を持つか，また教員の学びを可能にするにはどのような条件が必要か考えていこう。

1　教職課程と学校教育

　もしも皆さんが大学の教職課程を履修している場合，教職課程のどんな授業内容が学校教育現場で必要であると思うだろうか。学校教育現場で必要なスキルの獲得のほか，しばらくは変わらないと思われる一部の知識（教科内容に関する知識や法律，学説等）を得たり，あるいは，これまで当たり前だと思っていた「教育」についての見方や考え方に変化が生じたりする授業内容が必要だと思う人も多いであろう。ただ，実際に，学校教育の現場で仕事をしてみないかぎり，どのような内容がどの程度必要かわからなかったり，さらに勤務する学校の状況によって異なったりすることもあるだろう。しかも今後は，学校教育の現場での仕事内容も，オンライン授業やAIの導入等で，大きく変わっていく可能性が高い。

　オンライン授業も含めたICTやAI技術の利用については，いわゆるEdTech（"Education" と "Technology" をかけあわせた言葉）等の進展に伴い，これまでの学校教育のあり方を大幅に変えていく可能性がある。これらの技術の

発展により，狭い意味での教科・単元の知識や理解に関する内容については，今以上に，少ない予算で児童生徒の個別の状況に応じた学びが可能となるかも知れない。そうなった場合，わざわざ人間と人間がふれ合うなかで学ぶことができる価値ある教育内容というものはあるのだろうか。そして，児童生徒に対して，必要かつ機械には代替不可能な学びの支援があるのだとすれば，それはどのようなものだろうか，といった問題がますます問われていくであろう。これらの問題については，様々な意見が考えられるが，学習指導要領に関連する文書でしばしば言及される「予測困難な時代」における変動の激しい社会のなかでは，唯一の「正解」を決めることもまた困難なことであろう。

　もしも皆さんが教職を目指す学生で，児童生徒に——他人に判断を委ねるのではなく——自分で判断し，行動する人間となっていくことを期待するならば，皆さん自身がこれからの学校教員に何が必要なのかということについて，大学の授業や教科書で与えられたものをこなしていくだけでよいのかと考えたこともあるだろう。そのことは，教員採用後の様々な研修をはじめ与えられたものだけに甘んじるのではなく，自分で課題を見つけて，その課題に対応すべく学び続けていく教員（あるいは後述する「教師」）のあり方を考えるための手がかりになっているに違いない。

　とりわけ，学校で学んだ知識やスキルがすぐに役立たなくなる，いわゆる知識の陳腐化が加速する現代にあっては，教員が生涯にわたって学び続けることは今後ますます強調されることになるであろう。こういった社会や学校教育をめぐる変化を念頭に，教員が生涯にわたって資質向上を目指す「学び続ける教員像」という言葉が，2012年の中央教育審議会の答申「教職生活の全体を通じた教員の資質能力の総合的な向上方策について」以降とりわけ強調されるようになってきた。しかしながら，同時に，現在生じつつあると思われる社会と学校を取り巻く環境の大きな変化への対応を，そもそも教員の養成・採用・研修といった「学び」にどこまで求めることができるのかということについても同時に考えていく意義があるだろう。以下では，教員の養成・採用・研修に関する近年の変化に着目しながら，今後の課題等について考えていくことにしよう。

2　養成・研修・採用の一体的改革に関する動向

「研修」とは，一般的には，「研究」と「修養」をひとまとめにしたものとされており，現行の教育基本法の第 9 条においては，教員について次のように定められている。

> 第 9 条　法律に定める学校の教員は，自己の崇高な使命を深く自覚し，絶えず研究と修養に励み，その職責の遂行に努めなければならない。
> 2　前項の教員については，その使命と職責の重要性にかんがみ，その身分は尊重され，待遇の適正が期せられるとともに，養成と研修の充実が図られなければならない。

ここでは「研究と修養」，そして「研修」という言葉が同じ条文内で強調されている。2006 年の改正前の教育基本法において，現行法の上記条文に対応する内容が規定されている第 6 条第 2 項においては，「法律に定める学校の教員は，全体の奉仕者であつて，自己の使命を自覚し，その職責の遂行に努めなければならない」とされており，研修についてはふれられていなかった。そもそも教員が「努めなければならない」職責には，様々なものが考えられるにもかかわらず，改正後にわざわざ「研究と修養」が強調されているところにも，研修が重視される傾向が表れているといえる。

それまでの教員の研修や，資質・能力をめぐる議論に大きな変化を与えたものに，2015 年の中央教育審議会の答申「これからの学校教育を担う教員の資質能力の向上について――学び合い，高め合う教員育成コミュニティの構築に向けて」（以下，2015 年答申）がある。以下では，その内容を確認しながら，今日の養成・研修・採用について考えていくことにしよう。

ほかの答申と同様に 2015 年答申では，新しい知識・情報・技術が重要度を増す「知識基盤社会」の到来，社会・経済のグローバル化，そして少子高齢化のなかで日本社会が大きく変化してきたとしている。そのうえで，「我が国が

将来に向けて更に発展し，繁栄を維持していくためには，様々な分野で活躍できる質の高い人材育成が不可欠」（中央教育審議会，2015：2）であり，その中核を担うのが学校教育であるとする。そして，その学校教育の直接の担い手としての教員の資質能力が「最も重要」（中央教育審議会，2015：2）であると指摘する。「繁栄」や「質の高い人材」といった表現からもわかるように，経済的な合理性が2015年答申の関心事であることがうかがえる。

　そして，子どもたちが「知っていることを使ってどのように社会・世界と関わり，よりよい人生を送るか」（中央教育審議会，2015：6）といった，それまでの会議で提示されてきた（2017〔平成29〕年・2018〔平成30〕年告示の）学習指導要領改訂の基本的な方針等を取り上げ，これらに対応した資質・能力を育むためには，これからの教員自身もまた，子どもたちへの指導方法を常に見直していく必要があるという。いわゆるアクティブ・ラーニングをはじめ多様な学習・指導方法を子ども，学校，地域の状況に応じて選択し，工夫していくことが求められていると考えるのである。その際，学習指導要領に基づきつつも，教科等の枠を越えて各学校が設定している教育目標に応じた教育課程を編成し，実施・評価改善していくカリキュラム・マネジメントのために必要な力なども教員に求めている。

　また，本書第6章でも述べるように，今日「チーム学校（チームとしての学校）」ともいわれるような考え方のもとで，スクールカウンセラーやスクールソーシャルワーカー，部活動指導員など様々な人材と連携・分担しながら，組織的・協働的に諸課題のために取り組む力も醸成していく必要があるとしている。

　このような大きな変化に対応するため，2015年答申では，これからは教員の養成・採用・研修の一体的な改革が必要であるとしている。そして，その改革の具体的な方向性としては，養成段階から採用後も研修等で学び続ける教員の資質能力の向上施策を，教育委員会や大学等の関係者で体系的に取り組む必要があるとしている。そのような取り組みが全国的に行われる共通の制度として，教員育成協議会（仮称），教員育成指標と教員研修計画の全国的整備が必要であるとされた。この教員育成指標については，「教職生活全体を通じた育

成指標の明確化」とされている。この指標はすでに，教育再生実行会議による
「これからの時代に求められる資質・能力と，それを培う教育，教師の在り方
について（第7次提言）」（2015年）においても提言されているものをふまえたも
のである。

　2015年答申では，大学等における教職課程については，「教員となる際に必
要な最低限の基礎的・基盤的な学修」（中央教育審議会，2015：16）の養成段階と
され，教職課程の質保証・向上のための組織整備等を促そうとしている。また，
大学が教職課程を編成する際に参考とする指針として**「教職課程コアカリキュ
ラム」**が必要であるとした。さらに，養成段階にある教職課程の学生が，学校
で教育活動や校務，学校行事，部活動などに関して支援や補助活動を行う学校
インターンシップの導入についても言及している。それらは，学校教育現場に
ついて知る機会，実践的指導力の基礎の育成の機会となるほか，自らの教員と
しての適格性を知る機会にもなるとしている。学校インターンシップの導入方
法については，各学校の判断で，教職課程に位置づけて単位認定の対象とする
ことについても書かれている。また，養成にあたって大学の創意工夫により教
育課程を編成できるようにするために，「教科に関する科目」と「教職に関す
る科目」等の科目区別を撤廃するのが望ましいとした。

　公立学校の教員に関しては，この答申をふまえ，2016年には教育公務員特
例法が一部改正されることになった。この改正では，まず，文部科学大臣が，
「校長及び教員としての資質の向上に関する指標の策定に関する指針」を策定
することとなった（第22条の2）。また，教員等の任命権者（教育委員会等）は，
教育委員会と大学等からなる「協議会」を組織し，上記の「指針」を参酌し
「校長及び教員としての資質の向上に関する指標」を定めるとともに，その
「指標」をふまえた教員研修計画を定めることとなった（第22条の3〜第22条の
5）。そして，教員免許状取得に必要な科目については，「教科に関する科目」
と「教職に関する科目」等の区分を統合することとなった。

3 教員の養成・採用

　教員養成・採用をめぐる近年のあり方については,「教職課程コアカリキュラム」(2017年)(以下,コアカリキュラム)を中心にみていくと理解しやすいといえる。これは,先述の2015年答申に基づいて作成されることになったものである。コアカリキュラムの冒頭には,このカリキュラムが作成された背景が書かれている。これまで教職課程においては,大学の教育研究の成果の一環としての「学芸」と,教員となったその日から学校で求められる「実践性」の両方が必要であるとされている。しかし,この「学芸」と「実践性」に関して,「従来,大学では学芸的側面が強調される傾向があり,そのことは,課題が複雑・多様化する教育現場から,例えば初任者が実践的指導力や学校現場が抱える課題への対応力を十分に身に付けていない等の批判を受けてきたところである」(教職課程コアカリキュラムの在り方に関する検討会,2017:1)と述べられている。このコアカリキュラムはそういった「批判」に対して,「実践性」に重点を置いて答えようとするものだといえる。

　そうして作成されたコアカリキュラムは,「全国すべての大学の教職課程で共通的に修得すべき資質能力を示す」(教職課程コアカリキュラムの在り方に関する検討会,2017:2)としている。先にみた2015年答申の段階において,教職課程コアカリキュラムは教職課程の編成にあたり「参考とする指針」となっていたが,コアカリキュラム本文では「修得すべき資質能力」として拘束力の高い記述となっている。ただし,コアカリキュラムですべての教育内容を規定していくというわけではなく,コアカリキュラムの内容に加えて,「地域や学校現場のニーズに対応した教育内容や,大学の自主性や独自性を発揮した教育内容を修得させることが当然である」(教職課程コアカリキュラムの在り方に関する検討会,2017:2)としている。

　詳しくは文部科学省のホームページなどでも確認できるコアカリキュラムの文書をみればわかるが,各大学の自主性や独自性についての言及はあるものの,この制度によって,大学の教職課程の内容が細かく規定されることになってい

る。すでにコアカリキュラムに相当するものが作成されている医学教育，獣医学教育等のように，「全体目標」「一般目標」「到達目標」といったものが定められている。そして，それらの目標の内容を修得できるように，教職課程の担当者が授業を設計・実施することとされている。

　たとえば，「教育の基礎的理解に関する科目」のはじめに挙げられている事項としては，「教育の理念並びに教育に関する歴史及び思想」というものがある（教職課程コアカリキュラムの在り方に関する検討会，2017：10〜11）。この事項の場合には，「全体目標」が1つ，「一般目標」が3つ，「到達目標」が8つ記されている。

　ここで「(1)教育の基本的概念」の一般目標の「概念を身に付ける」や到達目標の「教育の本質及び目標を理解している」等といった表現を，少なくとも文字通り理解した場合には，「身に付ける」ことができる概念であったり，「教育の本質」であったりが想定されている。このような固定的ともいえる教育観が，現在の大学の教職課程では求められている。これらの目標にかぎらずコアカリキュラムに記載されている様々な一般目標や到達目標には「〜を理解する（している）」といった表現がみられる。これらの表現にうかがえる，「正解」あるいは「答え」のようなものがあらかじめ存在しているかのような教育観（あるいは学問観）が，はたして変化の激しいとされる社会にどの程度ふさわしいものだろうか。

　なお，コアカリキュラムの登場以前は，「学校インターンシップ」と呼ばれていたものも，コアカリキュラムにおいては「学校体験活動」として表記され，その「学校体験活動」は，「教育実習」の一部として内包されることとなった。さらに，教育委員会や学校法人関係者が，コアカリキュラムをふまえた教員採用選考を実施することや，先述の「校長及び教員としての資質の向上に関する指標」においてもこれをふまえることで，コアカリキュラムを活用することが求められている。

　養成段階については，コアカリキュラムが作成される以前から，自治体によってはいわゆる教師塾が開設されており，大学3年生等が入塾等を行うもののほか，高校生が入塾等を行うものもある。なお，教師塾の「卒塾」者に，教

員採用選考試験で一部試験科目等の免除する自治体もあれば，特別な措置を行わないとしている自治体もある（本書第3章を参照）。

4　教員の研修

　教員採用後の教員の研修については，設置主体や学校種によって様々なものがあるため，ここでは主として公立学校を中心にみていく。研修の分類については，様々なものがあるが，しばしば用いられる分類としては，次の3つの区分であろう。

①職務命令による研修

②職務専念義務の免除による研修（「職専免研修」とも呼ばれ，教育公務員特例法第22条では「教員は，授業に支障のない限り，本属長の承認を受けて，勤務場所を離れて研修を行うことができる」と規定されている。校長の承認によって，勤務時間内であっても校外で受けることができるとされている。）

③自主研修（勤務時間外に行う。読書や映画鑑賞のほか様々な社会文化活動が考えられる。）

　採用から長期の期間でみた，公立学校の教員研修の実施体系については，文部科学省が図4-1のようにまとめている。原則として，全国のすべての公立学校の教員が受けるものに「初任者研修」と「中堅教諭等資質向上研修」がある。その他，都道府県や個々の教員の状況に応じて受ける研修が多数開催されており，私立学校においても様々な研修が実施されている。

　また，先に述べたように，2016年の教育公務員特例法の一部改正により，各自治体においては教育委員会と大学等からなる「協議会」による「校長及び教員としての資質の向上に関する指標」と，指標をふまえた教員研修計画を定めることとなった。たとえば，東京都の場合には，2017年に「東京都公立学校の校長・副校長及び教員としての資質の向上に関する指標」が策定された（2020年度には養護教諭版および栄養教諭版を追加で策定）。東京都公立学校の教諭の場合，表4-1の「学習指導力」「生活指導力・進路指導力」「外部との連携・折衝力」「学校運営力・組織貢献力」が，「教員が身に付けるべき力」とし

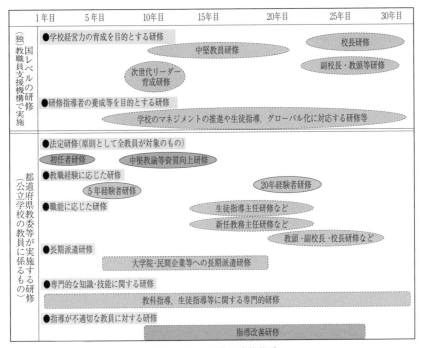

図4-1　教員研修の実施体系

出所：文部科学省「教員研修の実施体系」。

て定められ，また「教育課題に関する対応力」も，キャリアステージに応じて身に付けるべき力とされている。

　この指標に基づいて，2018年度から東京都教員研修計画が毎年策定されている。たとえば，2020年の「令和2年度東京都教員研修計画」においては，教員の人材育成として，①日常的な職務をすることで知識や技能等を高めていく OJT（On-the-Job Training），②研修機関等における研修としての Off-JT（Off-the-Job Training），③自らの興味関心に応じて読書やセミナー参加などを行う「自己啓発」の3つが重視されている。

表 4-1　東京都公立学校の校長・副校長及び教員としての資質の向上に関する指標（一部）

教員			
成長段階	教諭		主任教諭
	基礎形成期	伸長期	充実期
	1～3年目	4年目～	9年目～
求められる能力や役割	○教員としての基礎的な力を身に付ける。 ○教職への使命感，教育公務員としての自覚を身に付ける。	○知識や経験に基づく実践力を高め，初任者等に助言する。 ○主任教諭を補佐し，分掌組織の一員として貢献する。	○校務分掌などにおける学校運営上の重要な役割を担当する。 ○同僚や若手教員への指導的役割を担う。
教員が身に付けるべき力　学習指導力	・学習指導要領の趣旨を踏まえ，ねらいに迫るための指導計画の作成及び学習指導を行うことができる。 ・児童・生徒の興味・関心を引き出し，個に応じた指導ができる。 ・主体的な学習を促すことができる。 ・学習状況を適切に評価し，授業を進めることができる。 ・授業を振り返り，改善できる。		・児童・生徒の主体的な学習を促し，若手教員の模範となる授業ができる。 ・若手教員の指導上の課題を捉え，助言・提案等ができる。 ・授業改善や授業評価について，実態や課題を捉え，解決策を提案できる。
生活指導力・進路指導力	・児童・生徒と信頼関係を構築して，授業，学級での規律を確立できる。 ・生活指導上の問題に直面した際，他の教員に相談しながら解決できる。 ・児童・生徒の状況に応じたキャリア教育の計画を立てることができる。	・他学年や他学級の生活指導上の問題について，共に対応したり，効果的な指導方法について助言したりできる。 ・児童・生徒の個性や能力の伸長及び社会性の育成を通して自己実現を図る指導を行うことができる。	・若手教員が抱える課題に気付き，解決に向け指導・助言することができる。 ・児童・生徒に自己有用感をもたせることができる。・自校の課題について，解決策を提案することができる。
外部との連携・折衝力	・課題に応じて保護者や地域，外部機関と連携を図り，学年主任の助言に基づいて，解決に向けて取り組むことができる。 ・保護者会等の進め方を理解し，保護者に伝える内容を整理するとともに，信頼関係を構築することができる。	・保護者・地域・外部機関と協働し，課題を解決することができる。 ・学校からの情報発信や広報，外部からの情報収集を適切に行うことができる。	・外部機関等に対し学校の考えを明確に示すとともに，情報収集を適切に行うなどして，円滑な関係を築くことができる。 ・保護者・地域・外部機関と協働し，教育活動をより高いものにできる。
学校運営力・組織貢献力	・組織の一員として校務に積極的に参画できる。 ・上司や先輩へ適切に報告・連絡・相談するなど，円滑なコミュニケーションを図り校務を遂行できる。	・担当する校務分掌についての企画・立案や改善策を提案できる。 ・上司や同僚とコミュニケーションを図りながら，円滑に校務を遂行できる。	・主幹教諭を補佐し，職務を遂行するとともに，担当する校務分掌の職務について，教諭等に指導・助言ができる。 ・学校の課題を捉え，校長・副校長や主幹教諭に対応策等について提案できる。
教育課題に関する対応力	・教育課題に関わる法的な位置付けや学習指導要領の記述を確認するなどして課題に対する知見をもち，主体的に対応することができる。	・教育課題についての理解を深め，主任教諭を補佐し，分掌組織の一員として，課題解決のために貢献できる。	・教育課題に関する校務分掌での重要な役割を担い，主幹教諭を補佐するとともに，同僚や若手教員に対して適切な助言ができる。

出所：東京都教育委員会（2017）。

5　「学び続ける教員」と「学び続ける教師」

　その他，先にみた教員研修の実施体系（図4-1）には位置づけられていないが，教員免許状の更新のための免許状更新講習もあり，最新の知識技能を得る機会として設けられている（本書第3章を参照）。

　ここまで，大学での養成段階から定年まで「学び続ける教員像」に求められる資質・能力のほか，その研修のあり方に至るまで，制度として求められているものを中心にみてきた。各自治体の「校長及び教員としての資質の向上に関する指標」や，指標をふまえた教員研修計画で一律に推し進められていく「教員育成のスタンダード化」あるいは，そこで想定されている「学び続ける教員像」については，育児休業や介護休業を行おうとする教員や，異業種から教員へと転職してきた人々を周辺的な存在に位置づけかねない側面もあるだろう（木村ほか〔2019〕も参照）。このようなスタンダードは，多くの教員に対して現時点のキャリアにおいて，どのような資質・能力が必要なのかといった目安を提供するものではあるが，多様な人生設計は考慮されていない側面がある。

　しかしながら，これからますます増加すると思われる，そういったスタンダードには収まりきれない教員の多様な生き方こそが，本章冒頭でふれた「予測困難な時代」の到来を，私たちや児童生徒に垣間見させてくれているといえる。技術革新や産業構造の変化による雇用情勢の変容のほか，近年の予測不可能な2020年からの新型コロナウイルスの感染拡大等も考えればわかりやすいが，何をきっかけに，どのように社会，そして人々の人生が変化していくのかを，特権的に見通せる立場というものはないといえる。そういった前提から考えた場合には，児童生徒，そして彼らを支援していく教員に必要な資質・能力なるものも，あくまで比較的に可能性が高いと思われている予測にすぎない。

　未来が予測困難なのは決して今に始まったことではなく，児童生徒や保護者，そして教員や地域の個別性が尊重される風潮が近年ますます社会に浸透してきたがゆえに，その予測困難さがいっそう議論されるようになったといえる。学校に通うすべての児童生徒，そして教員に同じことを要求することがますます

困難になった時代にあっては，個々の児童生徒や教員に判断を委ねなければならない事柄が多くならざるをえない。そのためには，関係する当事者で情報を集め，何が必要か判断し，自分たちで状況に応じて絶えず変更を重ねていくことで，より納得できる結果に近づくことが求められるようになるだろう。

　したがって，研修に関しても，一律に研修の時期や内容を決められるだけでなく，勤務先の児童生徒や学校の状況に応じて研修内容を取捨選択し，オンラインのライブやオンデマンド配信の利用をはじめ，子育てや介護とも両立可能な方法なども選択できるような形で，教員が学べるようにする環境づくりが必要になってくる。ただし，そのような研修で目指される教員の資質・能力，あるいは成長なるものは，学び続ける教員自身だけでなく，その教育活動の直接の相手となる児童生徒や保護者との十分なコミュニケーションのなかで検証されていくものでなければ，彼らが求めているものとかけ離れてしまう可能性が高まってしまう。もちろん，一人ひとりの教員が，自己および社会の理想という観点から考える長期的な成長のビジョンは，日々の研究や修養の原動力となりうる。しかしながら，その理想は児童生徒や保護者のニーズとの関係で絶えず検証されていく必要もあるだろう。

　ただ，冒頭でもふれたように，社会と学校を取り巻く環境の大きな変化への対応を，教員の養成・採用・研修といった「学び」にどこまで求めることができるのか，という点についても吟味していく必要がある。そうした変化への適応のための「学び」を強調することは，教員への負担を過度に強いることになりかねない。そこで，こうした変化への対応については，チーム学校の「専門スタッフ」に業務を担ってもらうこと等による環境整備や，教職員の定数を拡充していくことで，教員の負担が軽減されるということも，様々な答申等において主張されているところである。検証の余地があるとはいえ，これらの対策によって，教員の負担が軽減され，教員が学んでいくための時間等が確保できるようになるかもしれない。いずれにせよ，労働条件の改善なしに教員の「学び」を強調するならば，社会の変化に対応できない原因が教員に求められてしまうことになるだろう。

　これに関して，最後に１つ確認しておきたい。研修というものを議論する際

には，「学び続ける教員」というように「教員」という「職業」での成長に限定される傾向が強いという点である。それに対して，現在，学校教育制度上，児童生徒に対しては，彼らの将来の職業のみにとらわれず，広い範囲で彼らの「人生」に関わる学びが求められている。アクティブ・ラーニングの視点など学習指導要領をはじめとする文書において，児童生徒に求められる資質・能力の 3 つの柱の 1 つとして挙げられているものに，「どのように社会・世界と関わり，よりよい人生を送るか（学びを人生や社会に生かそうとする「学びに向かう力・人間性」等の涵養）がある（中央教育審議会〔2016〕等）。これらの文書において，子どもたちにこういった資質・能力を育むためには，教員の養成や研修にもアクティブ・ラーニングの視点を取り入れることが提唱されている。

　一方で，子どもたちの「よりよい人生」に関わる教育活動を目指しておきながら，他方でその活動の担い手となる教員の方は，職業以外の側面も含めて，トータルな「よりよい人生」を実現する機会が与えられているのであろうか。そのことは，教員の労働条件をどう考えるかという問題とともに，人生100年時代ともいわれる時代にあって，職業以外での長きにわたる生き方にも関わってくる問題である。いずれにせよ，教員自身が「よりよい人生」のために，自分の人生に向かい合うような機会が与えられていないのであれば，組織内における職務として「学び続ける教員」にはなりえたとしても，本章の章題にあるように「学び続ける教師」といった，一般的にはより広い意味で人間としての成長を，子どもたちに指し示すことのできる存在にはなりえないであろう。

学習課題　①　あらかじめ大学で決められた教職課程での学び以外に，教員（あるいは教師）を目指す大学生に必要な学びとはどのようなものかまとめてみよう。
　　　　② 教員（あるいは教師）が学んでいく機会として，教員有志や民間教育団体主催の研修会等には，どのようなものがあるかを調べたうえで，それらの研修の意義等についてまとめてみよう。

引用・参考文献

木村育恵・跡部千慧・河野銀子ほか「教員育成スタンダード化政策の課題――女性教員のキャリア形成に着目して」『北海道教育大学紀要　教育科学編』70(1)，2019 年，

53〜62頁。

教職課程コアカリキュラムの在り方に関する検討会「教職課程コアカリキュラム」2017年。https://www.mext.go.jp/component/b_menu/shingi/toushin/__icsFiles/afieldfile/2017/11/27/1398442_1_3.pdf（2021年7月15日閲覧）

中央教育審議会「これからの学校教育を担う教員の資質能力の向上について――学び合い，高め合う教員育成コミュニティの構築に向けて（答申）」2015年。https://www.mext.go.jp/component/b_menu/shingi/toushin/__icsFiles/afieldfile/2016/01/13/1365896_01.pdf（2021年7月15日閲覧）

中央教育審議会「幼稚園，小学校，中学校，高等学校及び特別支援学校の学習指導要領等の改善及び必要な方策等について（答申）」2016年。https://www.mext.go.jp/b_menu/shingi/chukyo/chukyo0/toushin/__icsFiles/afieldfile/2017/01/10/1380902_0.pdf（2021年7月15日閲覧）

東京都教育委員会「『東京都公立学校の校長・副校長及び教員としての資質の向上に関する指標』の策定について」2017年。https://www.metro.tokyo.lg.jp/tosei/hodohappyo/press/2017/07/27/documents/07_02_00.pdf（2021年7月15日閲覧）

文部科学省「教員研修の実施体系」。https://www.mext.go.jp/a_menu/shotou/kenshu/__icsFiles/afieldfile/2019/10/29/1244827_001.pdf（2021年7月15日閲覧）

＊本章の執筆にあたっては，JSPS科研費18K02295の助成を受けている。

第 5 章

校務分掌と教員組織

　教員の仕事といえば，授業を中心とした学習指導や生活面に関わる生徒指導
など，児童生徒の教育活動に直接関わる場面がまず思い浮かぶのではないだろ
うか。これらは，児童生徒が教員に接する主な機会であるため，被教育者とし
て学校に通った経験を通じて，その内容を具体的に思い浮かべるのは比較的容
易であろう。それでは，児童生徒に直接関わらない業務の内容について明瞭に
思い浮かべることはできるだろうか。日本の教員の仕事は幅広いが，たとえば，
児童生徒の保護者や地域との関わり，教員間の打ち合わせや会議，人事や施設
管理に関わる事務仕事や書類作成などは，被教育者の視点からだけでは見逃し
てしまいがちな業務である。本章では，学校運営上重要な業務をも含めた「校
務」の分掌について，さらには学校運営のあり方に深く関わる教員組織につ
いて考えてみよう。

1　校務分掌

（1）校務分掌とは何か

　教職の現場では日常的に用いられるが，学校以外で耳にする機会の少ない用
語の1つが「校務分掌」である。この言葉を構成する要素を「**校務**」と「**分
掌**」の2語に分けた場合に，より難解に思える語は「分掌」なのではないだろ
うか。そこでまずは分掌という語の意味を確認したい。

　新村出編『広辞苑　第4版』によると，分掌とは「分けてつかさどること。
分担して受け持つこと」と説明がなされ，「事務分掌」という用例がひかれて
いる（新村，1991：2291）。この用例からわかるように，「分掌」という語自体は
学校だけでなく企業等の職場においても用いられる語で，ほかに業務分掌や職

務分掌といった用い方が挙げられる。また先の『広辞苑』の説明文中にみられる「つかさどる」という語は，白川静『字訓』では次のように解説されている（白川，1987：501。傍点は筆者による）。

首長としてそのことにあたる。「つかさ」は高所であり，また首たることをいう。「首とる」の意とみてよい。（中略）常訓の字としては，掌が用いられる。（中略）軍事については官，祭祀に関しては司がその字にあたるが，何れも名詞的に用いることが多い。権限を掌握する意には掌を用いる。

　すなわち，『広辞苑』にいう「分けてつかさどること」に漢字をあてると「分けて掌ること」で，「分掌」の訓読みだとわかる。ここまでのところをまとめると，分掌とは，一定範囲の仕事を分割し，複数人で分担して受け持つこと，という意味である。
　分掌と比べて「校務」は平易な漢字を用いているため，学校の務め，つまりは学校の仕事というと，簡単に理解できそうにも思える。だが，一口に学校の仕事といっても，その内容は多彩であり，教職員以外からはみえにくいものも少なくない。本書第9章の表9-1は教員の勤務調査に用いられた業務の項目分類と業務内容の例であるが，これをみるだけでも，教員がいかに多様な業務を担っているかがわかる。とはいえ，学校の構成員である教員が校内外の様々な仕事を請け負うのは当たり前ではないか，と思われるかもしれない。それでは他国の教員の仕事はどうだろうか。
　たとえばアメリカと比較すると，日本との「最大の違いは，アメリカの教師は，その職務は基本的に授業であり，授業以外のことについては『それは私の仕事ではありません』と言えるのに対し，日本の教師は職務も労働時間も限定されておらず，職務内容が際限なく増え続けているという点にある」（佐久間，2015：46）のだという。つまり，授業以外の幅広い「校務」を担うのは，少なくともアメリカでは当たり前とはいえない。そして，日本国内であっても，一見自明にみえる「校務」の範囲や内容には，解釈の違いや学校ごとの業務の違

いが存在しているため，公立学校だけにかぎってでさえ，校務の対象に関して全校に共通する統括的な見解は示しがたいのである。この点をふまえて，まずは校務の範囲の解釈をめぐる議論についてみてみよう。

（2）校務に関する法令と広狭二様の解釈

　校務に関係する法令を参照すると，学校教育法第37条第4項に「校長は，校務をつかさどり，所属職員を監督する」，さらに同条には，副校長は命を受けて校務をつかさどること（第5項），教頭は校務を整理すること（第8項），主幹教諭は命を受けて校務の一部を整理すること（第9項），といった規定が示されている。その一方で「教諭は，児童の教育をつかさどる」（第11項）という表記がみられる。第4項（および第5項）と第11項との比較からすれば，校務と教育は「つかさどる」者が異なっており，先にみた白川（1987：501）の傍点部にみられるように，権限をもって務めにあたるのが「掌ること」であるなら，校長と教諭というそれぞれ異なる者が掌握する権限の対象は別と考えられる。それゆえ校務と教育活動は別の範囲の仕事，と解釈するのは自然なことである。

　しかし，校務の範囲については教育活動を除いて捉える狭義の解釈だけでなく，教諭の教育活動なども含めた，学校運営上必要な業務のすべてを指すという広義の解釈もなされる。これら広狭両義の解釈の対立を中心に，校務の範囲をめぐる議論が戦後からなされているが，こういった議論が生じる理由は，明治中期頃から使われてきた用語である「校務」の範囲や内容を規定する法令が一貫して存在しておらず，解釈によって含まれる内容に幅が生じるからである。

　1947年に制定される学校教育法案が国会貴族院で議論された際（第92回帝国議会，1947年3月），「此の校務と云ふのは，どう云つたことをされることになつて居りますか」と校務の内容が問われたのに対し，文部省（当時）の政府委員は「主として學校行政事務，教育行政事務，さう云ふことを……」そして「校長としては必ずしも教育はしない，併し同時に教諭であつて教育をする場合もある」と応じている。さらに「從來の方針が改まつて，校務と云ふことを特に御書きになつたと云ふ譯ではありませんね」という念押しの問いかけに

「はい」と答えてもいる（帝国議会，1947。下線は筆者による）。ここでの答弁から，戦後早い段階での政府見解では，校務を教育活動と分けた「行政事務」として，狭義の解釈が示され，さらには戦前から解釈の変更がないという思考がみてとれる。

　比較のために太平洋戦争前の1941年に制定された国民学校令を確認すると，「学校長は地方長官の命を承け校務を掌理し所属職員を監督す」（第16条），「訓導［現在の教諭に相当］は学校長の命を承け児童の教育を掌る」（第17条）（下線，角括弧内は筆者による）という職務区分がなされており，特に下線部は，その区分が学校教育法で校長と教諭に継続して用いられたとみられる。この職務区分と同様，学校教育法の成立段階において示された校務の狭義の解釈は，戦前から継続する通例的な解釈であったと考えられる。このような過去とは裏腹に，戦後の教育においては学校の管理体制が年を追うごとに強化されていき，しだいに校務の範囲を広く捉える立場との論争が生じた。

（3）行政による校務の解釈

　現在の行政の立場としては，広義の解釈がとられている。文部科学省の解釈にしたがって作成される『第6次全訂　新学校管理読本』（文部科学省が所管する，独立行政法人教職員支援機構主催の管理職研修用テキストの内容と同一であり，行政の立場にしたがって解説されている）では，校務を「学校の仕事全体，すなわち学校が学校教育の事業を遂行するに必要なすべての仕事をさすと一般的にはいえるであろう」と表現したうえで，校務の内容を大きく以下の5つに分類している（学校管理運営法令研究会，2018：35）。

　①教育課程に基づく学習指導など教育活動に関するもの

　②学校の施設設備や教材教具に関するもの

　③教職員の人事に関するもの

　④文書の作成処理や人事管理事務，会計事務など学内の内部事務に関するもの

　⑤教育委員会などの行政機関やPTA，社会教育団体などとの連絡調整に関するもの

　行政や管理職の立場として，現在は校務を広く捉えて教育活動を含む見方が

一般的であるとはいえ，校務は教諭の行う授業をはじめとする，直接教育活動と同一ではない。もしこれを同一として，校務に権限を有する校長が各教諭の教育活動の内容や方法に事細かに介入したなら，教諭の自律的な教育活動を阻害し，教育専門職としての教員のあり方を否定することにつながる。それゆえ管理職は各教諭が自律性と専門性を発揮できるような「教育活動の条件づくり」を教育活動に関する校務として整備するという考え方が穏当であろう。

　一方で教諭は各児童生徒や各回の授業といった個別的な指導に傾注するあまりに，目の前の直接教育活動以外の学校業務は価値の低い，時間をとられる仕事，さらには本来の仕事ではないと考えるかもしれない。近年になって教員の過重労働の問題が取り沙汰されるが，沢山の業務を抱え多忙な教員がこのように感じるのも無理はない面もある。だが，個別的な教育活動という観点から一歩引いて，各学校の掲げる教育目標の達成を目指して教育活動を十全に機能させるという，大局的な**学校経営**の観点に立つと，各教諭が行う個別的な教育活動それ自体も学校の教育目標に関わるものであるから，全校的な学校業務のうちに位置づけて考える必要がある。そう考えた時に，教諭が全校的な学校業務との関係を取り結ぶ重要な役割を果たしているのが，校務分掌である。

（4）校務分掌の意義と職務分担

　先述の通り，校務に関する法律としては，学校教育法第37条で「校長は，校務をつかさどり，所属職員を監督する」（第4項）という職務の規定がなされ，校務は校長の職務であると明示されている。続く第5項〜第9項で副校長・教頭・主幹教諭が校務の補佐にあたることも示されるが，校長の職務だとはいっても何よりまず，校長1人で幅広い内容を含むすべての校務を担うことは物理的に不可能である。そして校長以外の管理職が分担するとしても，なおまだ幅広い校務を網羅することは難しく，また教諭が担うことで力を発揮する内容の校務もある。そのため，教職員が校務を分担し処理する，すなわち教職員が校務分掌組織に参加し，協働的に学校運営に関わることになる。

　校務分掌について記述された法規定としては，学校教育法施行規則第43条において，「小学校においては，調和のとれた学校運営が行われるためにふさ

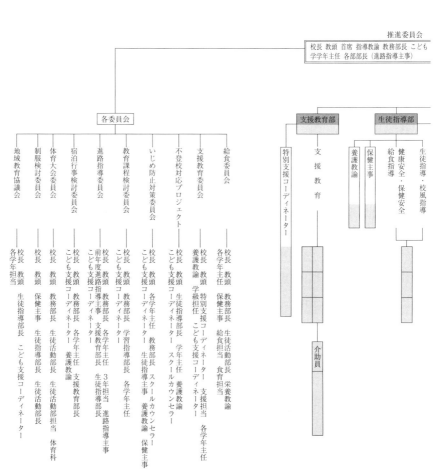

図5-1　大阪府内Ａ中学

注：□部分には，それぞれ担当者名が入る。
出所：当該中学校作成。学校を所管する市教育委員会事務局による一部修正・許可を得て掲載。

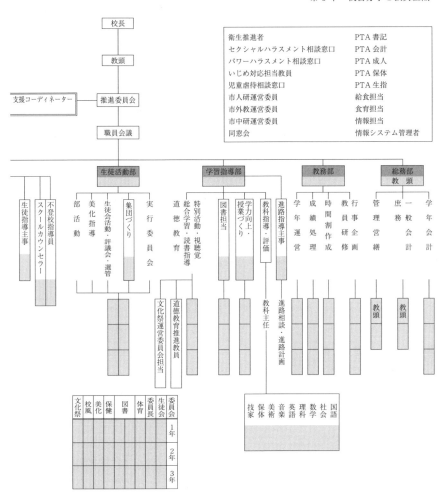

校の校務分掌表（2019年度）

わしい校務分掌の仕組みを整えるものとする」（同条は中学校，高等学校等にも準用）とあり，各学校で教諭が校務を分担することが定められている。この条文（当初は第22条の２）が学校教育法施行規則の一部改正により初めて規定された1976年に，文部省の出した通達（文初地第136号）では留意事項として「『校務分掌の仕組みを整える』とは，学校において全教職員の校務を分担する組織を有機的に編成し，その組織が有効に作用するよう整備することである」と説明される。ここに示されるような，全教職員による有機的な校務分掌組織編制を実現するため，各学校では**校務分掌表**が作成される。

　図５－１は大阪府内のある中学校の校務分掌表であるが，個別的な内容の業務組織がその性格によって，総務部・教務部・生徒指導部といった各部にまとめられ，校務をつかさどる校長へとラインでつながっている。そして各部や各下部組織，委員会ごとに複数の担当者をあてるように枠取りがなされている様子もわかる。

　このような系統的な分掌組織の形成，そして担当者の割りあてを考える場合の「校務分掌の原則」として，従来より，次の５つが挙げられることが多い。
　　①仕事の整理・分類
　　②適材適所主義による人員配置
　　③組織の簡素化
　　④事務配分の均等化・適性化
　　⑤職員の希望の充当

　だが，これらの原則は互いに矛盾する場合があるため，「合理化への標語として通用しても，それだけに終わる可能性のあることに注意する必要があろう」（吉本・永岡，1979：30）との指摘がなされることにも気をつけたい。たとえば効率化を第一とした②適材適所主義は，事務能力に長けた人への業務負担の集中を生み，④事務配分の均等化や，⑤職員の希望は蔑ろにされてしまう，といった状況が起こりうる。『教員勤務実態調査』では「校務分掌については，特定の校務分掌につくことだけでなく，受け持つ校務分掌数が多いと勤務時間が長い傾向にあることが分かる」（リベルタス・コンサルティング，2018：63）という，ある意味では至極当然の分析結果が公表されているが，このような勤務

時間の差異が生じる理由には，「原則」の①や④がうまく働いていない可能性が疑われる。

　さらにいえば，業務負担が校務に精通するベテラン教師ばかり，あるいは若手教師ばかり，といった偏りをみせると，前者は次世代が学校業務に習熟する機会を失わせる，後者は校務の負担で本務の授業研究を深める時間すら奪われる，果ては疲弊して教職を続けられなくなる，といった影響も生みかねない。また，校務分掌では複数名で組織として同一業務に携わることが多いが，組織形成にあたっては，人間関係が業務に影響することを考慮する必要が出てくる。公立学校では地方公務員法第32条により「上司の職務上の命令に忠実に従わなければならない」と定められるが，校長が教職員に対し校務分掌を独断で割りあててしまい，業務の偏りや人間関係への配慮を怠ると，かえって学校運営に混乱を招くことにもなる。教職員が意欲的かつ協働的に校務に取り組めるよう，校務分掌の決定に際しては，校長は教職員それぞれの意思を聞き，互いの意見をすり合わせて合意形成に努めることが大切である。

2　学校経営と教員組織

（1）教員の職階制

　教員の組織形態は従来，「**鍋ぶた型**」（「文鎮型」）と称されてきた。「ふたのつまみ」にあたるのが少人数の管理職の校長・教頭で，その下に「ふた」にあたる多数の教諭がおり，ヨコ並びで同一の職階にあるという図式である。しかし明治期よりすでに，学校では組織上の必要性に応じてこれらの職だけでなく，慣例的な職として，しばしば複数の主任がおかれていた。そして1975年の文部省令改正によって主任・主事（教務主任，学年主任，生徒指導主事など）が，校長の職務命令（上司が部下の公務員に発する職務上の命令。原則として拒むことができない）による指導職として制度化された。この主任・主事の機能は「連絡調整及び指導，助言」（学校教育法施行規則第44条，第70条，第71条）をすることと定められており，職務命令を発することはできず中間管理職ではないとされる。しかし，主任・主事の制度的認可は教員の階層化につながるとして批判もなさ

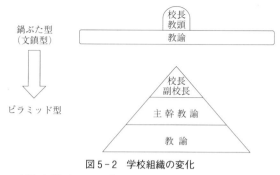

図5-2　学校組織の変化

出所：酒井（2012：133）。

れた。

　2003年度には東京都で，学校に主幹の職が新設された。主幹とは校長，教頭に次ぐ職制であり，東京都に独自の制度として全国で初めて導入された。東京都の主幹の職責については「担当する校務に関する事項について，教頭を補佐するとともに，教諭等を指導・監督する」（主任制度に関する検討委員会，2002。傍点は筆者による）とされ，主任とは異なる監督の機能が明記されている。その後，名称は様々であるが他府県でも類似の制度が設けられ，さらに2007年の学校教育法一部改正によって，主幹教諭が制度化された。ここでの主幹教諭の職は，「校長（副校長を置く小学校にあつては，校長及び副校長）及び教頭を助け，命を受けて校務の一部を整理し，並びに児童の教育をつかさどる」（学校教育法第37条第9項）と示され，東京都の文書に記された「監督」という表現はみられない。しかし「校務の一部を整理」するとは，職務命令を発することができるということであり，主任とは違い中間管理職と位置づけられる。さらに同改正では，主幹教諭のほか副校長や指導教諭といった，新たな職が創設された。これにより，いわゆる「鍋ぶた型」といわれてきた学校の職階制に対し，校長を頂点として，その下に複数の階層が徐々に裾野を広げる「ピラミッド型」の組織へと変化してきたとされる（図5-2）。このような組織形態の変更は，校長がリーダーシップを発揮できるように，意思決定の迅速化・効率化を目的としている。

（2）組織運営のイメージと実際

　学校の組織運営のあり方に関わる教員の職階制をめぐっては，すでに1960年代の半ばから「重層構造論争」と呼ばれる議論がなされている。論争の的となった**学校重層構造論**とは，学校組織を経営層（校長）・管理層（教頭・主任）・作業層（一般教員）に位置づけ，それぞれの職務権限を明確にして教育の効率化を図るべきとする，学校経営の合理化を目指す見解であった。これを批判する学校単層構造論の立場からは，重層構造論が組織を階層化するものであって，教員間の上下関係による権力構造が強化されて非民主的になると主張された。これを言い換えると，学校をピラミッド型組織としてみる重層構造論と，鍋ぶた型組織としてみる単層構造論の対立として捉えることが可能である。

　名越（1986）はこの重層構造論争について，「教師の職場組織をどうみるかという2つの論は，イデオロギーや価値志向と関連して，現実には，学校経営組織をめぐるそれぞれの立場を固める理論的支柱としての機能を果たしてきたといえよう」（名越, 1986：124～125）と評し，単層構造論は日本教職員組合や多くの現場教師に支持され，一方の重層構造論は教育行政当局や学校内管理職層の支持を得てきたとみられる，と論じている。確かに名越が論じた時点においては，それぞれの教員が，自らの立場に応じた理論的支柱として単層構造論，重層構造論を支持した状態であったといえるが，先にみたように，近年の学校教育法改正においてはピラミッド化が進展し，「指揮命令系統が明確にされ，教員の階層化とライン系列化が進んでいる」（解説教育六法編修委員会, 2018：181）といわれるように，教員組織の重層構造化は理論や理念にとどまらず，現実化している。とはいえ，新しい職である副校長・主幹教諭・指導教諭は「置くことができる」とされ，必置ではないことは注意を要する。

　文部科学省の実施した，平成29年度公立学校教職員の人事行政状況調査から「新しい職」の該当人数を抽出すると，公立学校数が3万3332校（うち中学校・義務教育学校は9421校）（速報値）であるのに対し，副校長が4520人（同1154人），主幹教諭が2万1228人（同6337人），指導教諭が2580人（同713人）であった。この数値からは，文部科学省が当初示した，学校教育法改正に伴い「新しい職」が導入された後の組織運営イメージ図（図5-3）が描くように副

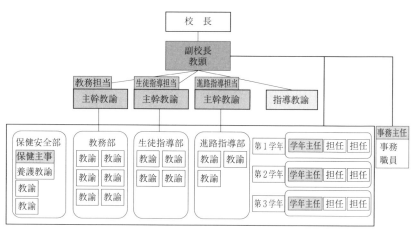

図5-3 改正後の学校の組織運営のイメージ（中学校の場合）
出所：文部科学省（2007：4）。

校長や指導教諭がいる学校は，実際には少ないと考えられる。そして，もし図5-3の通り主幹教諭が1校あたり3名ずつ在籍するとすれば，主幹教諭のいる中学校・義務教育学校数は全体の4分の1未満となるため，主幹教諭がイメージ図通りに在籍している学校数も少ないと推察される。そのため，ピラミッド化が進んだのは事実にせよ，すべての学校が「ピラミッド型」化しているとはいいがたい。

（3）教員組織と「学びの質」

現在の学校における教員の職階制は，かつての「鍋ぶた型」から「ピラミッド型」へと進展が図られていることは前項で述べた。それではさらにこれが今後，もし「枝分かれ型」（校務分掌にみられる教務・生徒指導・進路指導といった専門部署のタテ軸＝ライン組織ごとに仕事内容を分割した方式）の職階制へと推移したならば，学校にはどのような変化が起こるだろうか。学校組織の合理化，意思決定の迅速化が推奨される現状や，経済界の要請を受け容れてきた日本の教育制度改革の歴史を考えると，効率的な企業組織のあり方に範をとった「枝分かれ型」の職階制への移行も今後，起こりえないとはいえない。期待される「イメージ」通りの学校組織の普及さえ不徹底な現状を考えると，「ピラミッド型」

普及のためにも「枝分かれ型」を率先して導入する可能性もある。今のところ「枝分かれ型」への制度改革の動きは顕著にはみられず，あくまでも想像の域を出ないが，このような未来像と対比することで，現在の教員組織のあり方に対する評価も容易になるだろう。

　もし教員組織を「枝分かれ型」にして，ライン組織ごとに独立した専門部署にするならば，おそらく図 5 - 3 のような人員配置がすべての学校で実現されるだけでなく，タテのラインが太く濃くなるだろう。さらにはタテのライン組織ごとのつながりが強くなるため，各ラインそれぞれの間の分離が今以上に明確化し，教務・生徒指導・進路指導など，担当部署に採用当初から分かれて所属し，人事異動があっても，基本的に教員はそれぞれの専門部署に属し続けることとなる可能性が考えられる。これは，分掌の担当転換や複数の分掌を引き受けるのが当たり前という現在の校務分掌のあり方を大きく変化させることにつながる。

　「枝分かれ型」への転換が行われると，校長のリーダーシップが発揮されるだけでなく，ラインごとに専門性の高い教員が育成され，学校の問題に自信をもって対処できるようになるとも期待される。また現在，30・40代の中堅教員不足が指摘され，ミドルリーダーの育成が急務とされるなか，初任者のうちから専門性を定めて校務に関わる能力を高めることは目的に適合しているようにみえる。だが，専門性は半面として限定ともなり，従来であれば学校業務の多様な側面を知り，あらゆる業務に対応ができる経験を積んできたはずの中堅教員が，分掌の専門性によりかえって融通が利かなくなる可能性がある。

　学校教育法改正に伴う組織改編を受けて，すでに管理機能の強化が進展しているが，このような組織形態の変更により，教師の同僚性（同僚として協働的に支え合い，高め合う関係性のこと），学校教育のビジョンの共有，専門性の深化，監督責任の所在，所属するライン変更やライン選択にあたっての課題，昇任・降任人事の扱い，校長のリーダーシップに基づく改革の実現性（トップダウン）あるいは教諭からの変革（ボトムアップ）など，様々な観点でメリット・デメリットが考えられるに違いない。これは校務分掌にとっても同じで，現在の校務分掌組織のあり方を改善するだけでなく，かえって現行の校務分掌組織のも

つ長所を失わせることもありうる。たとえば，法的な根拠がない校務の範囲の「あいまいさ」は，際限なく業務が広がることになりかねない点が短所として存在するために，明確な規定が望まれることがある。だがその半面において，範囲があいまいだからこそ，学校現場で生じる多様な場面への柔軟な対応を可能とし，新たな「校務」として責任をもって対応できることや，学校規模に見合った校務の設定を可能としてきたことは長所として認められる。

秋田（2015）は「教師の学びと生徒の学びの質には類似性が見られます。上から下へといつも情報が一方向の授業の多い学校では，教職員の組織もまた管理職から一方向に管理されていることが多いといえるでしょう」（秋田，2015：150）と述べている。アクティブラーニングや「主体的・協働的な学び」の実践が求められる昨今，生徒の自主性・自律性の育成を図る役割が期待される教員の組織自体が，教員を監視することで他律的に管理し，教員の自律性を認めていないという矛盾はないだろうか。秋田がいうように，生徒の学びに影響する教員自身の潜在的な学びとして，職階制や校務分掌のあり方，校務の範囲をどのように取り扱うかが問われる。

学習課題 ① 本章の第1節を参考に，校務分掌の意義と役割について，ほかの人に説明できるように300字程度でまとめてみよう。
② 教員組織が「鍋ぶた型」あるいは「ピラミッド型」である場合，それぞれにどのようなメリット・デメリットがあると考えられるかをまとめてみよう。

引用・参考文献

秋田喜代美「同僚とともに学校を創る」秋田喜代美・佐藤学編著『新しい時代の教職入門改訂版』有斐閣，2015年，134～152頁。
解説教育六法編修委員会編『解説 教育六法 2018 平成30年版』三省堂，2018年。
学校管理運営法令研究会編著『第6次全訂 新学校管理読本』第一法規，2018年。
窪田眞二・小川友次『学校の法律がこれ1冊でわかる 教育法規便覧 平成29年版』学陽書房，2017年。
酒井朗「組織としての学校」酒井朗・多賀太・中村高康編著『よくわかる教育社会学』ミネルヴァ書房，2012年，132～133頁。
榊原禎宏「学校組織構造のメタファー」『京都教育大学紀要』113，2008年，101～114頁。

佐久間亜紀「小学校教師の仕事——日米比較から」油布佐和子編著『現代日本の教師——仕事と役割』放送大学教育振興会，2015 年，35〜48 頁。

主任制度に関する検討委員会「学校運営組織における新たな職『主幹』の設置に向けて（最終報告）」東京都教育庁人事部勤労課，2002 年。https://www.kyoiku.metro.tokyo.lg.jp/staff/personnel/screening/head_teacher/files/head_teacher_system/0124hon.pdf（2021年 8 月 20 日閲覧）

白川静『字訓』平凡社，1987 年。

新村出編『広辞苑　第 4 版』岩波書店，1991 年。

帝国議会「帝国議会会議録　第 92 回帝国議会　貴族院　教育基本法案特別委員会　第 5 号昭和 22 年 3 月 24 日」1947 年。https://teikokugikai-i.ndl.go.jp/#/detail?minId=009200550X00519470324&current=1（帝国議会会議録検索システムより閲覧可能。2021 年 8 月 20日閲覧）

名越清家「教師の職場」麻生誠・小林文人・松本良夫編著『学校の社会学——現代学校を総点検する』学文社，1986 年，123〜140 頁。

細谷俊夫・奥田真丈・河野重男編『教育学大事典』第一法規，1978 年。

文部科学省「教育三法の改正について（パンフレット）」2007 年。https://www.mext.go.jp/a_menu/kaisei/07101705/001.pdf（2021 年 8 月 20 日閲覧）

吉本二郎・永岡順編『校務分掌（現代学校教育全集18）』ぎょうせい，1979 年。

リベルタス・コンサルティング「『公立小学校・中学校等教員勤務実態調査研究』調査研究報告書」（平成 29 年度文部科学省委託研究）2018 年。https://www.mext.go.jp/component/a_menu/education/detail/__icsFiles/afieldfile/2018/09/27/1409224_005_1.pdf（2021 年8 月 20 日閲覧）

第6章

チーム学校

　何らかの組織や集団の結束を呼びかけたり，その組織や集団を賞賛したりする際には「チーム○○」という言葉を使うことがある。学校で，たとえば○○市立第3中学校の教員あるいは生徒の集団を「チーム3中」と呼ぶ場合には，教職員の団結や，部活動に参加する生徒の団結に関して使われたりしている。では，教育政策でいわれるような「チーム学校」とはどのようなものであろうか。本章では，この「チーム学校」像についてみた後，比較的新しくて，認知度もまだ十分とはいえない「スクールソーシャルワーカー」や「部活動指導員」という存在について，チーム学校という観点から検討して，一緒に考えていこう。

1　「チームとしての学校」

（1）中央教育審議会答申（2015年）にみる「チームとしての学校」像

　学校教育関係者の間で，近年しばしば言及される「チーム学校」というものは，2015年の中央教育審議会の「**チームとしての学校の在り方と今後の改善方策について（答申）**」（中教審第185号）（以下，チーム学校答申）以来，注目されるようになってきた学校像を指している。チーム学校答申の本文では「**チーム学校**」ではなく「**チームとしての学校**」と表記されている。ここで「チームとしての学校」像とは「校長のリーダーシップの下，カリキュラム，日々の教育活動，学校の資源が一体的にマネジメントされ，教職員や学校内の多様な人材が，それぞれの専門性を生かして能力を発揮し，子供たちに必要な資質・能力を確実に身につけさせることができる学校」（中央教育審議会，2015：12）とされている。

　もしも学校をチームとして理解するのならば，教員と児童生徒がチームとなって学校を運営したりしていくことをイメージするかもしれない。しかしながら，ここではなぜ「校長のリーダーシップの下」という前提のようなものがあるのだろうか。また，子ども（答申の本文中の表記は「子供」）がチームのなかに入っているのではなく，このチームが向き合う対象となっているのだろうか。また，今日，一方では「社会総掛かりでの教育」ともいわれるように，学校だけでなく学校との連携等をも通じて，教育を考える流れがあるが，このチームには「地域」は入るのだろうか。以下，そういった観点も考慮に入れながら，この答申で書かれている「チームとしての学校」を検討すれば，その内容が理解しやすくなるかもしれない。

（2）「チーム学校」が求められる背景

　チーム学校答申において，この「『チームとしての学校』が求められる背景」としては，①新しい時代に求められる資質・能力を育む教育課程を実現するための体制整備，②複雑化・多様化した課題を解決するための体制整備，③子どもと向き合う時間の確保等のための体制整備の3つが挙げられている。

　①で説明されているのは，大まかには次のような内容である。新しい時代にふさわしい資質・能力は，成熟した社会に対応した形で，知識・技能を活用し，社会や世界と関わっていくというようなものとされている。このような資質・能力の育成のためには，子どもが机に座りっぱなしで一方的に教員の話を聞くタイプの授業というよりは，子どもが主体的で対話的に学んでいくアクティブ・ラーニングの視点を取り入れた授業がふさわしい。そして主体的で対話的な学びを展開していくうえでは，教員には（研修も含めて）授業準備等に大幅な時間が必要となっていく。しかも，カリキュラムを教科単位，学年単位で固定的に捉えることなく，地域等にある教育資源，学校の教育目標などを全体的にふまえて学校運営していく「カリキュラム・マネジメント」のための組織体制の整備が必要となるとされている。

　②に関しては，次のように考えられている。いじめや不登校，特別支援教育の充実への対応のほか，子どもの貧困問題への対応など，複雑で多様な問題が

増加していることに伴い，教員だけでは対応できないことが挙げられている。そのため心理や福祉，医療などの「専門家」との連携が可能となるような体制づくりが必要であるとされている。

　③については，日本の多忙な教員の動向からも容易に想像つく内容であろう。日本の教員は，ほかの国と比較して，勤務時間が最も長く，その時間の多くが課外活動（スポーツ・文化活動）や，事務業務にあてられていることが挙げられている。また，学校においては，教員以外のスタッフの配置割合が諸外国と比べて少なくなっている。そのうえで，今後は，先に述べたような心理や福祉等の「専門家」等が教育活動や学校運営に参画したりできるような，体制の整備が必要となる，とされている。

　以上，端的にいえば，学校教育が新しい社会的状況に対応していくためには，これまで一人ひとりの学校教員がほとんどすべてを担ってきた学習指導，生徒指導，部活指導をはじめ幅広い業務について，学校教員以外の人々とチームとなることができるような分業を目指す必要があるという説明である。

（3）「チーム学校」の実現に必要とされていること

　チーム学校の具体的なイメージ図として，チーム学校答申には，図6-1のようなものが掲げられている。

　この答申では，チームとしての学校を実現するためには，①「専門性」に基づくチーム体制の構築，②学校のマネジメント機能の強化，③教職員一人ひとりが力を発揮できる環境の整備の3つの視点に沿って検討し，学校のマネジメントモデルの転換が必要であるとされている。

　①に関して，重視されているのは，教員が共通の「専門性」とともに，各人の得意分野を生かしつつチームとして連携しながら，指導体制の充実を行うことである。それと同時に必要とされているのが，学校内での心理や福祉のスタッフの位置づけを明確にし，その役割を発揮できることだとされている。なお，チーム学校答申で教員以外の「専門スタッフ」として考えられているのは，「心理や福祉に関する専門スタッフ」（スクールカウンセラー〔SC〕，スクールソーシャルワーカー〔SSW，SSWr〕），「授業等において教員を支援する専門スタッ

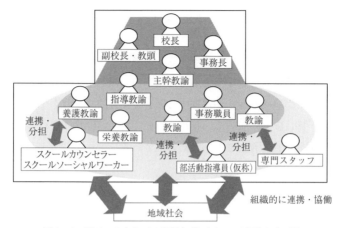

図6-1 「『チームとしての学校』像（イメージ図）」（一部）

出所：中央教育審議会（2015：14）。

フ」（ICT支援員，学校司書など），「部活動に関する専門スタッフ」（部活動指導員），「特別支援教育に関する専門スタッフ」（医療的ケアを行う看護師など）等である。

②に関して，重要とされているのは，校長をはじめとする管理職の確保や，校長のリーダーシップのもと，副校長・教頭，主幹教諭，事務長等とともに，組織的な学校経営ができるようになることである。これらのことは，多職種で組織されるチームとしての学校を機能させるとともに，学校が直面している複雑化・多様化した課題に対応していくためにも必要であると考えられている。

③に関しては，人事評価や表彰等による人材育成の充実，負担が増加してきた教員や学校の業務改善策などが必要とされている。

（4）「チーム学校」の未来へ

以上，「重要」や「必要」といった言葉が非常に多く登場する，チーム学校答申のなかにみる「チームとしての学校」の内容を大まかに確認してきた。これまでの学校のあり方からの変化が「重要」や「必要」となるのは，社会全体の大きな変化に対して，学校が対応していこうとするためである。こういった社会変化と子どもたちに求められる資質・能力の関係について，チーム学校答

申では次のような前提で書かれている（中央教育審議会，2015：66）。

　　社会や経済など子供たちを取り巻く環境の変化が子供たちの人間関係や
　行動様式に様々な影響を与える中，将来の予測が困難な複雑で変化の激し
　い社会や，グローバル化が進展する社会を生き抜いていくためには，従来
　以上に，個に応じた質の高い指導を行い，新しい時代に求められる資質・
　能力を子供たちに育むことが求められている。

　少なくともこの文脈では，新しい時代に求められる資質・能力が，端的には
流動的な社会・グローバル化していく社会を「生き抜いていくため」のものと
されている。そのような資質・能力を育むことが，教員の「専門性」という観
点から適切なものなのかということについても，意見が分かれるところであろ
う。そのうえ，将来の予測が困難な状況下では，教員相互にかぎらず，心理や
福祉といった「専門スタッフ」間においても，意見が一致しなくなることも十
分考えられる。こういった様々な「専門性」を調整することを視野に入れて，
答申では「専門性に基づく『チームとしての学校』が機能するためには，校長
のリーダーシップが重要であり，学校のマネジメント機能を今まで以上に強化
していくことが求められる」（中央教育審議会，2015：17）と記載されている。た
だ「リーダーシップ」といっても，図6-1にあるように，校長を最上位に位
置づけたトップダウンのモデルが唯一のものとして考える必要はないであろう。
チームの一人ひとりが力を発揮できるように，校長がトップというよりは，逆
にサーバント（召使い）のようなポジションに位置づけて支援していく，いわ
ゆるサーバント・リーダーシップも考えられよう。
　なお，この答申においては，チームの範囲は「学校」のもつ責任という観点
から「校長の指揮監督の下，責任を持って教育活動に関わる」（中央教育審議会，
2015：16）ものに限定されている。しかし，同時に，子どもの教育が学校で完
結するとは決して考えられておらず，結局のところ，このチームとしての学校
が，地域住民が学校運営に参画するコミュニティースクールや，地域学校協働
本部などの仕組みを活用して，地域と連携することによって社会総がかりの教

育を進めることが求められているとしている。さらに，答申におけるこのようなチーム学校の範囲や図6-1のような理解では，子ども自身がチーム学校で果たしうる役割が明確なものになっていない。

2　スクールソーシャルワーカーと「チーム学校」

（1）スクールソーシャルワーカー

　学校に通う児童生徒が直面している，いじめ，児童虐待，貧困，不登校，暴力行為といった問題の多くは，その児童生徒1人のみに働きかけることだけでは，改善しないことが多いといえる。むしろ，"（社会）福祉的"な働きかけとして，児童生徒を取り囲む家庭，学校（教員，友人関係），地域社会とのネットワークを構築あるいは調整することで，状況が改善する場合が多く存在する。その福祉的な働きかけ，あるいはネットワークの構築／調整を行うのがスクールソーシャルワーカーの職務だといえる。

　スクールソーシャルワーカーは，チーム学校答申において法令上の役割が明確にされるべきであるとされていた。これを受け，2017年から学校教育法施行規則で「スクールソーシャルワーカーは，小学校における児童の福祉に関する支援に従事する」（第65条の3）として位置づけられている。なお，スクールソーシャルワーカーには，社会福祉士や精神保健福祉士等の資格あるいは経験を持つ者のほか，教員免許を持つ者が就く場合がある。

（2）「チーム学校」のなかのスクールソーシャルワーカー

　ここでは今後のチーム学校のあり方を考えるという観点から，大塚ほか（2020：218～223）で検討されている子どもや保護者の参加もある事例をもとにその活動内容をみていくことにする。

　自宅から金品を持ち出してゲームセンターで遊んだり，ほかの児童に対して暴力をふるったりする小学校2年生の男子児童の事例である。家庭では，母と兄（中学校1年生）と，本人の3人暮らしで，母子間や兄弟間においても，口論が絶えないような悪い関係にあった。母親は，食事を用意しないまま不在で

あることが多く，自宅はゴミ等が散乱し，不衛生な状況であった。身体虐待による通告歴もあった。

このような事例の場合，学校教員，スクールカウンセラー，スクールソーシャルワーカーによる子どもへの関わり方の重点の置き方を，あくまでわかりやすくするための便宜上の説明としては，次のように区別することができるだろう。学校教員の場合には，まずもってほかの児童に対する暴力への対応が中心となる。また，スクールカウンセラーの場合には，子ども自身（あるいは保護者）の心のケアが中心となるといえる。しかしながら，スクールソーシャルワーカーの場合には，子ども自身（および保護者）を中心としながらも，子どもや保護者とその周囲（友人，教員，社会福祉に関わる関係機関まで様々なものを含む）との関係調整のために働きかけていく。その際，関係者とのケース会議が中心となって子どもや保護者とその周囲との関わり方に働きかける方法を考えていく。

この事例の場合，学校内においては，まずは，第1回ケース会議が開かれて，校長・教頭，生活指導担当教員，支援コーディネーター（特別支援教育コーディネーター），学級担任，学年の教諭，養護教諭，そしてスクールソーシャルワーカーが参加した。そこでは，この児童を取り巻く状況や問題行動の原因について見立て（アセスメント），状況を改善させるための具体的な方法や，そのための役割分担が決められた（プランニング）。

それ以降，保護者が参加するケース会議が毎月1回実施されたほか，各種会議が開催されることになった。保護者参加型ケース会議には，母親，校長，担任，生活指導担当教員，支援コーディネーター，そしてスクールソーシャルワーカーなどの参加があった。また，本人参加型のケース会議も行われるようになり，本人のほか，担任，支援コーディネーター，スクールソーシャルワーカーなどが参加し，後でごく簡単に説明する「外在化」のワークなども行われた。その他，他機関ともケース会議が行われるようになり，子ども家庭センターの相談員，校長，生徒指導担当教員，担任，支援コーディネーター，スクールソーシャルワーカーが参加した。

（3）本人参加型ケース会議

　「外在化」の手法は，いわゆるナラティヴ・アプローチに基づく臨床心理学関連の文献ではよく参照されるものである。このアプローチを先の事例に即して説明すれば，金品を持ち出しする児童本人や親子関係そのものに原因があったり，問題があったりすると解釈するのではない。「問題」は本人や親子関係の外にあり，外の問題に着目していくことで，金品持ち出しや親子関係について今までとは別の解釈を可能にしていこうとするものである。たとえば，その盗む行為を児童本人から切り離して，それを「盗りたい虫」と名づけて，本人の外にあるかのように扱う。そして，本人がこの「盗りたい虫」を退治するための行動目標を立てて，担任，支援コーディネーター，母親，そして本人がチームを形成し，協働して対応していく。

　チームで見守るなか，本人も褒められる機会が増え，金品持ち出し等の問題行動もなくなってきた。また，自己否定的な感情も少なくなり他者との関係も良好になってきた。さらに，先に述べた他機関との連携の一例であるが，会議を重ねるなかで，母親から子どもの発達面に関する相談もあり，子ども家庭センターの相談員，校長，生徒指導担当教員，担任，支援コーディネーターも交えた会議を通じて，その後，児童も通級による指導（障害に応じた特別の指導）を受けることになった。

　この事例においては，スクールソーシャルワーカーが，本人や保護者参加型のケース会議のほか，学校関係者，そして他機関との連携を維持しながら，関係調整のために働きかけを行うことで，チームとしての支援が行われている。なお，この例ではナラティヴ・アプローチの一環で本人の参加が位置づけられているが，本人，そして保護者のチームへの参加の仕方にはケースに応じて様々な方法が考えられるし，参加の形骸化についても注意を払う必要があろう。そして，参加が常に唯一の解決策とはかぎらない。いずれにせよ，子ども本人や保護者が十分情報を得たうえで判断したことを汲み取ろうとするものでなければ，チーム学校というものも学校にとって都合のよいものになりかねない。

3　部活動指導員と「チーム学校」

（1）部活動指導員

チーム学校答申においては，これまでの教員業務について，次の観点からこれまでの教員の業務を見直し，「専門スタッフ」との連携・分担が必要としている。①教員が行うことが期待されている本来的な業務と，②教員に加え，「専門スタッフ」，地域人材等が連携・分担することで，より効果を上げることができる業務，③教員以外の職員が連携・分担することが効果的な業務，④多様な経験を有する地域人材等が担う業務。あくまで「分類例」としてではあるが，答申において部活動指導は，①の本来的な業務ではなく，②に分類されている。部活動指導は，本来的な業務ではないとされているにもかかわらず，ほかの国と比較して長い勤務時間のなかでも，課外活動や事務業務にあてられる割合が多いとされている。チーム学校答申ではそのことを，チーム学校が必要となる背景として説明し，とりわけ中学校教員の課外活動指導時間が，大幅に長くなっていると指摘している。さらに同答申では，課外活動としての運動部担当教員のうち，担当教科が保健体育でない教員で，かつ担当している部活動の競技の経験がない教員の割合が，中学校で45.9%，高等学校で40.9%という日本体育協会が2014年に公表した調査（日本体育協会・指導者育成専門委員会，2014：34）を挙げて，その実態を問題であるとした。

教員が子どもと向き合う時間を確保するとともに，たとえば運動部の場合，地域のスポーツ指導者などの参画による部活動の充実を目指して，チーム学校答申では，新たに「部活動指導員（仮称）」を法令上位置づけることを提唱した。これを受けて，2017年から施行された学校教育法施行規則では，「部活動指導員」が「中学校におけるスポーツ，文化，科学等に関する教育活動（中学校の教育課程として行われるものを除く。）に係る技術的な指導に従事する」（第78条の2）等と規定されることになった（なおこの規定は，高等学校等にも準用される）。

部活動指導員の職務内容は，2017年の「学校教育法施行規則の一部を改正

する省令の施行について（通知）」（28ス庁第704号）に詳しく説明されている。この「部活動指導員」とは別に，いわゆる運動部においては「外部指導者」が，それまでも部活動の顧問である教諭等と連携・協力し，部活動のコーチ等としての役割を担うものとして，文部科学省がスポーツ施策の基本的方向性として策定した「スポーツ立国戦略」（2010年）などで推奨されてきた。それに対して「部活動指導員」は，技術的指導を行うだけでなく，部活動の顧問になることも可能な学校の職員である。上記の2017年の通知では，部活動指導員の職務としては，①実技指導，②安全・障害予防に関する知識・技能の指導，③学校外での活動（大会・練習試合等）の引率，④用具・施設の点検・管理，⑤部活動の管理運営（会計管理等），⑥保護者等への連絡，⑦年間・月間指導計画の作成，⑧生徒指導に係る対応，⑨事故が発生した場合の現場対応の9つが考えられるとされている。

（2）部活動指導員と学校教育

　部活動指導員の職務については，前項最後でみた職務のうち「⑧生徒指導に係る対応」が，部活動指導員に大学の教職課程のように生徒指導について学ぶことなく，学校教育の一環としての部活動の指導を求めることとなり，それに対して，疑問が投げかけられることもある。また，部活動といえば，激しい練習や厳しい競争がイメージされることが少なくないであろう。これに関して，チーム学校答申においては，「勝利至上主義的な指導とならないよう，また，学校教育の一環として行われるよう，専門スタッフに対する研修を行うことが大切である」（中央教育審議会，2015：38）とされている。そして，教育委員会が部活動指導員を任用する際にも，指導技術のほか，学校全体の方針や，生徒の発達段階に対応した科学的な指導等について，部活動指導員が研修を受けることができるよう検討するとしている。

　ただ，こういった研修だけでは，部活動指導員が自らに求められている職務内容やその性質を抽象的に理解することができたとしても，個々に異なり，しかも刻一刻と変化する勤務先の学校のあり方について理解することは困難だといえる。研修後は，部活動の指導を部活動指導員に丸投げするという事態もみ

られるかもしれない。したがって，学校の管理職や教職員と定期的に，生徒や学校の状況，その方針を確認していく研修，あるいはそれに代わる機会をどのように設けるかが，チーム学校として考えてく場合には課題となろう。

　なお，「勝利至上主義」に注目すれば理解しやすくなるが，部活動は，学校教育の法体系上，「教育課程外」に位置づけられているにもかかわらず，一部の生徒や保護者にとって実質的には「教育課程外」にとどまらず，むしろ学校への期待の中心部を占めている場合もある。現状としては，いわゆる運動部や文化部の区別なく，学校の特色として部活動での何らかの実績が宣伝に使われ，組織的に各教科の学習よりも部活動が重視され，生徒そして保護者もまたその点に魅力を見出している学校も少なくないといえるだろう。そもそも，部活動での活躍が，その生徒の進学・就職先にも大きく関係し，多くの生徒にとっては自己実現のための手段にもなっている。

　こうやってみた場合には，部活動を法体系的に「教育課程外」と位置づけるだけでなく，生徒，保護者，そして学校にとっての部活動をめぐる価値観や方針についても考える必要がある。その場合，最も影響を受ける生徒自身が，どのような部活動や学校教育を望んでいるのかという点を抜きには考えることはできない。たとえば，どのような部活動指導員や指導内容を自分たちが求めるのか，そもそも部活動指導員が必要なのか等についての判断も必要になってくる。もちろん，生徒が自分たちの今持っている情報だけですべてについての判断を委ねるよりも，生徒もまたチーム学校の重要な一員として，教員をはじめとする様々な大人とともに議論をしていくことで，より幅広い情報のなかから判断をすることができよう。

4　子どもとともに育つ「チーム学校」

　以上，チーム学校答申の大まかな概要，そして，チーム学校答申以降，近年，法律上も位置づけられることになったスクールソーシャルワーカーと部活動指導員についてみてきた。スクールソーシャルワーカーや，部活動指導員を含め，今日チーム学校の説明でいわれる「専門スタッフ」が果たす役割の多くは，こ

れまで学校教員が単独で担ってきた役割でもあった。学業成績，部活動，家庭での様子等といったそれぞれの側面は相互に関係し合っていることが少なくない。今後は，それぞれの側面に応じて「専門スタッフ」が個別に対応するだけでなく，チーム学校として連携しながら子どもに対応していくことになることが目指されるかもしれない。その場合，チームとしての連携のあり方が，子どもへの支援の質を規定していくことになるだろう。

　そのようなチームの連携のあり方については，本論でふれたように，子どもや保護者をチームにおいてどのように位置づけるのかという問題も支援の質を大きく左右する。とりわけ，チームにおける子どもの位置づけを考えた場合には，チーム学校答申でいわれているチームは狭く理解されており，子どもが果たす役割がわかりにくくなっている。

　それに対して，私たちは答申のチーム学校像を固定的に捉えず，子どもの権利の観点から発展的に推し進めて提案していくこともできる。そして，子どもの未来を大人が一方的に決めるのではなく，一人ひとりの子どもの意向を尊重していくならば，子ども自身が自分の受ける支援のあり方の決定に参画するとともに，「専門スタッフ」や保護者といった大人の支援を受けながらも，可能なかぎり多くの知恵や情報をふまえて，自分の将来について決定していくことのできる環境整備がますます必要になってくるであろう。

　ただし，ますます予測困難となっていく社会においては，「専門スタッフ」や保護者といった大人にとっても，これまで蓄積してきた知恵や情報では対応することが難しくならざるをえない。このような社会におけるチーム学校では，子どもはもちろんのこと，大人もまた試行錯誤を繰り返しながら成長していくことが余儀なくされていく。このように考えた場合には，子どもをチームに含めて中心におきながら，関係するすべての人が成長する「チーム学校」になっていくことになるだろう。

学習課題　① 従来のように教員が児童生徒の様々な側面から支援していく学校像と，チーム学校像に基づく学校経営について，それぞれのメリット，デメリットについてまとめてみよう。
② 部活動指導員の研修はどのようなものがふさわしいか，具体的な学校をイメージしながら企画書あるいはプログラムを作成してみよう。

引用・参考文献

大塚美和子・西野緑・峯本耕治編著『「チーム学校」を実現するスクールソーシャルワーク——理論と実践をつなぐメゾ・アプローチの展開』明石書店，2020年。

スポーツ庁「学校教育法施行規則の一部を改正する省令の施行について（通知）」2017年。https://www.mext.go.jp/sports/b_menu/hakusho/nc/1383344.htm（2021年7月15日閲覧）

中央教育審議会「チームとしての学校の在り方と今後の改善方策について（答申）」2015年。https://www.mext.go.jp/b_menu/shingi/chukyo/chukyo0/toushin/__icsFiles/afieldfile/2016/02/05/1365657_00.pdf（2021年7月15日閲覧）

日本体育協会・指導者育成専門委員会「学校運動部活動指導者の実態に関する調査報告書」2014年。https://www.japan-sports.or.jp/Portals/0/data/katsudousuishin/doc/houkokusho.pdf（2021年7月15日閲覧）

第7章

教員の一日

　　教員の一日は，小学校，中学校，高等学校の校種によって多少は違っても，日常的な授業や教材研究を基本とした職務のスタイルは同じである。しかし，校種による児童生徒の発達段階や発達課題が違っているため，教育活動の内容や方法，規模等は大きく異なり，教員の仕事の内容も違っている。

　　本章では，校種に共通する基本的な仕事内容の重要性と職務の意義について理解するとともに，それぞれの校種の違いによる具体的な仕事内容の違いを理解し，自分はどの校種の仕事に向いているのかを，自身の特性とともに考えてみよう。

1　教員の生活を考えるにあたって

（1）都市部と地方との違い

① 児童生徒数の差，教育環境の違い

　教員は居住地近くの学校に勤務するだけでなく，**人事異動**により居住地外に勤務する場合もある。人事異動には，**教育の機会均等**を目指すねらいがあり，島等の遠隔地や僻地にも勤務を命じられることもある。どこに赴任しても，その地域の実態や環境を考慮しながら教育活動を行う必要があるだろう。

　都市部と地方の違いとしては，まず，児童生徒数の違いが挙げられる。県庁所在地やそのベッドタウン等では児童生徒数は多いが，農山村部等の地方では人口が減少し，児童生徒数も減少している。そのため**学校統合**が進み，小・中・高等学校ともに学校数が減ってきている。

　都市部と地方とでは，児童生徒数だけではなく，その周りの生活環境や教育環境，自然環境も大きく異なっているので，環境を活用しながら，教育方法を

工夫していかなければならない。たとえば，動植物の観察でも，簡単に実物を入手できるような環境もあれば，そうでない場合もある。その際は，代替の教材やプレパラート等の既成教材で補うことになる。また，たとえば「春に見られる動植物」といった単元であっても，地域によっては，まだ残雪があり，動植物が探せない等ということも実際にはある。ほかの単元と入れ替える等，その地域にあった教育計画や指導方法を考慮しながら，授業を進めることが必要になってくる。

　さらに，授業の一環で博物館や工場等の教育施設を訪れさせたい時にも，市町村により規模や設備が異なっており，見学させたい施設そのものが近郊にない場合もある。こうした場合には，代わりの施設を探したり，遠足や修学旅行時に組み込む等，様々な可能性を考えて教育の機会均等を図る努力をしなければならないだろう。

② 　教員生活の違い

　都市部では，一般的に電車やバスを乗り継いで通勤したりする教員が多い。ラッシュ時を避け，早朝に家を出て出勤し，始業前に事務仕事や印刷，教材研究等を行う教員も少なくない。

　一方，地方では，小規模校が点在し，学校間の距離がかけ離れていることが多い。商店街や病院等も遠く，鉄道は通っておらず，バスの便も少ない等の状況がある。教員も居住地から車での遠距離通勤や，場合によっては単身赴任する場合もある。

（2）校種別の土日，長期休業中の違い

　土日は，児童生徒が休みであり，教員も**勤務を要しない**日である。小学校教員の場合，行事等がないかぎり出勤することはない。

　一方，中学校・高等学校の場合，部活動の指導，練習試合，大会の引率等があり，出勤して指導にあたる教員もいる。また，英語検定等の資格試験や模擬試験等の試験監督を行う場合もある。

　夏休みや冬休みなどの長期休業中は，教員にとって**勤務日**である。休業日といっても，学校において授業を行わない日のことであり，教員の休日という意

味ではないのである。しかし，児童生徒が登校しないので，日直以外は休みを取りやすい。小学校では長期休業中に研修や教員免許更新講習等に参加する教員が多い。

　中学校では教員は部活動指導，行事等の計画作成や準備，指導要録等の記録簿記入，教具（たとえば，顕微鏡等）の点検や補修や廃棄を行ったり，研修や教員免許更新講習に参加したりする。中学3年生担任の冬休みには，調査書等の作成を行わなければならない。

　高等学校教員もまた，部活動指導，補習授業，模擬試験，資格試験のための講習等を実施したりする。あるいは，教育相談研修等の公務としての研修や，パソコン操作等の自主研修，教員免許更新講習等に参加することもある。

（3）校種別の教員生活の違い

　小学校では，基本的には学級担任が教科指導の中心だが，大規模校では理科，音楽，家庭，図工等に専科教員を置いている場合もある。したがって，学校の規模や市町村の補充教員の配置状況等により，担任の授業指導時間数にも多様性がみられる。2022年度をめどに，小学校5，6年生の算数，外国語，理科で，中学校のように教科の専門性を持った教員が指導する**教科担任制**が導入される。担任以外の先生が授業に入る機会が増え，指導計画や評価，時間調整等，連携をとりながら進めることになる。

　校種を問わず，学校教育では**学級経営**が基本である。特に，小学校では児童と担任が接する時間が長いため，児童と担任の人間関係は，教育活動そのものに大きく影響する。一人ひとりの生徒と温かい人間関係を築き，信頼されることが大切である。また，小学校では，まだ基本的行動や生活習慣や学習習慣等が定着していない児童も多く，学習指導のほかに人間関係づくり等の生活指導が大きな柱となる。生活指導においても，児童との信頼関係がなければ，指導の成果を上げることが難しい。

　中学校では教科の専門性を求められるので，専門教科の免許を所有する教員が指導する教科担任制になる。生徒は，時間ごとに教室や特別教室（理科室，美術室等）への移動を行う。教員は，専門教科で複数の学級の授業を担当する

ことになり，資料や器具等の準備，ワークシートやプレゼンなどの教材作成や印刷等を空き時間で行う。また，中間・期末試験の問題は，教員が実施した指導内容や範囲内で自作することが多い。

　中学校教員は，授業と教材研究が仕事の基本だが，思春期のなかにある生徒をよりよい生活へ導くための生徒指導を常に行っている。そのために，生徒の訴えや悩みを聴き，助言をする教育相談も重要な仕事である。近年いじめ**問題**が増加しており，いじめ調査や生徒からの事情聴取等の対応が日々行われている。さらに，進路実現に向けた**進路指導**は，職業の内容理解や学校制度等を学んだり，自己の適性を考えさせたり，職場体験の実習を実施したりする等，計画的，組織的，段階的に指導している。

　体育祭，文化祭，遠足，修学旅行等，中学校にもたくさんの行事がある。それらに向けて，たとえば，組み体操，合唱，郷土芸能等の様々な発表の練習が行われる。行事にはそれぞれに教育的なねらいがあり，そのねらいを達成するために，意義づけられた活動や練習が行われる。行事では，教科とは違った観点で，生徒の心身を育てるという大切な意図があり，計画的，組織的に実践指導が行われる。

　高校入試に向けた指導は，中学校教員の職務の特徴である。ほぼ100％に近い生徒が高校進学を希望する。それぞれの希望校に進学できるよう，1年次から計画的，組織的に進路指導を行うことになる。3年次には，高校入試に向けて定期的に実力テストを行ったり，個別の進路相談，保護者を交えた面談等を行っていく。希望校に向けた願書作成指導や面接，作文指導等，多岐にわたり，2学期後半から卒業まで進路事務や受験に関わる仕事内容が続く。

　部活動指導では，4月になると教員の部活動担当が割りふられる。学校事情により，専門外や未経験の競技や活動の担当になる場合も多い。中学生にとっては，自分の興味を生かしたり，自分の能力を伸ばしたり，発揮したりする場でもある。生徒の個性や特技を育成する意義深い教育活動であるが，部によっては土日の練習や試合等もあり，**多忙化解消**や勤務時間との関わりから，教員の働き方についても改革が進められてきており，**部活動指導員**の配置も行われてきている。

　部活動は**教育課程外の教育活動**であり，生徒の自主的な活動として位置づけられている。しかし，近年では部活動中の事故等が多発し，教員が部活動につき添っていなかったことによって責任を問われるような事案が多発しており，問題となっている。

　高等学校も教科担任制だが，専門性がより細分化された教科となり，進学校と就職をベースにしている学校とでは，同じ教科でも指導内容に違いがみられる。また，各高等学校の特徴や実態，教育課題によっても授業内容に大きな違いがある。**実験助手**や**実習助手**等の配置がある高等学校もあり，連携指導のための事前の打ち合わせや準備を共同で行ったりしている。

　高等学校教員も授業と教材研究が仕事の基本だが，3年間を見越した進路指導が教育活動の大きな柱となる。進学にしろ就職にしろ，希望する分野が細分化されたり，多様化してきている。試験方法も多様化が進み，近年では，多様化した進路指導に対応しにくくなってきているという問題が指摘されている。

　進学校では，土曜日も授業を行ったり，平日でも0時間目や7時間目といった**課外の授業**を組み，受験に向けた取り組みを行っている高等学校もある。

　高等学校の部活動は高度な専門性が必要とされ，大学時代にラグビーや吹奏楽等，専門的に競技や活動に関わった経験を生かそうと考える教員が多い。そのため，ライセンスや段級，指導者資格や審判資格等を取得している教員も少なくはない。教員1人では部活動を運営しにくいので，複数制をとったり，地域の有資格者のコーチを依頼して運営する等，指導者としての**組織マネジメント力**が必要とされる。

2　小学校の教員の一日

（1）**小学校教員**における実際の職務の特徴

①　学級担任としての職務

　1年生の初期には，母親とともに登校してきても，母親から離れたくないという母子分離不安等から校舎に入ることができない児童もいるため，登校時間に昇降口で出迎えたり，通学路の割りあて場所で，児童を登校指導したり挨拶

運動を行ったりする。学級に入り，掲示物のはがれ等の異常がないかどうかの確認をして，教室に入る児童を挨拶で迎え，顔色を観察し，心身に心配がないかを見取る。職員朝会後，学級で朝の会を行い，欠席未報告児童の家庭へ電話連絡を行ってから，1時間目の授業へ入る。

　小学校では基本的に担任がすべての授業をするため，空き時間が少ない。専科教員による授業の時や業間時間，昼休み等を利用し，文書処理や児童の日誌や課題の点検，学級新聞の作成，教材研究や準備を行っている。

　欠席や不登校傾向等の心配な事案を抱える児童の家庭には，電話で連絡をとったり，家庭訪問を行ったり等，綿密な連絡をとり家庭との連携指導を行っている。

② 校務分掌としての職務

　学校は組織体なので，校務として分担された仕事を確実に遂行していく必要がある。たとえば，清掃用具の準備や配分等を管理する生活指導部の清掃担当等の日常的な校務分掌業務と，運動会の放送係担当等の行事における分担業務があり，放課後等に担当職員で協力して準備や片づけを行ったりすることが多い。

③ 地域・保護者との関わり

　学校は地域に支えられている。学校環境への地域からの理解や協力，地域の教育施設（公民館等）からの協力，登下校見守り隊や交通指導員，子どもたちの生活を見守ったり支援したりする地域の民生児童委員との連携等，多くの地域の方々から支えられて成り立っている。地域の教育人材を**ゲストティーチャー**として招くことがあったり，逆に，地域の祭り行事への児童の参加協力を依頼されることもある。保護者にも，教育環境の整備や学校行事の際のスタッフ協力等をお願いする必要が出てくることから，学校への支援体制を作っておくことが必要である。

　PTA活動には，学校全体を組織的に統括する**学校PTA**とともに，その下部組織としての**学級PTA**がある。小学校では学級ごとのPTAの活動が盛んで，学級の保護者を招集し，親子レクリェーション行事を行って懇親を図ったり，学級の様子や問題点等を話し合い共通理解を図ったりする。また，学校

PTA の講演行事へ学級 PTA からの参加の協力をお願いする等，文書や電話で協力を依頼することもある。

（2）通常の授業日の具体例

① 授業

小学校では教室をベースとして授業を行うことになる。教師中心の指導だけではなく，作業学習や課題学習も多く，班学習や個別指導，自学指導，話し合い活動，共同学習等様々な授業形態を駆使して学習を行っている。「本時のねらい」や教材，児童の実態等を考慮して，適切な形で学習を進めていく必要があるだろう。

また，児童の能力差，体力差，成長差，男女差等があり，個別に把握して，個別指導を行ったり，それぞれに個別の課題を与える等，一人ひとりに寄り添った手厚い指導が求められるところである。

② 空き時間の仕事

教室に教師机があり，パソコンを持ち込んで，学級通信や保護者への連絡文書を作成したり，テスト採点や教材作成等の事務的仕事も教室で行うことが多い。

③ 放課後

児童を下校させた後，職員会議や分掌会議への参加，学年間の打ち合わせ，校務分掌の仕事，教材研究，電話対応，学級の掲示物に関する作業，家庭訪問等を適宜行っている。

（3）行事（運動会）の日の具体例

① 一日の動き

天候確認，本部テントの設置，案内表示の設置，白線の引き直し，グラウンドへの散水，職員や係児童との打ち合わせ，用具の確認，開会式，競技への指導と補助，記録写真撮影，閉会式，後片づけ，事後の職員集会等がある。

② 全体の役割と学級の指導

学校全体で分担される仕事としては，会場の設営，道具の準備や委員会児童

への指導等がある。一方，個々の担当学級への指導としては，学級の児童への指導，学級のリーダーへの指導，競技の指導，応援の指導等がある。

③　行事後の評価と励まし

　学級では，行事後に感想文を書かせる指導や，学級会においての行事の成果と今後の課題の確認を行うなどして，次の行事へ意欲づけできるような指導を行う。

3　中学校の教員の一日

（1）中学校教員における実際の職務の特徴

① 学級担任としての職務

　朝はホームルームで，生徒の観察や欠席等の把握を行い，欠席の未連絡生徒の保護者に電話連絡を行う。校内生活では生徒の行動や態度に注意を払い，生徒指導を意識して助言する。また，いじめ対策として定期的に教室をのぞくように心がけよう。さらに，別室登校している生徒の様子を見に行き励ましたり，時には学習の個別指導を行う。生徒に緊急のトラブルや問題が生じたときは**教育相談**を行ったり，放課後は進路に関する生徒の悩みを聞き，助言したりする。

② 教科担任としての職務

　理科教員の例を紹介すると，実験前日の放課後に実験室で予備実験を行ったり，薬品を小分けしたり，器具等をひとそろえにして班ごとに用意する。また，実験の注意等の紙板書も作成する。当日の朝は，生徒用の実験レポートを印刷して備える。授業後は，ガラス器具の洗浄や器具の点検，棚への返却，薬品使用簿への記入を行ったりする。実験レポートを見て，評価したり，コメントやアドバイスを記入したりする。どの教科でも，教具や教材の準備や片付け点検等があり，ほかの教員と共同で使うものは，そのつど返却したり，使用記録簿への記入等を行う必要がある。

　中間試験，期末試験等のテスト問題は基本的に自作することになる。また，実施後は採点し，結果を記録しておく。学校によっては，成績記録用の共通パソコンやクラウドが用意されているところもあるだろう。

　長期休業中の課題は市販のものを利用したり，課題を自作する場合もある。休み明けは，実施状況をチェックし，コメントや評価を記述し，返却する。

③　校務分掌としての職務

　年度当初に割り振られた分掌（たとえば，授業計画や行事計画等を立案する教務部，指導法の研究や研修等を企画したりする研究部等）の会議が定期的にあり，職員会議へ提出する分掌業務の計画立案や実施状況等を検討する。放課後等に，分掌担当職員で，組織的に準備や点検（たとえば，期末大清掃の用具の準備や点検等）等を行ったりする。年度末の振り返りの機会に改善点の把握等，課題を明らかにして，次年度の計画立案に生かす。

④　部活動担当としての職務

　担当部活動の技術や知識の指導はもちろんだが，生徒の健康状態や出席等を把握し，安全で円滑な運営ができるように指導を行う。練習試合や合同練習等の企画や相手校との折衝，活動に必要な物品等の購入や会計報告，活動施設の安全管理，部活用品の修繕依頼，部活動生徒の保護者との連絡や部活動報の発行等がある。

（2）通常の授業日の具体例

① 　授業（ある日の理科教員の例）

　理科室で，1時間目と3，4時間目に授業を行う。すべての学級で電気の実験の授業を行い，実験結果をグラフ化させて，実験報告書を提出させる。5時間目は学級担任として道徳の授業を行うため，教室へ移動。6時間目は集会室で，学年集会の指導を行う。

② 　空き時間の仕事

　小学校と違って，中学校は自分の担当授業以外は空き時間だが，教科会議，学年会議，校務分掌会議等が入る場合もある。また，教材研究や，文書処理，校務の分掌業務を行ったりする。さらに，緊急の生徒指導上の問題が生じたときには，面談等で対応したり，別室登校生徒の学習指導を行ったり，学級の生徒の提出物点検や会計処理，日誌の点検や一言アドバイスの記入等を行う。

③　放課後（ある日の理科教員の例）

　学年の先生方と来週の職場見学の打ち合わせをした後，部活動指導へ向かう。部活動終了後，部員への帰宅指導をして，職員室での業務に移る。土曜日の部活動の練習試合を電話で他校へ依頼したり，学級の道徳の事後プリントに目を通したり，生徒の提出物のチェック等を行う。理科準備室に移動し，生徒から提出された実験レポートにコメントを書き，翌日の実験の準備をしておく。終了後，再び職員室へ戻り，不登校生徒の家庭に電話連絡をして家庭訪問をし，配布物や課題を届け，生徒本人・保護者と話をして帰宅する。

（3）行事（文化祭）の日の具体例

① 一日の動き

　早朝に出勤し，会場の設置や準備を行う。合唱練習指導，学級展示の確認，開祭式，ステージ発表，合唱コンクールの見守り，閉祭式，後片づけ，ホームルームの指導等を行う。

② 全体の役割と学級の指導

　学校全体での分担業務の準備確認（たとえば，放送器機等の動作確認等）や担当生徒への指導，学級リーダーへの指示や助言等を行う。

③ 行事後の評価と励まし

　生徒の取り組みと成長に対しての評価とねぎらいの言葉かけを行ったり，感想文を書かせたり，次への励まし等を行う。

4　高等学校の教員の一日

（1）高等学校教員における実際の職務の特徴

① 学級担任としての職務

　生徒の高等学校卒業後の進路実現に向けて，希望進路の把握や進路に向けた情報の提供と実現のための指導，受験書類作成等の指導等が学級担任としての指導の柱となる。それに加え近年では，生徒指導の問題が多様化しており，学習や進路指導とともに，生徒指導が重要な職務となっている。また，SNS 等

によるトラブルが，犯罪被害や人間関係の問題に発展し，**不登校**に陥ったり，いじめ被害にあわないような指導も必要になってきている。さらに，欠席や遅刻等が，単位未修得につながらないように指導することも担任として重要な仕事である。

② 教科担任としての職務

高等学校の授業内容には，高い専門性が必要とされる。授業はもちろんだが，進学校等では入試問題の質問等にも対応できる高度な知識や解法技術も修得していることが求められる。また，実習や実験等でも，専門的な知識や技術が求められる。さらに，コンピューターの性能の進化に対応するため，常に学び続けることが不可欠であるだろう。実習や実験の方法や器具，指導法等も時とともに進化するので，進化に対応した研鑽を積んでいくことになる。

高等学校でも定期試験は教科担任が自作し，採点する。試験結果は学校で決められた方法で記録・保管する。成績評価や志望大学の合否可能性の判定，次年度以降のためのデータとして共有活用されるので，怠りなく入力しなければならない。授業や教科書だけでは指導内容がカバーできないとして，宿題を出す高等学校も多い。宿題の実施状況のチェック等も重要な仕事である。

③ 校務分掌としての職務

たとえば進路指導に関する校務を受け持っている場合，進路指導計画の作成，進学先や就職先の資料の準備，受験情報等の提供を行い，それらについて反省や課題等を担当者同士で協力してまとめ，記録していく。

④ 部活動担当としての職務

専門技術の指導，大会の引率と試合の監督，土日の練習試合の企画や大会の運営参画，活動場所の確保等を行う。高等学校では，生徒の自主的な活動を重視するため，部長への指導や連絡調整も重要な仕事である。

（2）通常の授業日の具体例

① 授業（ある日の理科教員の例）

理科室に移動し，2 限目，3 限目，5 限目に化学の授業を行う。授業の最初に周期律表に関する小テストを行った後，原子の電子殻や電子配列等について

解説する。炎色反応の演示実験を行い，実験レポートに結果をまとめさせ，元素の性質の違いについて考察させる。

② 空き時間の仕事

中学校と同様に自分の担当授業以外は空き時間だが，学年や教科，分掌の会議やそれらの業務を行ったりする。また，空き時間は，授業に関わる教材研究を教科の準備室等で行い，出張に伴う時間割調整等の教務に関わる校務分掌業務や調査報告書類作成等の文書処理は職員室で行うことが多い。

③ 放課後（ある日の理科教員の例）

学年の先生方と来月実施予定の修学旅行のスケジュールの分担を会議で確認した後，部活動指導へ向かう。部活動終了後，理科準備室に戻り，化学の小テストと実験レポートの採点を行い，パソコンに入力し，明日の授業のプレゼン作成を行う。職員室に戻り，明日のホームルームのプリントを作成，回収した学級の進路希望調査の結果をクラウドの共通パソコンにデータ入力した後，帰宅する。

（3）行事（地区高校総合体育大会）の日の具体例

① 一日の動き

引率者として，大会の受付，準備運動の指示，開会式への参加，試合への監督としての参加，戦評や次の試合への助言，学校への結果報告，閉会式への参加，後片づけの指導等を行う。

② 監督，役員，引率者としての仕事

監督会議への出席，審判等の役員としての仕事，試合では監督としての指導を行う。大会地が遠距離の場合は，バスや宿泊場所での生徒指導，参加費や経費支払い等の会計業務も行う。

③ 行事後の評価と励まし

生徒に対し努力を評価し，ねぎらい，課題の掌握と課題克服への励ましの言葉かけを行ったり上位大会への意欲づけ等を行う。

学習課題 ①　校種別の教員の仕事内容には，どのような違いがあるのかを整理してみよう。

　　　　　②　自分の性格や特性，専門性や特技等からみて，どの校種の教員が自分に適し
　　　　　　ているのかを考えてみよう。

第 8 章

教員の服務と法規上の留意点

　本章では，教員に求められる服務規程についての理解を目指す。服務とは，職務上はもとより身分上にまで及ぶ守るべきルールのことである。服務内容を理解することは，教員を務めるうえで必ず必要となる。公立学校に勤務する場合はもちろん，私立学校に勤務する場合においても類似の内容が求められている。これらの服務内容は必要最小限の内容であるということができ，魅力ある教員として活躍するためには，これら以外にも身につけるべきことがたくさんあり，また，実際に教師として活躍するためには，そのほかの法規についても知っておく必要がある。

1　服務

（1）学校と教員

　学校教育法第1条は次の9校種を「学校」として定めている。幼稚園，小学校，義務教育学校，中学校，中等教育学校，高等学校，高等専門学校，大学（短期大学，大学院を含む），特別支援学校。これらは総称して「第1条学校」や「一条校」と呼ばれる。学校を設置できるのは「国（国立大学法人及び独立行政法人国立高等専門学校機構を含む），地方公共団体（独立行政法人法第68条1項に規定する公立大学法人を含む），及び学校法人（私立幼稚園には特例が認められている）」（窪田・小川，2021：69）であり，教育基本法第6条においても「法律に定める**学校は，公の性質**を有するものであって，国，地方公共団体及び法律に定める法人のみが，これを設置することができる」とされている。学校設置者については，これ以外に構造改革特区において設置が認められる「学校設置者の特例」というものもある。

　こうした学校に勤務する教師には，教科指導を担う側面はもちろんであるが，学校運営を担う一員としての教職員という側面もある。学校においては職員はもちろんのこと，教員も運営に関わっており，教員はそれぞれ校種や教科に応じた職業的専門性が問われ，教員・職員はともに一丸となって，学校組織として学校の教育目標の実現を目指し職務に邁進しなければならない。ここでは公立学校の教員の服務を念頭に話を進めたい。

　服務とは，職務に従事することをいい，その際守るべきルールのことを服務規程とか服務規律と呼ぶことが多い。

　公立学校の教員の身分は地方公務員であり，地方公務員としての身分が保障されるとともに，その立場に関する法律を守らねばならない。地方公務員法等においては地方公務員が遵守すべき服務の規程がうたわれている。

　私立学校の教員の場合は，各学校法人においてその服務の内容が定められている。就業規則のなかで，あるいはそれとは別に服務規定が定められているところもある。内容は各学校法人によって異なるが，多くは公立学校の教員が厳守すべき内容と類似している。

（2）地方公務員法に定める服務

　地方公務員法は，その第 1 条において示されているように，地方公共団体の人事機関，地方公務員の任用，人事評価，給与，勤務時間その他の勤務条件，休業，分限及び懲戒，服務，退職管理，研修，福祉及び利益の保護並びに団体等人事行政に関する根本基準を確立することにより，地方自治の本旨の実現に資することを目的としている。いうまでもなく地方公務員は全体の奉仕者として位置づけられている。地方公務員法第30条には，「**服務の根本基準**」が示され，「すべて職員は，**全体の奉仕者**として公共の利益のために勤務し，且つ，職務の遂行に当つては，全力を挙げてこれに専念しなければならない」とある（憲法，教育基本法にも同様の記述がある）。

　地方公務員法に定める服務は，次のような「職務上の義務」と「身分上の義務」から成り，職務上の義務としては 3 項目（①～③），身分上の義務としては 5 項目（④～⑧）ある。職務上の義務とは「職務の遂行にあたって遵守すべき

義務」のことであり，身分上の義務とは「その身分に伴い職務の内外を問わず遵守すべき義務」のことである（坂田ほか，2008：102）。

①服務の宣誓

②法令等及び上司の職務上の命令に従う義務

③職務に専念する義務

④信用失墜行為の禁止

⑤秘密を守る義務（守秘義務）

⑥政治的行為の制限

⑦争議行為等の禁止

⑧営利企業への従事等の制限

1つ目は，「**服務の宣誓**」である。地方公務員法第31条には，次のように「服務の宣誓」が示されている。「職員は，条例の定めるところにより，服務の宣誓をしなければならない」。

これは都道府県教育委員会（政令指定都市の教育委員会）によって形式は異なるが，詳細は条例によって定められており，教育委員会に対し自署および捺印のうえ，書面で提出することがほとんどのようである。

2つ目に，「**法令等及び上司の職務上の命令に従う義務**」が挙げられる。これは，法令，規則，規定に従い，加えて上司の職務上の命令に従わねばならないことである。上司の職務上の命令とあるので，上司の私的な命令には従う必要はないことはいうまでもない。地方公務員法第32条には，以下の文言で「法令等及び上司の職務上の命令に従う義務」が示されている。「職員は，その職務を遂行するに当つて，法令，条例，地方公共団体の規則及び地方公共団体の機関の定める規程に従い，且つ，上司の職務上の命令に忠実に従わなければならない」。

3つ目は，「**職務に専念する義務**」である。「職員は，法律又は条例に特別の定がある場合を除く外，その勤務時間及び職務上の注意力のすべてをその職責遂行のために用い，当該地方公共団体がなすべき責を有する職務にのみ従事しなければならない」（地方公務員法第35条）とあり，職員は職務とは無関係な事柄に従事することは認められてはおらず，勤務時間中には，職務に専念する義

務が発生する。たとえば，勤務場所を離れて私的な事柄に従事すること（例：
私的な買い物，私的な用事など）や，勤務時間中，校内であっても職務と無関係
な事柄に従事すること（例：職務と無関係な自身の趣味を行うことや娯楽のインター
ネットを視聴することなど）は許されていない。この義務違反に関係する教員の
不祥事も多く報告されている。なお，この義務を免除される事例の1つに，研
修（職務専念義務免除研修）があることも留意しておきたい。

　4つ目は，「信用失墜行為の禁止」である。地方公務員法第33条には，「職
員は，その職の信用を傷つけ，又は職員の職全体の不名誉となるような行為を
してはならない」と示されている。これについても，先の3つ目の職務に専念
する義務と同じく，教員の不祥事の事案理由として多く挙げられる事由違反の
一例である。たとえば，飲酒運転や条例違反（例：迷惑行為）などが挙げられ，
教員としての職の名誉を著しく傷つけるものとなっている。特に，交通事故や
交通法規違反に関してだけみても，飲酒運転やひき逃げ事故，人身事故を引き
起こした場合などは，当事者としてその責任が大きく問われることとなり，教
職全体の信用を失ってしまう事態となる（窪田・小川，2021：319～324）。

　5つ目は，「秘密を守る義務」である。地方公務員法第34条第1項には，
「職員は，職務上知り得た秘密を漏らしてはならない。その職を退いた後も，
また，同様とする」と示されている。学校においては，児童生徒の様々な個人
情報（成績や学習状況，交友関係，住所，連絡先，保護者名，保護者の職業，病歴，家
庭環境など），学校運営上の情報（人事，会計業務，入試など運営や運用上の情報）
などを知る機会が多く，そうした情報の秘密保持が求められる。またそれらを
厳格に運用したり保持する方法を工夫しなければならない場合があり，退職後
も職務上知り得た秘密は漏らしてはならない。地方公務員法においては「法令
による証人，鑑定人等となり，職務上の秘密に属する事項を発表する場合にお
いては，任命権者（退職者については，その退職した職又はこれに相当する職に係る
任命権者）の許可を受けなければならない」（同条第2項）と，退職後に生じう
る事態の対応についてもふれられている。

　6つ目には，「政治的行為の制限」がある。地方公務員法第36条第1項には，
「職員は，政党その他の政治的団体の結成に関与し，若しくはこれらの団体の

役員となつてはならず，又はこれらの団体の構成員となるように，若しくはならないように勧誘運動をしてはならない」と示されている。ここでは「制限」という文字に留意すべきである。この条文では特定の政党その他の政治的団体を支持することそのものは禁止されていないが，結成したり役員となってはならないことが明示され，その意味で政治的行為の「制限」とされている。

7つ目には，「**争議行為等の禁止**」が挙げられる。地方公務員法第37条第1項には，「職員は，地方公共団体の機関が代表する使用者としての住民に対して同盟罷業，怠業その他の争議行為をし，又は地方公共団体の機関の活動能率を低下させる怠業的行為をしてはならない。又，何人も，このような違法な行為を企て，又はその遂行を共謀し，そそのかし，若しくはあおつてはならない」と示されている。同盟罷業の同盟とは，個人や集団が同じ目的のため，同じ活動を行うことを約束することで，罷業とは仕事をしないことをいう。よって同盟罷業とは，同じ目的のために一致団結して仕事をともにさぼり続けることをいう。同盟罷業は自らの目的の達成を目指そうとする手段の1つであるが，法律はこれを禁止し，これに加え仕事をさぼること，争うことや仕事の効率を下げる怠業的行為を禁止している。

8つ目には，「**営利企業への従事等の制限**」が挙げられる。地方公務員法第38条第1項には，「職員は，任命権者の許可を受けなければ，商業，工業又は金融業その他営利を目的とする私企業（以下この項及び次条第1項において「営利企業」という。）を営むことを目的とする会社その他の団体の役員その他人事委員会規則（人事委員会を置かない地方公共団体においては，地方公共団体の規則）で定める地位を兼ね，若しくは自ら営利企業を営み，又は報酬を得ていかなる事業若しくは事務にも従事してはならない」と示されている。教育公務員特例法第17条にも兼職及び他の事業等の従事について示されている。

（3）職務上の義務と身分上の義務

前項で述べた職務上の義務と身分上の義務を監督するものは，服務監督権を有した教育委員会である。学校における服務監督権を有しているのは校長である。そのなかでも，義務教育諸学校における服務監督権は，市町村の教育委員

会にある（「県費負担教職員の服務の監督」〔地方教育行政法第37条・第43条〕，任命権は都道府県教育委員会にある）。政令指定都市の学校においては，任命権を有する者（任命権者）および服務監督権を有する者（服務監督権者）は政令指定都市の教育委員会である。

　つまり，学校において校長は，「教育委員会に属する服務の監督を分任」（窪田・小川，2021：289～290）して，教職員の職務上の義務と身分上の義務の服務監督を行うことができるということである。

（4）服務違反の現状

　近年，テレビ，新聞，インターネット上の各ニュースにおいて，学校や教員の問題，特に教員の不祥事について見聞する機会が多い。該当する教員への批判もさることながら，日々真面目に取り組んでいる多くの教員の信用失墜につながる問題として，学校教育への信頼問題にも及び，社会から信頼されるべき教職の安定したイメージの確立に大きな影を及ぼす問題であるといえるだろう。

　任命権者である都道府県教育委員会（政令指定都市の教育委員会）では，服務違反による懲戒処分については原則公表を行っている（懲戒処分の詳細については後述）。都道府県のホームページには定期的に処分の公表を行っているところが多いので，確認してみるとよい。文部科学省も「公立学校教職員の人事行政状況調査」において，「都道府県・政令指定都市の懲戒処分等の基準」をとりまとめているので参考になるだろう（文部科学省，2020b）。教職員においても服務違反（非違行為）は本来あってはならないことであるが，仮に発生した場合，児童生徒への教育的影響を考慮しながら，違反事実の概要とそれに対する行政処分を明確に示していく必要がある。

　窪田・小川（2021）では，非違行為の標準例がわかりやすく提示されている。もちろん「標準例に掲げられていない非違行為についても，懲戒処分の対象となり得るものであり，これらについては標準例に掲げる取扱いを参考としつつ判断する」（窪田・小川，2021：319～324）と明記されてはいるが，代表的な非違行為の事例は，以下の種類に分類される。その非違行為の程度によって懲戒処分の量定がなされるのである。紙幅の都合上，量定の詳細はここでは省略する

が，窪田・小川（2021：319〜324）を参考にするとよい。

○一般服務関係

(1)欠勤，(2)遅刻・早退，(3)休暇の虚偽申請，(4)勤務態度不良，(5)業務処理不適正，(6)職場内秩序を乱す行為，(7)虚偽報告，(8)違法な職員団体活動，(9)秘密漏えい，(10)政治的目的を有する文書の配布，(11)兼業の承認等を得る手続きの懈怠，(12)入札談合等に関与する行為，(13)個人の秘密情報の目的外収集，(14)個人情報の盗難，紛失又は流出，(15)セクシュアル・ハラスメント（他の者を不快にさせる職場における性的な言動及び他の教職員を不快にさせる職場外における性的な言動）

○公金公物取扱い関係

(1)横領，(2)窃取，(3)詐取，(4)紛失，(5)盗難，(6)公物損壊，(7)失火，(8)諸給与の違法支払・不適正受給，(9)公金公物処理不適正，(10)コンピュータの不適正使用

○児童生徒に対するわいせつな行為等関係

(1)わいせつな行為，(2)わいせつな言辞等の性的な言動

○公務外非行関係

(1)放火，(2)殺人，(3)傷害，(4)暴行・けんか，(5)器物損壊，(6)横領，(7)窃盗・強盗，(8)詐欺・恐喝，(9)賭博，(10)麻薬等の所持等，(11)酩酊による粗野な言動等，(12)わいせつな行為等

○監督責任関係

(1)指導監督不適正，(2)非行の隠蔽，黙認

2　分限処分と懲戒処分

（1）処分の基本

　教員が受ける処分にはいくつかの種類があり，代表的なものとして，分限処分と懲戒処分がある。「分限」の意味は，広義にはその者の身分・地位・能力などによって定まるぎりぎりの範囲・限界のことで，公務員においては身分に関する法律上の地位・資格のことをいう。他方，「懲戒」とは，広義の意味は，

こらしめることで，公務員については不正・不当な行為に対し，制裁を加えることをいう。

　地方公務員法第27条第1項によれば「すべて職員の分限及び懲戒については，公正でなければなら」ず，また続く第2項では「分限や懲戒の処分の事由は，法律又は条例で定められなければならない」とされ，地方教育行政法第43条第3項でも，「県費負担教職員の分限・懲戒に関する事項は，都道府県の条例で定める」ものとなっている（窪田・小川，2021：308）。

（2）分限処分

　分限処分は，「対象者の帰責性を問わず，主として公務の能率性確保という観点から行われ，制裁としての性質を有しない」（坂田ほか，2008：104）処分のことであり，「地方公務員は地方公務員法27条に定める事由なくして身分を失ったり不利益な処分を受けることはない。一方，同28条では意に反して（本人の同意なく）降任，免職，休職，降給といった身分上の変動をもたらす処分がなされる旨を規定する。このような身分保障と身分上の変動を総称して分限という」とある（窪田・小川，2021：308）。

　分限処分の特徴としては，以下の内容が挙げられる。「①職員の道義的責任を問題にしない。②公務の能率の維持向上の見地から行われるので，その事由について特に本人の故意，過失によることを要しない。③分限処分の事由としては，一定の期間にわたって継続している状態ととらえるとみられる」（窪田・小川，2021：307）。特に③は，行政判断により多少異なることもあるかもしれないが，たとえば病気等によって継続している状態と教育委員会が捉えれば，その理由の1つになるということである。

　分限処分には次の4種類がある。ただし，その運用・適応については厳格かつ慎重な取り扱いによる。地方公務員法第28条には「職員が，次の各号に掲げる場合のいずれかに該当するときは，その意に反して，これを降任し，又は免職することができる」とあり，「職員は，この法律で定める事由による場合でなければ，その意に反して，**降任**され，若しくは**免職**されず，この法律又は条例で定める事由による場合でなければ，その意に反して，**休職**されず，又，

条例で定める事由による場合でなければ，その意に反して**降給**されることがない」（地方公務員法第27条第2項）とされる。

分限処分を挙げると，

免職：職員をその意に反して退職させること

休職：①心身の故障のため，長期の休養を要する場合，②刑事事件に関し起訴された場合，③条例（県費負担教職員については都道府県の条例）で定める事由に該当する場合（地方公務員法第27条第2項，同法第28条第2・3項，地方教育行政の組織及び運営に関する法律第43条第3項）

降任：職員をその職員が現に任命されている職より下位の職制上の段階に属する職員の職に任命すること（地方公務員法第15条の2第3号）

降給：職員について決定されている給与の額より低い額の給与に決定すること

地方公務員法第28条第3項には，「職員の意に反する降任，免職，休職及び降給の手続及び効果は，法律に特別の定めがある場合を除くほか，条例で定めなければならない」とある。

また，分限休職のうち，最も多い事由は精神疾患による病気休職である（文部科学省，2018b）。

（3）懲戒処分

懲戒処分とは，「対象者の義務違反を理由として公務の秩序維持という観点から行われる」（坂田ほか，2008：104）処分のことである。

懲戒処分の特質としては以下の内容が挙げられる。

「①職員の道義的責任を問題にする。②職員の義務違反に対する制裁として行われるので，その行為が，本人の故意又は過失によることを要する。③懲戒処分の事由としては，必ずしも継続した状態ではなく個々の行為又は状態をとらえるとみられる」（窪田・小川，2021：307）。特に③は飲酒運転による人身事故などが挙げられる。

懲戒処分には4種類ある。地方公務員法第29条によれば，「職員が次の各号の一に該当する場合においては，これに対し懲戒処分として**戒告，減給，停職**

又は**免職**の処分をすることができる」とある。

　窪田・小川（2021）によれば，

　戒告：職員の服務義務の責任を確認し，その将来を戒める処分

　減給：一定の期間，給与の一定額を減ずる処分

　停職：職員を一定の期間職務に従事させない処分

　免職：職員としての地位を失わせる処分

とされており（窪田・小川，2021：317），これによって制裁としての懲戒の種類とその意味が理解できる。なお，先に述べた分限処分と懲戒処分の各種類の用語の違い（たとえば，「休職」と「停職」，「降給」と「減給」の相違）に留意しておく必要があるだろう。

　文部科学省の調査（「平成29年度公立学校教職員の人事行政状況調査について」）によれば，分限処分と懲戒処分についての現状が以下のように報告されている（文部科学省，2018a）。調査対象は，47都道府県および20の政令指定都市の合計67教育委員会を対象としたものである。

　平成29年度に懲戒処分または訓告等を受けた教育職員は，5109人（0.55%）である。うち，わいせつ行為等により懲戒処分等を受けた者は，210人（0.02%）である。また体罰により懲戒処分等を受けた者は，585人（0.06%）である。

3　児童生徒に対する懲戒・体罰の問題

（1）体罰問題——身体に対する侵害と肉体的苦痛を与えること

　学校教育法第11条においては，「校長及び教員は，教育上必要があると認めるときは，文部科学大臣の定めるところにより，児童，生徒及び学生に**懲戒を加えることができる。ただし，体罰を加えることはできない**」と定められている。

　文部科学省では，幾度となく取り上げられる体罰問題に対して通知を出しており，体罰禁止および児童生徒理解に基づく指導の徹底を求めている。そのなかではあらためて「体罰の禁止及び懲戒について」の原則の徹底を求め，「懲

戒と体罰の区別」をめぐって，以下のように通知している（文部科学省，2013a）。

（1）教員等が児童生徒に対して行った懲戒行為が体罰に当たるかどうかは，当該児童生徒の年齢，健康，心身の発達状況，当該行為が行われた場所的及び時間的環境，懲戒の態様等の諸条件を総合的に考え，個々の事案ごとに判断する必要がある。この際，単に，懲戒行為をなした教員等や，懲戒行為を受けた児童生徒・保護者の主観のみにより判断するのではなく，諸条件を客観的に考慮して判断すべきである。

（2）（1）により，その懲戒の内容が身体的性質のもの，すなわち，身体に対する侵害を内容とするもの（殴る，蹴る等），児童生徒に肉体的苦痛を与えるようなもの（正座，直立等特定の姿勢を長時間にわたって保持させる等）に当たると判断された場合は，体罰に該当する。

　つまり，「身体に対する侵害」と「肉体的苦痛を与えること」が体罰と判断され，教員はこうした振る舞いには留意すべきである。

　文部科学省では，「体罰の実態把握について（令和元年度）」を明らかにし，令和元年に発生した体罰の状況を項目別に詳細に分類し公表している（文部科学省，2020a）。

　令和元年度における体罰の状況（国公私立合計）の統計データのうち，体罰の発生学校数は，小学校183校（1万9892校中），中学校209校（1万270校中），高等学校217校（5007校中），特別支援学校22校（1135校中）となっている。

　体罰時の状況（場面／場所）としては，多い順に，小学校では，授業中，休み時間，その他／教室，運動場・体育館，廊下・階段。中学校では，授業中，部活動，放課後／教室，運動場・体育館，廊下・階段。高等学校では，部活動，授業中，その他／運動場・体育館，教室，その他，となっている。

　体罰の態様／被害としては，多い順に，小学校では，素手で殴る・叩く，その他，蹴る・踏みつける／傷害なし，打撲，外傷。中学校では，素手で殴る・叩く，蹴る・踏みつける，投げる・突き飛ばす・転倒させる／傷害なし，打撲，外傷。高等学校では，素手で殴る・叩く，その他，蹴る・踏みつけると棒など

で殴る・叩くが同値／傷害なし，打撲，骨折・捻挫などとその他が同値，となっている。

（2）児童生徒への懲戒

　児童生徒への体罰は決して許されるものではなく，法律においても禁止されている。ただし，先に述べたように必要な場合には，懲戒を加えることができると学校教育法第11条で規定されている。懲戒としては，たとえば以下の内容が挙げられる。（文部科学省，2013b）

- 放課後等に教室に残留させる。
- 授業中，教室内に起立させる。
- 学習課題や清掃活動を課す。
- 学校当番を多く割り当てる。
- 立ち歩きの多い生徒を叱って席につかせる。
- 練習に遅刻した生徒を試合に出さずに見学させる。

（3）出席停止処分について

　以上をふまえて，教師の指導能力の範囲を超えるような，教師の手に負えない児童生徒がいた場合，またはほかの児童生徒の学習環境を著しく阻害する場合は，どうするべきであろうか。そのような場合には，出席停止処分が考えられる。出席停止処分は懲戒ではなく，また，以下においても示すように適応例は非常に少ない。児童生徒に対して出席停止が認められるのは，感染症による出席停止と，性行不良による出席停止である（窪田・小川，2021：481）。そして，学校教育法第35条は，「児童の出席停止」について次のように定めている。

　　市町村の教育委員会は，次に掲げる行為の一又は二以上を繰り返し行う等性行不良であつて他の児童の教育に妨げがあると認める児童があるときは，その保護者に対して，児童の出席停止を命ずることができる。
　　　1　他の児童に傷害，心身の苦痛又は財産上の損失を与える行為
　　　2　職員に傷害又は心身の苦痛を与える行為

3　施設又は設備を損壊する行為

4　授業その他の教育活動の実施を妨げる行為

　条文をみてわかるように，性行不良の児童生徒への出席停止については，「本人に対する懲戒という観点からではなく，学校の秩序を維持し，他の児童・生徒の義務教育を受ける権利を保障するという観点」（窪田・小川，2021：481）から行われている。この性行不良による小・中学校の出席停止の事例は，毎年全国で数件程度である（文部科学省，2019）。

| 学習課題 | ①　各都道府県等が公表している懲戒処分について，どのような事例と処分があったかを調べてみよう。 |
| | ②　近年発生した教員の不祥事について新聞報道などを活用しながらどのような非違行為と処分があったかを調べてみよう。 |

引用・参考文献

解説教育六法編修委員会編『解説　教育六法　2019』三省堂，2019年。

窪田眞二・小川友次『学校の法律がこれ1冊でわかる　教育法規便覧　令和3年版』学陽書房，2021年。

坂田仰・河内祥子・黒川雅子『図解・表解　教育法規』教育開発研究所，2008年。

新村出編『広辞苑　第7版』岩波書店，2018年。

広岡義之編著『はじめて学ぶ教職論』ミネルヴァ書房，2017年。

文部科学省「体罰の禁止及び児童生徒理解に基づく指導の徹底について（通知）」2013年a。https://www.mext.go.jp/a_menu/shotou/seitoshidou/1331907.htm（2021年6月19日閲覧）

文部科学省「体罰の禁止及び児童生徒理解に基づく指導の徹底について（通知）」より「別紙　学校教育法第11条に規定する児童生徒の懲戒・体罰等に関する参考事例」2013年b。https://www.mext.go.jp/a_menu/shotou/seitoshidou/1331908.htm（2021年6月19日閲覧）

文部科学省「平成29年度公立学校教職員の人事行政状況調査について」2018年a。https://www.mext.go.jp/a_menu/shotou/jinji/1411820.htm（2021年6月19日閲覧）

文部科学省「平成29年度公立学校教職員の人事行政状況調査について」より「1-1-1　分限処分の状況一覧（教育職員）（平成29年度）」2018年b。https://www.mext.go.jp/component/a_menu/education/detail/__icsFiles/afieldfile/2018/12/25/1411823_02.pdf（2021年

　6 月 19 日閲覧）

文部科学省「平成 30 年度　児童生徒の問題行動・不登校等生徒指導上の諸課題に関する調
　　査結果について（通知）」2019 年。https://www.mext.go.jp/a_menu/shotou/seitoshido
　　u/1422178.htm（2021 年 6 月 19 日閲覧）

文部科学省「令和元年度公立学校教職員の人事行政状況調査について」より「体罰の実態把
　　握について（令和元年度）」2020 年 a。https://www.mext.go.jp/content/20201222-
　　mxt_syoto01-000011607_33.pdf（2021 年 6 月 19 日閲覧）

文部科学省「令和元年度公立学校教職員の人事行政状況調査について」より「都道府県・政
　　令指定都市の懲戒処分等の基準」2020 年 b。https://www.mext.go.jp/a_menu/shotou/
　　jinji/1411986_00002.htm（2021 年 6 月 19 日閲覧）

第9章

教員に求められる事務能力

　現在，「教員の多忙化」解消や効果的な教育活動の展開を実現するために，業務（特に教員の「本来的な業務」以外の業務）の効率化を図ることが教員には求められている。そしてそれらを実現する方法の1つとして事務能力の向上がある。

　本章では，①学校で教員が担う業務内容について，②各業務の教育的意義や取り組む際の作業手順および注意点・配慮事項について，③事務能力向上において必要となる ICT の活用とその課題について，それぞれ学び，教員に求められる事務能力の概要と能力向上方法について考えていこう。

1　教員の勤務実態

（1）教員の業務内容と多忙化

　教員は授業（児童生徒の指導に関わる業務）を行う以外にも，様々な業務（学校の運営に関わる業務や外部対応・校外での業務等）を担っている（表9-1）。

　当然ながら，これらの業務すべてに対応していくとなると勤務時間は長くなる。たとえば，教員の勤務環境についての国際比較を行っている OECD 国際教員指導環境調査（Teaching and Learning International Survey；TALIS）によると，日本の小・中学校教員の1週間あたりの勤務時間（調査時期：2018年2月中旬〜3月中旬）はそれぞれ54.4時間，56.0時間であり，これは調査参加国中最長であった（国立教育政策研究所，2019：11〜13）。また「『公立小学校・中学校等教員勤務実態調査研究』調査研究報告書」による経年比較（調査年度：2006年度・2016年度）からは教員の学内勤務時間は増加傾向にあることが明らかになっている（リベルタス・コンサルティング，2018：46）。

表9-1　教員の業務内容

分類		内容
児童生徒の指導に関わる業務	朝の業務	朝打合せ，朝学習・朝読書の指導，朝の会，朝礼，出欠確認など（朝学習・朝読書のうち教育課程の一環として行うものは授業に含める）
	授業（主担当）	主担当として行う授業，試験監督など
	授業（補助）	ティーム・ティーチングの補助的役割を担う授業
	授業準備	指導案作成，教材研究・教材作成，授業打合せ，総合的な学習の時間・体験学習の準備など
	学習指導	正規の授業時間以外に行われる学習指導（補習指導，個別指導など），質問への対応，水泳指導，宿題への対応など
	成績処理	成績処理にかかわる事務，試験問題作成，採点，評価，提出物の確認，コメント記入，通知表記入，調査書作成，指導要録作成など
	生徒指導（集団）	正規の授業時間以外に行われる次のような指導：給食・栄養指導，清掃指導，登下校指導・安全指導，遊び指導（児童生徒とのふれ合いの時間），健康・保健指導（健康診断，身体測定，けが・病気の対応を含む），生活指導，全校集会，避難訓練など
	生徒指導（個別）	個別の面談，進路指導・相談，生活相談，カウンセリング，課題を抱えた児童生徒の支援など
	部活動・クラブ活動	授業に含まれないクラブ活動・部活動の指導，対外試合引率（引率の移動時間を含む）など
	児童会・生徒会指導	児童会・生徒会指導，委員会活動の指導など
	学校行事	修学旅行，遠足，体育祭，文化祭，発表会，入学式・卒業式，始業式・終業式などの学校行事，学校行事の準備など
	学年・学級経営	学級活動（学活・ホームルーム），連絡帳の記入，学年・学級通信作成，名簿作成，掲示物作成，動植物の世話，教室環境整理，備品整理など学校の運営にかかわる業務
学校の運営に関わる業務	学校経営	校務分掌にかかわる業務，部下職員・初任者・教育実習生などの指導・面談，安全点検・校内巡視，機器点検，点検立会い，校舎環境整理，日直など
	職員会議・学年会などの会議	職員会議，学年会，教科会，成績会議，学校評議会など校内の会議
	個別の打ち合わせ	生徒指導等に関する校内の個別の打合せ・情報交換など
	事務（調査への回答）	国，教育委員会等からの調査・統計への回答など
	事務（学納金関連）	給食費や部活動費等に関する処理や徴収などの事務
	事務（その他）	業務日誌作成，資料・文書（校長・教育委員会等への報告書，学校運営にかかわる書類，予算・費用処理にかかわる書類など）の作成など上記2つ以外の事務
	校内研修	校内研修，校内の勉強会・研究会，授業見学，学年研究会など外部対応

外部対応	保護者・PTA 対応	学級懇談会，保護者会，保護者との面談や電話連絡，保護者対応，家庭訪問，PTA 関連活動，ボランティア対応など
	地域対応	町内会・地域住民への対応・会議，地域安全活動（巡回・見回りなど），地域への協力活動，地域行事への協力など
	行政・関係団体対応	教育委員会関係者など行政・関係団体，保護者・地域住民以外の学校関係者，来校者（業者，校医など）の対応など
校外	校務としての研修	初任者研修，校務としての研修，出張を伴う研修など（免許更新講習は含めない）
	会議・打合せ（校外）	校外での会議・打合せ，出張を伴う会議など
その他	その他の校務	上記に分類できないその他の校務，勤務時間内に生じた移動時間など
	休憩	校務と関係のない雑談，休憩など

出所：リベルタス・コンサルティング（2018：16）をもとに筆者作成。

　なお，日本の教員の勤務時間が長い理由として，小学校においては学校運営業務への参画と一般的な事務業務（教師として行う連絡事務，書類作成その他の事務業務を含む），中学校においてはそれらに加え，課外活動指導に費やす時間が諸外国に比べて多いことが TALIS においては指摘されている。つまり「**教員の多忙化**」は，授業に関すること以外での業務負担が多いことがその一因となっているのである。

（2）業務の精選と効率化

　中央教育審議会答申「チームとしての学校の在り方と今後の改善方策について」（2015年）では教員の業務を表9-2のように分類している。また，本答申では教員としての「**本来的な業務**」を効果的に実施していくために「**それ以外の業務**」に専門スタッフを配置し，教員の負担を軽減していくべきことが強調されている。

　一方で同答申は，これまで日本の教員が幅広い業務を担ってきたことが総合的に子どもの状況を把握して指導することに貢献し，それが教育の成果につながっていると評価している（中央教育審議会，2015：25）。このことから，教員は「それ以外の業務」を専門スタッフ等に「丸投げ」にするのではなく，それらに関わりつつもその負担を最小化し，「本来的な業務」と関連づけていく必要があるといえる。そして「それ以外の業務」にかかる負担を最小化する方法の

表9-2　教員の業務分類

分類	内容
教員が行うことが期待されている本来的な業務	学習指導，生徒指導，進路指導，学校行事，授業準備，教材研究，学年・学級経営，校務分掌や校内委員会等に係る事務，教務事務（学習評価等）
教員に加え，専門スタッフ，地域人材等が連携・分担することで，より効果を上げることができる業務	カウンセリング，部活動指導，外国語指導，教員以外の知見を入れることで学びが豊かになる教育（キャリア教育，体験活動など），地域との連携推進，保護者対応
教員以外の職員が連携・分担することが効果的な業務	事務業務，学校図書館業務，ICT活用支援業務
多様な経験等を有する地域人材等が担う業務	指導補助業務

出所：中央教育審議会（2015：24）をもとに筆者作成。

1つとしては，事務作業の効率化が挙げられるだろう。

　ただし，事務作業の効率化によって軽減が期待されるのは時間的負担についてであり，心理的負担の軽減には必ずしも効果があるとはいえず，それを軽減するためには教員の「本来的な業務」である生徒指導の見直しが必要となる（神林，2017：205）。ここでは教員の事務能力について言及するため，心理的負担については割愛するが，これは「教員の多忙化」解消を考えるうえで重要な視点となるため，留意する必要がある。

　表9-1で示したように，日本の教員が学校で担っている業務は幅広い。したがって，「教員に求められる事務能力」を活用する場面は授業・補習プリント等の教材作成，各種報告書作成，成績処理，掲示物作成，名簿作成，連絡ノート記入，校務分掌に関係する書類作成等，多岐に渡ることになり，本章ですべてに言及することは困難である。そのため，本章では求められる事務能力のうち，①基礎的・基本的能力である書類作成に関連すること，②教育活動に直接的に関連すること，を中心にみていくこととする。

表9-3　学校教育法施行規則第28条で示されている表簿

- 学校に関係のある法令
- 学則，日課表，教科用図書配当表，学校医執務記録簿，学校歯科医執務記録簿，学校薬剤師執務記録簿及び学校日誌
- 職員の名簿，履歴書，出勤簿並びに担任学級，担任の教科又は科目及び時間表
- 指導要録，その写し及び抄本並びに出席簿及び健康診断に関する表簿
- 入学者の選抜及び成績考査に関する表簿
- 資産原簿，出納簿及び経費の予算決算についての帳簿並びに図書機械器具，標本，模型等の教具の目録
- 往復文書処理簿

出所：学校教育法施行規則第28条をもとに筆者作成。

2　事例別教員に求められる事務能力

（1）書類作成

　教員は学校内外（教職員，児童生徒，保護者，地域，公的機関等）に向けて様々な書類を作成・提出・配布し，また受領している。なお，これら教職員が職務上作成・取得したすべての書類は学校文書と呼ばれる。

　また，学校文書のなかには学校教育法施行規則第28条の規定により，各学校において作成が義務づけられている表簿（法定表簿）がある（表9-3）。これらは教育活動・学校運営等，学校におけるすべての活動の根幹に関わるため，その作成においては作成手順の確認，複数人によるチェック等，細心の注意を払う必要がある。

　書類の作成に関しては，提出・配布先や記載内容，そして重要度の高低等で要求される「精密度」は異なるのが実情であろうが，共通して遵守するべき点として「誤字脱字・誤用・不適切な表現はないか」「誰が誰に向けてどのような内容を依頼（報告）しているのかを簡潔・明確にしているか」等を挙げることができる。なお記載事項等に不備があった場合は教育活動・事務処理に支障をきたすだけではなく，学校の教育活動に対する見識や受け取った個人・組織に対する姿勢・態度が疑われかねないため，注意が必要である。

　また，学校文書には個人情報（氏名・住所・学業成績・指導内容等）が多く含まれるものもある。そのため書類の散逸防止・個人情報保護のための保存・管理に関しては厳重な対策を講じる必要がある。対策としては，書類を年度や業務ごとに分類し通し番号をつけてファイル等に綴じること，保管場所を決め不要になった書類はすみやかに処分すること，万一の紛失・漏洩に備え対応策を事前に決めておくこと等が挙げられる。なお，学年・学期はじめや定期試験後等は書類作成が多くなることに伴い，紛失・漏洩の危険性が高まるため，特に注意が必要である。

（2）年間指導計画の作成

　教育は「意図的な営み」であるといわれる。それは特定の価値観（目的・目標の設定）を組織的（校種・学年・教科別等に編成）に計画的（何を，どのように，どの程度学ぶかを事前に決定）に対象者（児童生徒）に教えていくことを意味している。この営みのなかで教員は「計画的に教えていくこと」に深く関わっており，それを具現化するものの1つとして指導計画がある。

　指導計画は各教育活動における指導目標・内容・方法・時間配分等を定めたものであり，計画規模により年間指導計画，単元指導計画，週計画案（週案），学習指導案等に分けられる。これら各計画は教育活動を展開するうえで不可欠なものであるが，ここでは1年間の指導の大枠を決定づける年間指導計画の作成についてみていこう。

　年間指導計画は年度のはじめまでに作成し，その内容は児童生徒・保護者等に公開されることも多い。作成手順としては，学習指導要領・学校の目標・地域の実情・児童生徒の心身の状況等を考慮しつつ，①目標の設定および指導内容を決定する，②組織的指導体制を確立する（校種・学年・教科間で教育内容を関連づける），③時間配分を行う，④教材・指導方法を決定する，⑤確認・調整を行うことが挙げられる。

　また，これら各指導計画は作成するだけではなく，展開された教育活動や児童生徒の実態等を通して計画を評価・改善していく必要がある。そのため，各指導計画作成においては計画実施後の評価だけではなく，途中評価（学期・単

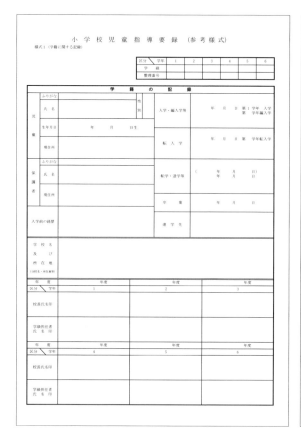
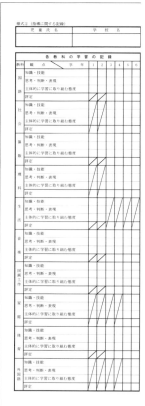

図9-1　小学校指導要録参

出所：文部科学省「小学校指導要録（参考様式）」。

元ごと等）を実施し，必要に応じて計画を調整できるように時間や内容に幅を
持たせる等，柔軟な対応が求められる。

（3）指導要録の作成

　日本の学校においては成績評価等，児童生徒の学習状況に関わる情報は指導
要録に集約・記録される。指導要録とは「児童生徒の学籍並びに指導の過程及
び結果の要約を記録し，指導及び外部に対する証明等のために役立たせるため
の原簿」であり，学校教育法施行規則第28条により，校長に作成・保存（「学

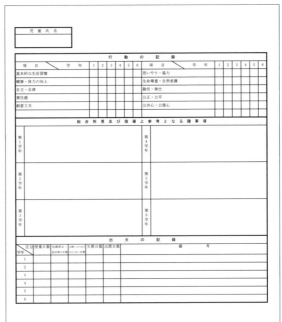

図様式（2016年度改訂版）

籍に関する記録」は20年，「指導に関する記録」は5年」）が義務づけられている。なお，指導要録の様式は文部科学省が示した参考様式があるが，あくまで「参考」であるので，各教育委員会等でその様式には多少の差異が生じる場合がある。

　指導要録は教育活動の結果を表すものであるから，学習指導要領の改訂時にその記載内容（主に「指導に関する記録」）が改訂されることになる。たとえば現行の小学校指導要録の参考様式（2016年度改訂版）（図9‐1）においては，それまでの様式からの主な変更として以下の点が挙げられる。

- 「各教科の学習の記録」における観点別評価項目が従来の４点（国語のみ５点）から「知識・技能」「思考・判断・表現」「主体的に学習に取り組む態度」の３点に整理
- 小学第５・６学年に「外国語」が教科として追加
- 「外国語活動の記録」の対象学年が小学第５・６学年から第３・４学年に変更・記述の簡略化
- 「特別の教科　道徳」の文章記入欄の追加
- 「総合所見及び指導上参考となる諸事項」による記述の簡略化（要点のみの箇条書き）

　また「総合所見及び指導上参考となる諸事項」において，ここでは観点別評価や評定で示すことが困難な個人内評価を取り扱うことになるため，その記載内容は児童生徒の教育活動の取り組みや成長の過程を総合的に捉えたものとする必要がある。

　指導要録は公文書であるとともに，記載された情報は児童生徒の「学校生活のすべて」であるため，厳重に保管・管理しなければならない。さらに調査書作成時には原簿として使用される等，外部に対する証明機能も有しているため，正確な情報を適切な文書表現を用いて記載することや，内容に変更が生じた場合はすみやかに訂正することが求められる。

（4）学級通信の作成

　学級は学校生活における基本的集団であり，児童生徒はこの集団のなかで授業や学校行事等，様々な活動を集団構成員（クラスメート）と経験・共有していく。そのため必然的に学級の「質」は教育活動の展開に密接に関わり，そして「質」の高い学級をつくるためには教員の力量が問われることになる。この学級づくりは学級経営（学級運営）と呼ばれ，そこでは学習面だけではなく，望ましい生活習慣・社会性を児童生徒に身につけさせていく等，多面的・総合的な指導が教員には求められる。

　学級経営において，教員は学級担任となった場合，年度のはじめに学級経営計画を作成することになる。そこでは学校・学年目標を念頭に入れ，学級目標

や活動内容をそれぞれ設定していく。またそれらを達成するためには，教育環境の整備（机の配置や教室の美化，危険の排除等）および人的整備（教員を含めた集団構成員間の望ましい人間関係の構築等）を行うことが必要となる。

　そして，これら2つの整備を円滑に実施していく際に，その手助けになるものとして学級通信の作成がある。学級通信は単に学校での出来事や行事予定等を児童生徒・保護者に伝達・報告するものではなく，担任の学級に対する思いや学級の現状・抱えている問題等を提示・共有することで，児童生徒の学級への所属意識の醸成や，保護者との連携関係の構築を実現するために発行するものである。もちろん，学級通信以外でも，保護者会をはじめ各種面談や家庭訪問等で教員と保護者との接点は確保できるだろうが，その場合，関係性が形式的なものになるおそれがあり，「児童生徒の学校での（何気ない）生活」を保護者に提示することが困難になる。学級のなかで自身の子どもが，そしてほかの子どもが，どのような雰囲気のなかで日々の学校生活を送っているのかということを保護者が把握できることが学級通信の強みであるといえるだろう。

　学級通信は配布・閲覧対象が限定されているとはいえ，外部に向けての書類であることに変わりはないため，その作成には公文書作成と同様に注意を払う必要がある。配慮事項としては，児童生徒を平等に取り上げること，児童生徒が作成した作品や文章等を掲載する場合は事前に本人および保護者に許可をとること，写真を掲載する場合は個人が特定されないよう画像処理をすること等が挙げられる。

　なお，校種や地域によっては文章表現に関して配慮が必要になる場合がある。たとえば小学校低学年において学級通信配布時までに学習していない漢字がある場合，学習指導要領で提示されている「学年別漢字配当表」を参考に使用する漢字を確認することが必要となる。また，保護者の母語が日本語以外であるために，記載内容を把握することが困難なこともある。この場合はほかの教員や外部機関と連携し，他言語に翻訳する等の配慮が必要となるだろう。

3　事務能力向上に向けて

（1）学校教育における ICT 活用

　2017（平成29）・2018（平成30）年告示「学習指導要領」では，その改訂の方向性を特徴づけるものの１つとして「主体的・対話的で深い学び」の実現が掲げられており，これを実現するためには ICT（Information Communication Technology；情報・通信技術）の特性・強み（多様で大量な情報を時間的・空間的制約を問わず発信・受信できること）を生かしていく必要がある（中央教育審議会，2016：53）。このような背景から，現在，各教科においては教科の特性に応じて計画的・積極的に情報機器等を活用し，学びの質を高めていくことが強く求められている。また ICT の活用は教科指導にとどまらず，教育活動の様々な場面でも求められており，事務能力に関するものとしては当然ながら「校務の情報化」が挙げられる。

　「校務の情報化」とはコンピュータ等情報機器により学校の様々な情報を電子化し，それらを保存・管理・活用していくことを指し，その目的は業務の削減・効率化と効果的な教育活動の展開を実現していくことにある。なお「校務の情報化」に関わる ICT 環境整備の現状について，「令和元年度　学校教育における教育の情報化の実態に関する調査結果（概要）〔確定値〕」によると，2020年３月時点で教員校務用コンピュータ整備率は100％を超え，統合型校務支援システム（教務系〔成績処理，出欠管理，時数管理等〕・保健系〔健康診断表，保健室事務管理等〕・学籍系〔指導要録等〕・学校事務系等を統合した機能を有するシステム）整備率は都道府県で差はあるものの，64.8％となっている（文部科学省，2020：6 ～ 7）。

（2）校務の情報化

　ここでは「校務の情報化」がもたらす業務の削減・効率化について，および教育活動での活用について，それぞれ具体的事例を提示し，その期待される効果についてみていこう。

　まず業務の削減・効率化の例としては，すでに多くの学校で実施されていることであるが，テンプレートファイルの作成・活用による作業時間の短縮やミス・確認作業の減少が挙げられる。行事案内・児童生徒名簿・成績表簿等，学校で形式が統一されている書類においては，一度正確なテンプレートファイルを作成し教員間で共有しておけば，わずかな修正・加工のみで書類を作成することが可能になる。またデータ同士を連動させておけば，情報の自動転記（表計算ソフトの関数機能を使用して児童生徒名簿の氏名欄に情報を入力すると成績表簿の氏名欄に自動的に転記する等）も可能になる。

　次に教育活動での活用例としては，情報共有による児童生徒に対するきめ細かい指導の実施が挙げられる。学校教育では児童生徒に関する様々な情報を収集・評価し，教員はそれをもとに児童生徒に対し指導を行っていくが，それらの情報を電子化し共有すれば，学年・学期・教科を超えての多面的・多層的・継続的な指導が可能になる。

　その他にもたとえば，試験においては各問題における正答率を算出すれば指導が十分／不十分であった単元を把握することに，学校での児童生徒が怪我を負った場所・時間帯・状況を集約すれば学校内の危険箇所が明確になり安全を確保することに，それぞれ役立つだろう。

（3）情報化の課題

　今までみてきたように，教員に求められる事務能力向上においてICTの活用は不可欠であるといえるだろう。しかし，情報化は様々なリスクもある。代表的なものとしては，情報機器や記録媒体等の窃盗・紛失・置き忘れやシステム・サーバへの不正アクセス，誤送信・誤公開等による個人情報の流出・漏洩が挙げられる。電子データの場合，膨大な個人情報を1つの記録媒体に収めることが可能であるため，たとえ1件のデータ流出であってもその被害は深刻なものになるおそれがある。そのため，情報機器等のセキュリティ対策や電子データの外部への持ち出し制限（特に私的記録媒体への複製禁止）等，管理・運用に規定を設けておく必要がある。

　また教員自身の情報活用能力不足を起因とする問題もリスクとして挙げられ

る。先述したように，ICT の活用は書類・表簿作成等において効率化が期待できるものであるため，たとえば成績処理においては各学校で各種数式が入力済みのテンプレートファイルが用意されていることも少なくない。その場合，単に試験の得点等を入力すれば自動的に成績が算出されることになる。これは確かに効率化を実現するものであるが，そこに入力されている数式の意味を理解せず無条件に受け入れてしまうと，何らかの事情で数式に不備が生じた場合，すみやかに対応することが困難になるだろう。また，テンプレートファイルで使用されている評価方法・規準が教員の指導力向上の機会を奪ってしまうことも考えられる。さらに ICT 活用に固執するあまり，学習指導上効果が期待できない単元・場面においても強引に活用してしまい，かえって効果を損なうおそれもある。このようなリスクを最小化するためには，「なぜ ICT を活用するのか」その意義を考え，活用する／しない場面を教員自身が主体的に選択していく必要がある。

　教育活動は専門的で幅広い知識・技術等を基盤に，児童生徒の心身の状況や反応等に応じて教育内容や指導方法を随時決定していく創造的活動である。そのため，教育活動における ICT 活用はあくまで事務作業の効率化や教育活動の効果を向上するための「手段」であり，「目的」ではないということは特に留意するべきことである。

学習課題　①　近年，学校で発生した「情報流出事件」を新聞記事等から見つけ出し，その原因を把握したうえで防止策を策定してみよう。
　　　　②　教員に求められる事務能力のなかで ICT 化できない（ICT には任せられない）箇所を見つけ，なぜできない（任せられない）のかを教育的視点から考えてみよう。

引用・参考文献

神林寿幸『公立小・中学校の業務負担』大学教育出版，2017年。
国立教育政策研究所編『教員環境の国際比較　OECD 国際教員指導環境調査（TALIS）2018報告書——学び続ける教員と校長』ぎょうせい，2019年。
中央教育審議会「チームとしての学校の在り方と今後の改善方策について（答申）」2015年。

　　https://www.mext.go.jp/b_menu/shingi/chukyo/chukyo0/toushin/__icsFiles/afieldfile
　　/2016/02/05/1365657_00.pdf（2021 年 6 月 21 日閲覧）

中央教育審議会「幼稚園，小学校，中学校，高等学校及び特別支援学校の学習指導要領等の
　　改善及び必要な方策等について（答申）」2016 年。https://www.mext.go.jp/b_menu/
　　shingi/chukyo/chukyo0/toushin/__icsFiles/afieldfile/2017/01/10/1380902_0. pdf（2021
　　年 6 月 21 日閲覧）

文部科学省「小学校指導要録（参考様式）」。https://www.mext.go.jp/component/b_menu/
　　nc/__icsFiles/afieldfile/2019/04/09/1415206_1_1.pdf（2021 年 6 月 21 日閲覧）

文部科学省「令和元年度　学校における教育の情報化の実態等に関する調査結果（概要）
　　〔確定値〕」2020 年。https://www.mext.go.jp/content/20201026-mxt_jogai01-00009573_
　　1.pdf（2021 年 3 月 30 日閲覧）

リベルタス・コンサルティング「『公立小学校・中学校等教員勤務実態調査研究』調査研究
　　報告書」（平成 29 年度文部科学省委託研究）2018 年。https://www.mext.go.jp/compon
　　ent/a_menu/education/detail/__icsFiles/afieldfile/2018/09/27/1409224_005_1.pdf（2021
　　年 6 月 21 日閲覧）

□ 第10章 □

学級運営

　教師は学級運営，すなわち学級をうまくまとめながら動かしていかなければならない。学校の教育活動の多くは学級運営と関係している。学級運営がうまく機能するには良好な人間関係の構築が重要となる。人間関係がよりよくなることによって教室によい雰囲気が生まれ，学びも豊かになっていく。教師が行う学級運営とはどのようなものなのか。なぜ学級運営に学級内のよりよい人間関係が必要なのか。考えていこう。

1　学級経営の大切さ

（1）教師と学級

　自分が学校の教師として授業を行う姿を想像してみよう。児童生徒たちに向かって何かを話したり指示したりする姿や，アクティブ・ラーニングを行う児童生徒たちに助言したり励ましたりする姿を思い浮かべるかもしれない。いずれにせよ，教師は一人ひとりの児童生徒に対応しながらも，教室にいる児童生徒たち全員という「集団」にも向き合っている。

　教師が授業の際に向き合っている集団は，児童生徒にとってはクラスメイトと学習を行う場である。それと同時に，基本的に学校で自分が居る場所とされた場である。友達と過ごしたり，給食やお弁当を食べたりする場である。したがって，授業が行われている集団は，学校において子どもたちが学習する場であると同時に生活する場でもある。このような，学校で学習し生活する基本となる集団を「**学級**」という。学級は学校の教育目標を達成するうえでの基礎となる集団とされている。

　学校での教師の教育活動は基本的に学級に対して行われる。それゆえ教師の教育活動の成功・失敗は，学級内の児童生徒たちをうまくまとめ動かしていく学級運営と関係しているのである。

（2）学級の人間関係

　学級運営を考えていく際に第1に考えなければならないのは，学級の人間関係である。学級内の仲がよく，教師に対しても好意的であれば，授業を行う際の学級運営はうまくいきやすい。集団としてうまくまとまり，授業に対しても前向きになっているからだ。その逆に，学級内の仲が悪く，教師に対して敵意がもたれていれば，授業がしづらくなる。学級の人間関係と学級運営は切り離せない関係にある。

　2000年代に**スクールカースト**という言葉が登場した。スクールカーストとは「同学年の児童や生徒の間で共有されている『地位の差』」（鈴木，2012：6）のことである。「地位の差」とは，たとえばあの子はかっこいい・美人だから「上」，あいつは地味・オタクだから「下」，というものである。「上」のグループを「1軍」，「下」のグループを「3軍」，その中間のグループを「2軍」といったりもする。この「地位の差」は学級内に独特な権力関係をもたらす。それは「上」のグループが教室を支配できるということである。たとえば文化祭の出し物を決定できる，といったことだ。「上」のグループに従い，「地位」相応の行動をしないといけない，という暗黙の了解のようなものが学級にあるのであれば，その学級には「スクールカーストが存在している」といえるであろう。

　スクールカーストは児童生徒同士の振る舞いに関係するだけでなく，教師への振る舞いにも関係している。スクールカーストに基づき，教師に反抗的な態度をとっている生徒がいるという報告がされている（鈴木，2012：135〜140）。児童生徒に反抗的な態度や行動をされれば学級運営もうまくいかない。スクールカーストは学級の人間関係のみならず，学級運営にも悪影響を与えかねない現象である。

　筆者が担当している講義の受講生に尋ねてみたところ，これまでスクール

カーストを感じたことがないという学生もいれば，感じたことがあるという学生もいた。スクールカーストが存在する学級は実際にあるようだ。それゆえ，教師としてスクールカーストに支配された学級に出会うこともありえるだろう。その際にスクールカーストは学級運営上の1つの課題となるかもしれない。

（3）学級経営の織物モデル

　学級運営上のスクールカーストの問題点は，クラス内の人間関係をぎこちなくしてしまうこと，学級運営がうまくいかなくなる可能性があることである。スクールカーストがなくともそうなることがあろう。どちらにせよ，このような状態では授業等もうまくいかない。それを改善しようとする教師の営みは**学級経営**と呼ばれている。

　学級経営は物的条件と人的条件を整えることで成り立つ。物的条件を整えるとは，教育的に望ましい環境をつくっていくことである。たとえば，教室内の美化や掲示物の充実などが挙げられる。人的条件を整えるとは，時には厳しい意見を交わすこともできるくらいの良好な人間関係が築かれ，クラスに居心地のよさを感じるようにすることである。

　人的条件の整備を考える際に役立つのが**織物モデル**である。織物を織る際，まず縦糸を張る必要がある。学級経営における縦糸とは教師と児童生徒の上下関係である。縦糸張りで目指すのはクラスのシステムづくりである。クラスのルールなどを決め，それを確実に実行できるようにすることで，クラスが安定したものになり，児童生徒は安心感を得る。横糸は教師と児童生徒および児童生徒同士の関係性を構築することである。教師と児童生徒，児童生徒同士が心を通わせていくことである（野中・横藤，2011／堀，2015：46〜56）。

　織物は縦糸と横糸がお互いに補い合うことで丈夫になる。学級経営として縦の関係と横の関係をうまく構築することで，学級が安定したものとなる。

2　学級（ホームルーム）活動における学級運営

（1）学級（ホームルーム）活動とは

学級経営と密接な関係にある教育活動が**学級（ホームルーム）活動**[1]である。

学級活動（ホームルーム活動）（以降，高等学校においては「学級活動」を「ホームルーム活動」と読みかえる）は「学校生活において最も身近で基礎的な所属集団である学級（ホームルーム）を基盤とした活動」（文部科学省，2018c：14／2018f：14／2019c：14）である（以降，高等学校は下線部を括弧内に読みかえる）。学級活動の目標や内容は学習指導要領に規定されている。なぜなら，学級活動は教育課程内に位置づけられている特別活動として行う 1 つの活動だからである。

学級活動を行うのは基本的に学級担任である。学級担任として学級活動を行うには学習指導要領に規定された学級活動の目標と内容を知っておかなければならない。

（2）学級活動の目標と内容

2017（平成29）年・2018（平成30）年告示「小・中・高等学校学習指導要領」の「第 6 章　特別活動」（中・高等学校は第 5 章）「第 2　各活動・学校行事の目標及び内容」には学級活動の目標がこう書かれている。「学級（ホームルーム）や学校での生活をよりよくするための課題を見いだし，解決するために話し合い，合意形成し，役割を分担して協力して実践したり，学級（ホームルーム）での話合いを生かして自己の課題の解決及び将来の生き方を描くために意思決定して実践したりすることに，自主的，実践的に取り組むことを通して，第 1 の目標に掲げる資質・能力を育成することを目指す」。ここに書かれている「第 1 の目標」は特別活動として行うことすべて，すなわち，学級（ホームルー

---

(1)　小学校・中学校では学級活動，高等学校ではホームルーム活動と呼ぶ。学級は学習集団と生活集団がおおむね一致している際に使用する用語であり，ホームルームは生活集団を主に意味する用語である（新井・江口，2010：11）。高等学校では学習集団と生活集団の分離が比較的多いため，学級ではなくホームルームという言葉が使用されている。

ム）活動，児童会（生徒会）活動，学校行事，クラブ活動（小学校のみ）を通して目指す全体的な目標のことである。

　この全体的な目標のなかに学級活動で育成を目指す資質・能力が３つ規定されている。１つ目は「知識及び技能」として「多様な他者と協働する様々な集団活動の意義や活動を行う上で必要となることについて理解し，行動の仕方を身に付けるようにする」とされている。２つ目は「思考力，判断力，表現力等」として「集団や自己の生活，人間関係の課題を見いだし，解決するために話し合い，合意形成を図ったり，意思決定したりすることができるようにする」とされ，３つ目は「学びに向かう力，人間性等」として「自主的，実践的な集団活動を通して身に付けたことを生かして，集団や社会における（主体的に集団や社会に参画し，）生活及び人間関係をよりよく形成するとともに，自己の生き方（中学校：人間としての生き方，高等学校：人間としての在り方生き方）についての考え（自覚）を深め，自己実現を図ろうとする態度を養う」とされている。学級活動ではこの３つの資質・能力の育成につながるように行う必要がある。

　学級活動の内容は同じく「第２　各活動・学校行事の目標及び内容」で大きく３つのことが定められている。「（１）学級（ホームルーム）や学校における生活づくりへの参画」「（２）日常の生活や学習への適応と自己の成長及び健康安全」「（３）一人一人のキャリア形成と自己実現」の３つである。（１）では「学級生活の充実や向上」を，（２）では「よりよい人間関係の構築」や「男女相互の理解と協力」を目指すことが求められている。これらは学級経営の人的条件を整えることと結びついている。

（３）横糸をつなぐ

　学級活動の多くは話し合い活動として行われる。学級活動では，何らかの題材の話し合いを通して「学級生活の充実や向上」や「よりよい人間関係の構築」「男女相互の理解と協力」の実現を目指すことになる。織物モデルを観点にすれば，これらの話し合いがうまくいくことで子ども同士の横糸がつながることになる。

とはいえ，最初から話し合いが上手くいくとはかぎらない。クラスの仲が悪ければ話し合いはうまくいかないだろうし，一部のグループの意見しか通らなければ，話し合いは無駄という雰囲気になってしまうであろう。話し合いを成立させるためにも子ども同士の横糸をつなぐ必要がある。話し合いの前に構成的グループエンカウンター[(2)]などの人間関係を構築する技法を取り入れることも有効であろう。話し合いのために横糸を張り，話し合いを通して横糸をより強靭にできる。学級活動は横糸張りとして学級経営の充実につながる活動である。

3　教科指導における学級運営

（1）教科指導と教室の人間関係

　教科指導は教科・科目の学習指導のことである。教科指導の主な場面は授業である。

　授業は学級を単位に行われるから，教師は授業において学級をうまく動かしていかなければならない。教師主体で授業を進める場合，教師の発問に対し子どもたちが足を引っ張りあったりからかったりしていれば，そうでない時と比べ授業の進み方も変わってくる。子ども主体で授業を行おうとし，グループワークなどを取り入れるのであれば，なおさら授業に対して前向きになれる人間関係が重要となる。仲の悪い者同士でグループが組まれれば，グループワークがうまく進むはずがない。教科指導と教室の人間関係は密接に関係している。

　2017（平成29）年・2018（平成30）年告示「小・中・高等学校学習指導要領」では，「**主体的・対話的で深い学び**」の実現に向けた授業改善が求められている。主体的・対話的で深い学びを意識した授業を行うと，子どもが主体になる場面が増えてくる。教科指導として主体的・対話的で深い学びを実現するには，

---

(2)　構成的グループエンカウンターはグループエンカウンターの方法の1つである。グループエンカウンターとは，集団において人と人が出会い，本心に基づいて心と心の交流を行うことである。児童生徒の人間関係づくりの1つの方法として有効とされている。構成的グループエンカウンターの場合，リーダーやファシリテーターから与えられた課題等に基づいた演習として交流を行う。

学級の良好な人間関係が必要となる。

（2）主体的・対話的で深い学びとは

　主体的・対話的で深い学びは「主体的な学び」「対話的な学び」「深い学び」という３つの学びを合わせた言葉である。『学習指導要領解説』では，この３つの学びが次のように説明されている。

　「主体的な学び」とは「学ぶことに興味や関心を持ち，自己のキャリア形成の方向性と関連付けながら，見通しをもって粘り強く取り組み，自己の学習活動を振り返って次につなげる」（文部科学省，2018b：77／2018e：78／2019b：118）学びのことである。自分の将来に向かって意欲的に，計画的に，反省しながら何かを学んでいくことといえるだろう。

　「対話的な学び」は「子供同士の協働，教職員や地域の人との対話，先哲の考え方を手掛かりに考えること等を通じ，自己の考えを広げ深める」（文部科学省，2018b：77／2018e：78／2019b：118）学びのことである。これは誰かとともに何かを学んでいくことといえよう。

　「深い学び」は「習得・活用・探究という学びの過程の中で，各教科等の特質に応じた『見方・考え方』を働かせながら，知識を相互に関連付けてより深く理解したり，情報を精査して考えを形成したり，問題を見いだして解決策を考えたり，思いや考えを基に創造したりすることに向かう」（文部科学省，2018b：77／2018e：78／2019b：118）学びとされている。この学びの特徴は何かを学ぶ際に「**見方・考え方**」を働かせることである。見方・考え方は「『どのような視点で物事を捉え，どのような考え方で思考していくのか』というその教科等ならではの物事を捉える視点や考え方」（文部科学省，2018b：4／2018e：4／2019b：4）のことである。各教科等の独特な視点や考え方といえる[3]。深い学びとは各教科等の見方・考え方に何かを関連づけて学んでいくことと理解できよう。

---

(3)　各教科等の「見方・考え方」は各教科等の『学習指導要領解説』に具体的に書かれている。知りたい教科等の「見方・考え方」についてそれぞれ調べてみよう。

　主体的・対話的で深い学びは 1 単位時間においてすべて実現しなければなら
ないものではなく，単元や題材のまとまりのなかで，適時設定していくものと
されている。毎回必ず主体的な学び，対話的な学び，深い学びをしなければな
らないということではないと留意しておく必要がある。

（3）主体的・対話的で深い学びを支える教室の雰囲気

　主体的・対話的で深い学びはアクティブ・ラーニングの一種である。アク
ティブ・ラーニングは子ども主体の学習形態である。だからといって教師は子
どもたちに何もしないわけではない。教師は，主体的な学びにおいては学びに
見通しをもてるよう子どもたちを指導したり，対話的な学びでは対話の活性化
を支援したり，深い学びでは「見方・考え方」をうまく働かせるよう助言した
りすることが考えられる。何よりも学級の雰囲気を学びに対して前向きにする
必要がある。

　教室の雰囲気が学びに対して前向きでなく，足を引っ張り合うような険悪な
雰囲気に包まれていれば，主体的に学ぼうとしてもできないかもしれない。対
話も育まれないだろう。クラスのみんなが学びに対して前向きでお互いに支持
的であれば，学級内で安心して主体的に動けるだろうし，会話も実りあるもの
になるだろう。また，主体的な学びや深い学びを進めていくうえで，自然と他
者が必要になり，対話が生まれるかもしれない。主体的・対話的で深い学びを
行うには，学級内の人間関係をよりよくする学級経営が不可欠である。

4　総合的な学習（探究）の時間における学級運営

（1）総合的な学習の時間の特質

　総合的な学習の時間（高等学校は総合的な探究の時間）（以降，高等学校において
は「学習」を「探究」と読みかえる）は，教科・科目，特別活動と同じく，教育
課程内に位置づけられた学校の教育活動の 1 つである。総合的な学習の時間も
基本的に学級を単位に行われる。担当教員も基本的に学級担任である。

　総合的な学習の時間の目標は 2017（平成29）年・2018（平成30）年告示「小・

中・高等学校学習指導要領」の「第5章　総合的な学習の時間」（中学校は第4章，高等学校は「第4章　総合的な探究の時間」）の「第1　目標」において次のように規定されている（以降，高等学校は下線部を括弧内に読みかえる）。「探究的な（探究の）見方・考え方を働かせ，横断的・総合的な学習を行うことを通して，よりよく課題を解決し，自己の生き方を考え（自己の在り方生き方を考えながら，よりよく課題を発見し解決し）ていくための資質・能力を次のとおり育成することを目指す」。ここでの育成を目指す「資質・能力」も特別活動と同じく3つある。「知識及び技能」は「探究的な学習（探究）の過程において，課題の解決（発見と解決）に必要な知識及び技能を身に付け，課題に関わる概念を形成し，探究的な学習のよさ（探究の意義や価値）を理解するようにする」ことである。「思考力，判断力，表現力等」は「実社会や実生活の中（と自己との関わり）から問いを見いだし，自分で課題を立て，情報を集め，整理・分析して，まとめ・表現することができるようにする」である。「学びに向かう力，人間性等」は「探究的な学習（探究）に主体的・協働的に取り組むとともに，互いのよさを生かしながら，積極的に社会に参画（新たな価値を創造し，よりよい社会を実現）しようとする態度を養う」とされている。この目標は総合的な学習の時間の「第1の目標」と呼ばれている。

　総合的な学習の時間の特質は，各学校で実際に行う総合的な学習の時間の目標と内容を，第1の目標をふまえて，各学校で決めるということにある。他の教科等では具体的な目標や内容は学習指導要領に示されているから，大きな違いといえる。総合的な学習の時間の目標と内容は，学校や地域，児童生徒の実態に合わせ，創意工夫して定めていかなければならない。

（2）総合的な学習の時間の学習過程

　「第2　各学校において定める目標及び内容」では総合的な学習の時間の内容は2つの要素から設定されるとしている。「目標を実現するにふさわしい探究課題」と「探究課題の解決を通して育成を目指す具体的な資質・能力」である。「探究課題」とは「探究的に関わりを深める人・もの・ことを示したもの」（文部科学省，2018a：21／2018d：21／2019a：24）のことである。探究課題は探究

的な学習を通して取り組まれる。「**探究的な学習**」(高等学校では「探究」。以降,高等学校においては「探究的な学習」を「探究」と読みかえる)とは,総合的な学習の時間に求められる学習スタイルのことで,「日常生活や社会に生起する複雑な問題について,その本質を探って見極めようとする学習のことであり,問題解決的な活動が発展的に繰り返されていく一連の学習活動」(文部科学省,2018a：111 ／ 2018d：106 ／ 2019a：120)とされる学習のことである。総合的な学習の時間の内容は探究課題という「学習の対象」と探究課題の解決によって身についた資質・能力という「学習の結果」(それゆえ,その学習で目指す目標でもある)から構成される。

　探究的な学習は,総合的な学習の時間において,次のようなプロセスを経ることが重要とされている。まず,「課題の設定」である。これは「体験活動などを通して,課題を設定し課題意識をもつ」ことである。次に「情報の収集」である。これは「必要な情報を取り出したり収集したりする」ことである。情報の収集を行ったら,「整理・分析」,すなわち「収集した情報を,整理したり分析したりして思考する」。最後に「まとめ・表現」として「気付きや発見,自分の考えなどをまとめ,判断し,表現する」。これが学びを探究的な学習にするために求められる学習過程である(文部科学省,2018a：114 ／ 2018d：109 ／ 2019a：123)。

　この学習過程において前提となるのは「第 1 の目標」に規定された「探究的な見方・考え方」(高等学校では「探究の見方・考え方」。以降,高等学校においては「探究的な見方・考え方」を「探究の見方・考え方」と読みかえる)を働かせ,「横断的・総合的な学習」を行っていることである。「探究的な見方・考え方」とは「各教科(各教科・科目)等における見方・考え方を総合的(総合的・統合的)に活用して,広範(広範で複雑)な事象を多様な角度から俯瞰して捉え,実社会・実生活の課題を探究し,自己の生き方(在り方生き方)を問い続ける」(文部科学省,2018a：10 ／ 2018d：10 ／ 2019a：13)という見方・考え方のことである。総合的な学習の時間の課題は実社会や実生活に関わる 1 つの教科・科目では捉えきれないことを扱う(たとえば環境問題)。それゆえ,複数の教科等の見方・考え方を総合的に働かせることになる。また,実社会や実生活のことを扱うがゆ

えに，自分の学びを振り返るきっかけにもなりうる。そうすると，自分のこれまでの学びや今後の学びを考え，さらには今現在の自己のあり方や将来の自己についても考えが広がっていく可能性がある。このようなことを生じさせるのが探究的な見方・考え方を働かせるということである。この探究的な見方・考え方を探究的な学習の学習過程において働かせなければならない。

探究的な見方・考え方でも示されているように，総合的な学習の時間で扱う課題は1つの教科・科目では捉えきれないものである。そのため，総合的な学習の時間では，探究課題に対し，複数の教科等の知識・技能などを活用し，総合的にアプローチする。したがって，探究的な学習は教科等横断的な学習となり，教科等が総合された学習となる。

（3）総合的な学習の時間における学級運営

探究的な学習の学習過程から理解できるように，総合的な学習の時間では教科等横断的な視点なく計画・実施することは不可能である。総合的な学習の時間を行うには，各教科等と総合的な学習の時間の関連が明確になっていなければならない。さらに，総合的な学習の時間は各学校で具体的な目標や内容を定めることができるから，学校の教育目標，すなわち，学校として子どもに育てたい資質・能力と直結することになる。それゆえ，2017（平成29）年・2018（平成30）年告示「小・中・高等学校学習指導要領」の「第1章　総則」「第2教育課程の編成」（高等学校では「第2款　教育課程の編成」）では教育課程編成にあたり，総合的な学習の時間の目標と関連を図るものとされている。

総合的な学習の時間において学級運営を行うには，子どもの他教科等での学びをふまえなければならない。小学校では各教科等のほとんどを学級担任が担当しているからこの点は行いやすいかもしれないが，中学校・高等学校では教科担任制のため，他教科の内容等を理解することに加え，学年の教員との連携が欠かせなくなる。また，学級担任が担当学級の総合的な学習の時間を行うのではなく，学年内の教師で総合的な学習の時間の指導を分担するなど，複数の教員で総合的な学習の時間を行うための例示がされている（文部科学省，2018a：132〜133／2018d：128〜129／2019a：141〜142）。いずれにしても，総合的

な学習の時間には教員間の協働が求められる。

　総合的な学習の時間での学級運営では，複数の教師と連携しながら行っていく必要がある。このように，1 つの学級の運営は必ずしも 1 人で行うものではない。教員間の連携や協力も必要な営みなのである。

学習課題　① 　構成的グループエンカウンターとして行われている方法について具体的に調べてみよう。

　　　　② 　総合的な学習の時間を例に，複数の教師で学級運営をしていく方法について，調べてみよう。

引用・参考文献

新井保幸・江口勇治編著『教職論（教職シリーズ 1 ）』培風館，2010 年。

鈴木翔『教室内（スクール）カースト』光文社，2012 年。

野中信行・横藤雅人『必ずクラスがまとまる教師の成功術！──学級を安定させる縦糸・横糸の関係づくり』学陽書房，2011 年。

堀裕嗣『よくわかる学校現場の教育原理──教師生活を生き抜く 10 講』明治図書出版，2015 年。

文部科学省『小学校学習指導要領（平成 29 年告示）解説　総合的な学習の時間編』東洋館出版社，2018 年 a。

文部科学省『小学校学習指導要領（平成 29 年告示）解説　総則編』東洋館出版社，2018 年 b。

文部科学省『小学校学習指導要領（平成 29 年告示）解説　特別活動編』東洋館出版社，2018 年 c。

文部科学省『中学校学習指導要領（平成 29 年告示）解説　総合的な学習の時間編』東山書房，2018 年 d。

文部科学省『中学校学習指導要領（平成 29 年告示）解説　総則編』東山書房，2018 年 e。

文部科学省『中学校学習指導要領（平成 29 年告示）解説　特別活動編』東山書房，2018 年 f。

文部科学省『高等学校学習指導要領（平成 30 年告示）解説　総合的な探究の時間編』学校図書，2019 年 a。

文部科学省『高等学校学習指導要領（平成 30 年告示）解説　総則編』東洋館出版社，2019 年 b。

文部科学省『高等学校学習指導要領（平成 30 年告示）解説　特別活動編』東京書籍，2019 年 c。

第11章

児童生徒への対応

　教師の児童生徒への対応を考えるにあたって，学校教育における教師と児童
生徒との関わりを見た場合，そのあり方は学校での教育活動の領域によって，
教材を用いた教科学習を主体とする「学習指導」と，教科以外の教育活動を主
体とする「生徒指導（生活指導）」に大別される。学習指導の中心は教科指導
を主とした授業にあるが，授業を通じた関わりのあり方が，生徒指導において
も重要な意味を持つ。教科指導においては「教授」と「学習」という授業観の
違いから教師と児童生徒の関わりがどのように変わるかについて，また生徒指
導においては，消極的な指導だけでなく積極的な指導が持つ意義と，それぞれ
で児童生徒への対応のあり方がどのように異なるかについて考えていこう。

1　教科指導を介した関わり

（1）学習指導に基づく授業の過程

　まずは，学校で教師と児童生徒が多くの時間を共有する「授業」についてみ
てみよう。

　ドイツの教育学者ヘルバルト（Johann Friedrich Herbart）は著書『一般教育
学』（1806）において，「教授のない教育（Erziehung *ohne Unterricht*）などとい
うものの存在を認めないしまた逆に，少なくともこの書物においては，教育し
ないいかなる教授もみとめない」（ヘルバルト，1960：19）と主張し，教育の方
法として**教育的教授**（erziehender Unterricht）を中心に据えている。上記の引
用文で「教授」と訳されている名詞の Unterricht は，一般的には「授業」と
訳されることの多い語で，時に「教育」と訳されることもあるが，ヘルバルト
は Erziehung（教育）と明確に意味を使い分けている。Unterricht（教授）に対

応する動詞の unterrichten は，「教える，教授する，授業する」等と訳されるが，この動詞の翻訳からは，特に教育における積極的な関わり，とりわけ教師が児童生徒に対し「教えること」の性格が強く表れている。

　ヘルバルトは，教育の目的論を実践哲学（道徳哲学）に，方法論を心理学に求め，教育の最高の目的を道徳性の育成と考えた。そのようなヘルバルトにとって，人格（道徳性）という最終目的に関わる「教育」においても，教育方法としては教師からの能動的関わりである知性的な「教授」が必要であり，また，知的な成長を図る教授をする場合にあっても，人格面での成長を促す「教育」の最終目的が忘れられてはいけない，という両面が述べられているといえるだろう。

　教育に科学的基礎の必要性を強調し，教育の学的体系化を推進したことで知られるヘルバルトは，教授において生徒が「多面的興味」を獲得することに目標を定め，教授過程を4段階に区分して「明瞭・連合・系統・方法」と規定した。そのため，ヘルバルトの教授法は**4段階教授法**と呼ばれる。さらにヘルバルト学派と呼ばれる教育思想家たちによって，その教授法は発展的に継承され，教授段階をより詳細に分類し直した5段階教授法も生まれた。日本の学校教育では，明治期にヘルバルト派の教授法が受用され，教育実践の方法論として学校教育の体系化に広く貢献した。しかし後には体系化の結果として，公教育の画一化を招いたとの批判にもさらされ，現在では教授方法を細かく分類し授業展開を形式化することは避けられる傾向が強い。だがヘルバルトのいう教授＝授業（Unterricht）を通じた人格への関わりは，教科指導を仲立ちとした教師と児童生徒の関わりの要点を描き出しており，その指摘は意義深い。

　また，学習指導の実践となる授業を教師が計画する際に，一般的に導入・展開・整理といった段階が設定されるという点では，学習指導過程の基本形として，ヘルバルトの教授法に通じるところがある。たとえば教師が授業の計画として作成する学習指導案（図11-1）では，「6-(3)本時の学習指導過程」で「導入・展開・終結」という段階が設定されている。とはいえ，これらの段階設定は教師が授業を構想するうえでの方法論上の枠組みであって，実際の授業において明確に区分されているわけではない。それぞれの段階は授業の経過の

なかで，想定された目標へと近づくための過程として，一連の流れをなしている。以下に，各段階の基本的な性格を示す。

① 導入

　導入は学習を開始し，動機づけを行う段階で，教師が指導の目標を示し，児童生徒は学習内容の正確な意図を理解して，自ら学習に対する目標を持ち，学習への意欲をわき立たせることが望まれる。そのためにはまず，適切な教材の選択や，解決法を自発的に考えさせる問いかけなど，児童生徒が興味・関心を抱けるような環境・状況の準備が必要となる。

② 展開

　導入で提示された問題に児童生徒が取り組み，教師が指導および援助を行う過程が展開である。学習活動を中心的に担う段階であって，教師は研究方法を選択・決定し，児童生徒は問題の解決を行い，その内容を理解・習得する。講義・ディスカッション・実験・観察など，様々な研究方法から状況に応じた手法を用い，あるいはいくつかの方法を通して１つの問題に対処する。教師は必要となる教材を用意し，児童生徒が解決に至るまでの思考の方向性に気をつけ，必要に応じて指針を示し，助言を加えて，児童生徒の取り組みに援助を与える。

③ 整理（終結）

　学習した内容について，まとめ・問題内容の再確認・テストなどを行い，児童生徒の理解度・習熟度や，残された課題を明確化する過程が整理である。教師はこの過程を，児童生徒の評価を行う機会として利用できるが，評価のために用いるだけでなく，児童生徒の理解・習得を定着させる役割にも注意を払わなくてはならない。また評価は，教師が自らの指導した学習活動の進行を見直す判断材料ともなる。さらにまとめのなかから，問題を別の問題へと波及させる，あるいはいっそう深く掘り下げる，といった応用の段階も考えられる。その一方で，児童生徒が各自で考え続けることを重んじた授業形態では，「オープンエンド」型がとられる場合もある。オープンエンド型の授業では，最後にまとめや解答を与えて完結するのではなく，授業内容に対する関心を喚起したうえで自分なりの考えや答えを導き出せるように，最後の問いかけに解答を示さず各自で考察するよう促す，といった方法がとられる。

<u>　　　　</u>科　学習指導案

　　　　学　校　名
　　　　指導者 職・氏名　　　　　　　　　実習生氏名

指導日時・教室　　　　年　月　日（　）第　校時 ［　　教室］
対象生徒・集団　　　　科　年生　　人（内訳：男子　人，女子　人）
科　目　名
使 用 教 科 書　　　　　　　　　（出版社名）

1　単元（題材）名

2　単元（題材）の目標

3　指導に当たって
（1）生徒（児童）観

（2）教材（題材）観

（3）指導観

4　単元（題材）の指導計画〔総時数　　時間〕（本時に★印）
　第1時：
　第2時：
　第3時：
　第4時：
　第5時：
　第6時：

5　単元の評価の観点
　【知識・技能】

　【思考・判断・表現】

　【主体的に学習に取り組む態度】

6　本時の指導と評価の計画（第　　時）

（1）本時のねらい

（2）準備・資料等

（3）本時の学習指導過程

段階	時間	学習内容	教師の指導・留意点	生徒の学習活動	評価規準観点・方法
導入	分				
展開	分				
終結	分				

図11-1　学習指導案のモデル

出所：大阪府内Ａ大学の教育実習生向けの様式をもとに筆者作成。

（2）学習形態による分類

　授業で展開される学習指導の形態は，児童生徒のまとまりによって次のように分類される。それぞれの形態によって，教師と児童生徒の関わりのあり方は異なってくる。

① 一斉学習

　伝統的な学習指導の形態である一斉学習は，１人の教師が１学級を構成する多数の児童生徒に対し，同一内容を同時に教授する方法である。教育の能率が高く，近代教育の普及や，公教育の均一性を助けた反面，一定の学習速度で進行するので，個々の児童生徒の理解度に差が生まれやすい。また，教師の説明や講義を聞くことが多いため，児童生徒は受け身になりがちである。指導にあたっては教師と児童生徒が対話や問いかけを行い，児童生徒同士での話し合い，議論を勧め，学習への積極的な参加を促す必要がある。

② グループ学習（小集団学習）

　学級を班単位のグループに分け，各班のなかで児童生徒が相互に協力し，意見を出し合う，共同による学習形態である。一斉学習に比べ，班という小さな集団では能動的な参加が要求され，お互いを啓発し合い，理解を助け合うことから児童生徒間に連帯が生まれ，学習への活発な関わりが期待できる。だが，問題の意図が明確でないままグループ学習に入り，議論に参加できない児童生徒が現れる場合や，他者の意見に流されてしまう危険性がある。

③ 個別学習

　児童生徒が個々に考え，調べてまとめる学習活動が，個別学習である。各自で学習を深めることによって，独自の意見の形成につながり，各々の進度に合った学習も保障される。とはいえ，児童生徒が自ら調べる手段や方法などの知識・技術を習得していないと，取り組み方がわからず，学習できないといった状況に陥ることも考えられる。そのため，教師による指針の提示や，研究手法の例示が有効となる。

　以上，学習形態を児童生徒の編成から分類したが，ほかにも，学習の手法や指導の目標により観察学習・思考学習・ドリル学習・表現学習・鑑賞学習といった分類がなされる。いずれの場合も，終始１つの形態で学習するだけではなく，学習の場面に合わせて形態を変化させながら，飽きのこない授業を目指し，なるべく児童生徒が自発的に活動へと加わりやすい環境条件を整えることが重要である。

（3）アクティブラーニングと教授学習パラダイム

　次に，現在の学習指導を考えるうえで重要な概念である，アクティブラーニング(1)についてみていきたい。まずは日本のアクティブラーニング研究を牽引してきた溝上慎一による，アクティブラーニングの定義をみてみよう。

　「一方向的な知識伝達型講義を聴くという（受動的）学習を乗り越える意味での，あらゆる能動的な学習のこと。能動的な学習には，書く・話す・発表するなどの活動への関与と，そこで生じる認知プロセスの外化を伴う」（溝上，2014：7）。

　つまり，教師による知識伝達型講義で児童生徒が受動的となる従来型の教育に対して，生徒が能動的になる学習へと移行すること，すなわち教授から学習へのパラダイム（概念の枠組み）の移行がアクティブラーニングの主眼であるということである(2)。

　上記の定義と完全に概念が一致しているわけではないが，近年，文部科学省によって学校教育の**アクティブ・ラーニング**への転換が推奨され，2017（平成29）年告示の学習指導要領では，学校教育で「**主体的・対話的で深い学び**」を実現するための授業改善の推進が提言されている。ここでいう「主体的・対話的で深い学び」が，アクティブ・ラーニングを言い換えた表現であり，たとえば『中学校学習指導要領（平成29年告示）解説　総則編』（以下，『解説』）では次のように記される。

　「これからの時代に求められる資質・能力を身に付け，生涯にわたって能動的に学び続けることができるようにするためには，（中略）我が国の優れた教育実践に見られる普遍的な視点である『主体的・対話的で深い学び』の実現に向けた授業改善（アクティブ・ラーニングの視点に立った授業改善）を推進することが求められる」（文部科学省，2018a：3～4。下線は筆者による）。

---

(1)　本章で中黒ありの「アクティブ・ラーニング」と中黒なしの「アクティブラーニング」が混在しているのは，文部科学省が用いる「中黒あり」に対して，文部科学省の用法に限定しない文脈においてや，各研究者の使用法に従った「中黒なし」を区別しているためである。

(2)　ただし，溝上は「アクティブラーニングが積極的に推進される場合でも，授業のなかから講義パートが蔑ろにされることは，考えられないことである」（溝上，2014：12）と述べており，一般的に「教授」と考えられる講義形式を不要と主張しているわけではない。

　ここでは，「主体的・対話的で深い学び」＝「アクティブ・ラーニング」の特徴として，その指導方法は完全に新しいものではなく，従来の教育実践のなかにもみられたもの，と指摘される。特にグループ学習の手法は小学校や中学校で定着しているが，実践の蓄積に加えて学的研究に裏づけられた教育理論としては「**協同学習**」を挙げることができる。先に挙げた溝上も「多くのアクティブラーニング型授業の技法や戦略は，ディスカッションやグループ学習を組み込んでおり，アクティブラーニング型授業の基本的理解は，協同学習の論に求めることができる」（溝上，2014：90）と述べている。

　論者によって多様な理論や技法のある協同学習であるが，たとえば教育学者の佐藤学が提唱する，協同学習に基づく学校づくりの構想である「**学びの共同体**」の実践は，日本各地の小・中・高等学校で3000校以上に導入され，さらに海外にも普及し大きな成果を上げている。佐藤の構想は授業内での教師と児童生徒，児童生徒同士の関わりだけでなく，教師間の同僚性，保護者との関わりをも含めた学校や地域社会までを包括する思想であり実践であるが，授業にかぎっていえば「一斉授業から協同的学びへの転換」（佐藤，2012：10）が意図されている。そこでは，教科の本質に即した「真性の学び」，教え合いではなく「学び合い」，他者や道具の援助を受けた「ジャンプのある学び」という3つの要件が満たされることによって学びが成立する（図11-2）という独自の発想に立ちながら，教授から学習へのパラダイム転換が共有されている。

　また，『解説』において教授と学習がどのように捉えられているかを考えるため，それぞれの単語の使用回数を比較すると，「学習」という単語の出てくる回数は1000回以上に及ぶ。それに対し「教授」の出てくる回数はというと，わずか1回でしかない。この1回きりの「教授」が出てくる文章を引用してみよう。

　「知識の理解の質を高めることが今回の改訂においては重視されており，各教科等の指導に当たっては，学習に必要となる個別の知識については，教師が生徒の学びへの興味を高めつつしっかりと教授するとともに，深い理解を伴う知識の習得につなげていくため，生徒がもつ知識を活用して思考することにより，知識を相互に関連付けてより深く理解したり，知識を他の学習や生活の場

真性の学び（authentic learning）
（教科の本質に即した学び）

学び合う関係　　　　　　　　　ジャンプのある学び
（聴き合う関係）　　　　　　　（創造的・挑戦的学び）

図 11-2　学びが成立する要件

出所：佐藤（2012：33）。

面で活用できるようにしたりするための<u>学習</u>が必要となる」（文部科学省，2018a：37。傍点・下線は筆者による）。

　上の引用をはじめ，学習指導要領での言葉の使用回数を確認すると，「学び・学習」（下線部）が多用されていることがわかる。それに対して「教え（る）・教授」の使用頻度は低い。『解説』で唯一使用された「教授」に至っては，学習のために，という前提のもとでしっかり行うことが許されるもののようである。ここでも**教授パラダイム**から**学習パラダイム**への転換が望まれていると考えられる。

　すなわち，現在では授業のなかで「教える―教わる」ことよりも「（生徒の）学習」がしばしば称揚されており，「教授」は守旧型の授業観で，それに対し「学習」は，（従来のすぐれた実践のなかにすでに含まれているが）革新的な授業観のようである。だが本当に「教授」は時代遅れなのだろうか。さらにいえば「教えること，教授すること」は授業に無用のもの，あるいは学習に資するための必要悪であったりするのだろうか。「学習」には表れない「教える―教わる」ことに独自の意義を指摘する研究をみてみよう。

（4）「教えること」による，教師と児童生徒の関わり

　これまで，教授から学習への授業のパラダイム転換が示唆される状況を確認してきた。このような状況に対し，オランダの教育哲学者ビースタ（Gert Biesta）は，『教えることの再発見』（2017）という著書のなかで，「権威主義的

な教授」か「教えることを排し，学習へと転換する」かの二者択一ではなく，第3の選択肢として「進歩主義的な系譜にそって教えることと教師の理解を再構築する」ことを示そうとする。つまり，教授から学習へのパラダイム転換ではなく，教授のパラダイムを新たに捉えなおそうとするのである。ビースタは教授（教えること）について以下のように解釈する。

　「教えるということは，生徒が客体としてしか存在しないような権力の行使と秩序の確立という統制を目的とするものではなく，生徒の自己中心主義，つまり自分自身とあり，自分自身のためにあるあり方が中断されることで，生徒が主体であることが呼び覚まされるものである」（ビースタ，2018：91。筆者により一部改訳）。

　すなわち，主体は客体（他者）の存在に対するもとで初めて立ち現われるものなのである。そのため生徒が自己のうちに閉じこもり周囲の人との関わりあいをもたないなら，あるいは周囲にいる他者を自分自身のための道具のように扱うなら，周囲の人は人間として存在しないに等しく，主体—客体の関係は生まれず，生徒は主体になれない。それも自分の思い通りにできない他者からの呼びかけによって，「私」（生徒）には他者（客体）に応答する責任が発生し，そこで初めてほかの誰でもない「私」（生徒）という唯一性が呼び覚まされ，主体になる。この他者からの呼びかけが「教えられる」経験には埋め込まれている。それゆえ，「私」の知らない新たな知識や考え，あるいは自ら求めたわけではない問いが「私」に訪れるのは，「教授・教えられること」によってである。もちろんここでの「教授」は，教育による支配，管理，統制を暗示するような**権威主義的な教授**ではない。児童生徒が主体化するために必要な他者との出会いが生じ，出会いのなかで不一致があっても共存できる自由を見つける機会が教授だというのである。そう考えるならば，教授は統制ではなく解放である。反対に教授が必要ないといってしまうなら，教授によって受け取った情報をもとに自ら考え，新たな意味を形成することは児童生徒にはできないとみなし，児童生徒の感受性や理解，創造性をあまりに低く見積もっているのかもしれない。さらにいうと「学習」のみでよいとなれば，極論すれば，教える存在としての教師は必要なくなるかもしれないのである。

教授が児童生徒を受動的に押し止めるのに対し，学習はその主体性を働かせる，というのが現在も推進される教育改革の基本的理解であろう。確かにそこで批判される権威主義的な教授は否定されるものである。だが児童生徒の唯一性を呼び覚まし，客体と対面する主体となることをもたらす教授の意義，また児童生徒の創造性や理解を信頼する教授の意義は，学習パラダイムの教育観がともすれば無視しがちな教授の特長ではないだろうか。もちろん，権力の行使や統制を目的とした教授は排されるべきであり，教師は自らの教授活動がそのような性格を秘めていないか常に反省する必要がある。そのうえで，児童生徒にとって「教えられること」に備わる独自の意義を理解するなら，教師は教える存在としての自己を再発見し，教師の仕事の意味を再定義できるに違いない。また，その意味を考察せずに教授するのであれば，素朴な権威主義的教授に陥ってしまっているかもしれないのである。

（5）学習指導における情報機器の導入と関わりの変化

ICT（Information Communication Technology；情報伝達技術）が一般化し，高度情報化社会といわれる現代では，学習指導の分野においても情報機器の活用が必至である。そのような流れのなかで，従来の「視聴覚教育」などの学習形態に収まらない，新たなコミュニケーション手段を提供する「教育メディア」を用いた学習指導のあり方が，**ICT 教育**として模索されている。

情報機器の教育的利用を図り，また学習過程を1つのシステムとして捉え，教育を一種の技術・工学として効率化・最適化を目指す「**教育工学**（educational technology）」は，すでに1960年頃から一般的に知られていた。この教育工学に基づき，ティーチング・マシンという教育機器を用いたプログラム学習，複数の教師が共同で同一グループの学習を指導するチーム・ティーチングや，CAI（computer assisted instruction）と呼ばれるコンピューター利用の学習指導システムなど，新たな教育方法とそれに適した教育機器が製作されてきた。そしてインターネットの普及から，情報メディアは現実に，より身近なものとなっている。だが，情報メディアの操作法の教授ではなく，それらメディアを児童生徒自身が活用して，いかに情報を引き出し学習に役立てるか，あるいは既存の

学習形態にどのように組み込み，教育方法の改変に役立てるかには，考慮の余地が残されている。

　2019年に文部科学省は「**GIGA スクール構想**」（GIGA は Global and Innovation Gateway for All の略）を提言し，各児童生徒に個別最適化され，創造性を育むことを目的とした教育現場の ICT 環境の実現に向けた取り組みに着手した。これにより，1人1台の情報端末や高速度・大容量の通信など環境の整備をはじめ，遠隔・オンライン教育の活用促進やデジタル教科書の拡充が図られている。だが，教育における ICT 環境の整備はあくまで手段であり，ICT を活用した教育の目的は，個別に効果的な学びや支援を行うこと，プロジェクト型学習を通じて創造性を育むこと，校務を効率化すること等，本来の教育目的を支援するものである。

　現代社会の要求と教育技術の刷新という両面からみて，学習指導における「教育メディア」および「情報メディア」の導入が進むことは必然的である。しかし改革された技術自体が教育の本質ではない。教育目的を達成するための方法を支える手段として，教育技術は存在する。「教育メディア」もまた，学習形態の選択肢を多様化し，学習過程の充実に益する「技術」として，目的に応じ活用されることが望ましい。そして，情報メディアを使用するにあたっては，使用法の習得だけでなく，そこに潜む危険や必要とされるマナー，**情報モラル**などを学ぶことも重要である。

　また，「教育工学」の目標に掲げられる効率化・最適化は，誤った捉えられ方をすると，教育の豊かさや広がりを失わせ，魅力を減退させる危険性もある。前項で取り上げたビースタは，ICT を活用した教育方法について次のように疑問を呈している。

　「伝統的な教授に対する批判の観点からすれば，今日，もっとも人気がある，テクノロジーに媒介された教育形態，たとえば TED や MOOCs（大規模公開オンライン講座），無数の専門家やアマチュアによる YouTube の教育的な授業などが，すべて『従来型の』やり方で，つまりある人が話し，説明し，他の者たちは見て，聴いて，学ぶやり方で行われているというのは，当然のことながら皮肉なことでもある」（ビースタ，2018：65。筆者により一部改訳）。

先進的とみられる教育が，これまで批判の対象とされてきた従来型の教授と方法が重なりながら評価されているのであれば，教授が本当に時代遅れであるのか疑問である。また ICT を活用した先進的な教授が，たとえばヘルバルトの志向した「教育的教授」のように，人格に関わる目的を据えた教授のような意味ある目的もなく，ただ効率を追求し「関わり」の意味が無視されるのであれば，教授として退行すらしているかもしれない。"school" の語源は「閑暇・余裕」を表すギリシャ語の**スコレー**（σχολή，アルファベットでは scholē）にある。効率化・最適化を追求する一方で，教育および学習指導における，余裕や閑暇の意義もあわせて考察すべきであろう。

2　生徒指導を介した関わり

（1）「生徒指導」の概念
　第2次世界大戦後，日本では特にアメリカ教育使節団報告書の影響によってガイダンス（guidance）の理論が本格的に取り入れられ，その訳語として「**生徒指導**」が用いられた。「生徒指導」という語は一般化されながらも，その意味するところは広く，様々な解釈がなされるので，正確な概念の規定は困難である。

　教科の指導を学習指導，教科以外の活動での指導を生徒指導として，学習領域で分類する定義が「領域概念説」である。この定義は，生徒指導と学習指導との区別が明瞭である，という利点がある。それに対し，学習指導は必ずしも教科指導のみに限定されず，まして生徒指導は教科外の諸活動の場だけで行われるものではない，という考えから指導の働きで分類した定義が「機能概念説」である。機能概念として，生徒指導に認められる意義は，文部省（現文部科学省）の『生徒指導の手引』（1981）では次のように定義される（文部省，1981：1〜5）。

　①生徒指導は，個別的かつ発達的な教育を基礎とするものである。

　②生徒指導は，一人一人の生徒の人格の価値を尊重し，個性の伸長を図りながら，同時に社会的な資質や行動を高めようとするものである。

③生徒指導は，生徒の現在の生活に即しながら，具体的，実際的な活動として進められるべきである。

④生徒指導は，すべての生徒を対象とするものである。

⑤生徒指導は，統合的な活動である。

　文部科学省のより新しい『生徒指導提要』(2010) では，より簡潔に「生徒指導とは，一人一人の児童生徒の人格を尊重し，個性の伸長を図りながら，社会的資質や行動力を高めることを目指して行われる教育活動のこと」(文部科学省，2010：1) と定義され，「自己指導能力の育成を目指す」積極的な意義がある，という。

　一方で2017 (平成29) 年告示「小・中学校学習指導要領」の「第 1 章　総則」「第 4　児童 (生徒) の発達の支援」の 1 (2) には「児童 (生徒) が，自己の存在感を実感しながら，よりよい人間関係を形成し，有意義で充実した学校生活を送る中で，現在及び将来における自己実現を図っていくことができるよう，児童 (生徒) 理解を深め，学習指導と関連付けながら，生徒指導の充実を図ること」(括弧内は中学校) と記されるが，具体的な活動内容や指導方法にはふれられていない。だが，生徒指導が学習指導と関連づけられるものであること，現在のみならず児童生徒の将来の自己実現にも関わるものであり，よりよい人間関係を形成するものであること，といった指導目的は読みとれる。

　また，「生徒指導」と類似した用語に「**生活指導**」がある。2つの語は区別される場合もあるが，行政上は「生徒指導」が小学校段階から高等学校段階まで共通して用いられている。教科面以外でも様々な形で「生徒 (児童) の生活」をサポートし，指導に努める働き，という根本的な機能の考え方は生徒指導も生活指導もほぼ共通している。

（2）生徒指導の方法

　生徒指導の領域は，健康指導・学業指導・道徳指導・社会性指導・進路指導・余暇指導などに分類され，その方法は個別指導と集団指導とに分けられる。

① 個別指導

　教育相談や**カウンセリング**と呼ばれ，教師が悩みや不安を持つ生徒個人（ク

ライアント，来談者ともいわれる）と対面し，話し合うことで問題の解決への方法を探り，生活によりよく適応できるように援助し，あるいは積極的に指導する活動が，個別指導である。

　学校での教育活動は，学級をはじめ集団を形成して行われる機会が多いが，本来児童生徒一人ひとりの生育歴，環境，興味，適性，希望などは異なり，それぞれの児童生徒に合わせた教育が必要となる。特に人格は個々人で大きく異なるものであるから，人格の発達を主要な目標とする生徒指導において，教師と児童生徒が個別に直接の面談をする，「個別指導」が中心的な方法となる。個別指導の利点は，来談者が自発的に相談に訪れるのを待つだけでなく，教師の側から児童生徒に相談を勧められるので，早期の指導が可能である，児童生徒を取り巻く環境を理解しやすい，などが挙げられる。その反面，すでに教師と児童生徒の関係ができ上がっているために悩みを打ち明けにくい，といった難点もある。

② 集団指導

　「特別活動における配慮をはじめ，各教科等でもその機能を生かすなど，学校の教育活動全体を通じて**ガイダンス**とカウンセリングの機能を充実していくことが大切である」（文部科学省，2018a：96）といわれるように，ガイダンスやカウンセリングを重要な方法とする生徒指導では，特別活動が重要な位置を占めるが，そこに限定されるわけではなく，教育活動全体で行われることが望ましい。特に生徒指導のガイダンス機能の充実については，「主に学級活動の場を中心に展開されることが必要である」（文部科学省，2018b：66）とされ，学級活動が集団指導の重要な役割を担っている。学校が集団生活を基本とすることはいうまでもないが，ただ集まっているだけで集団生活が機能するわけではない。学級を中心とした集団での生活には個人の生活とは異なるルールや，約束が存在することを理解し，実践していくことで「社会的な資質や行動」を身につけ，さらに集団のなかで自らの役割を担い，自己の主張を生かせるように，主体性と所属の意識を高めることが望まれる。そのためには，教師は児童生徒が主体的に活動に参加できるよう見守ることもあれば，教師も集団の一員として構成メンバーに加わり，集団内での問題や意見を自ら提議して，積極的な関

わりを持ち見本を示すことも場合によっては必要である。だが，集団性の強調
は，時として個性の抑圧・画一化の強要へとつながる危険性をはらんでいる。
それゆえ，集団への服従を強いるのではなく，集団のなかで各自が意見を主張
し，なおかつ他者の意見に耳を傾けられる柔軟さを合わせ持つ，「自主性と協
調性」を兼ね備えた姿勢を教師自らが体現することでもって，集団指導とする
べきであろう。

（3）生徒指導の目的と「関わり」としての生徒指導

　『生徒指導提要』では，生徒指導の3つの目的として，集団指導と個別指導
のどちらにおいても，①成長を促す指導，②予防的指導，③課題解決的指導が
あるという（文部科学省，2010：14）（図11‐3）。

　「①成長を促す指導」とは，すべての児童生徒の「生きる力」を伸ばすため
の生徒指導であり，「②予防的な指導」とは，課題が発生する前に未然に防止
することを目的とした指導である。そして「③課題解決的な指導」は，問題状
況が発生したときに行う指導である。一般的に「生徒指導」という言葉で想起
されるのは，非行や問題行動などに対する規制，防止や懲戒などで，③の課題
解決的な指導に目が行きがちである。だが③はあくまで消極的であり，いわば
問題を抑え込むための対症療法的な指導である。それに対して，①や②は積極
的な指導であり，問題が発生しないため，そして児童生徒個人のさらなる成長
を期した原因療法的ともいえる指導である。

　教師は児童生徒と共感的理解を深め，よりよい人間関係を構築できることが
望ましい。だが一度信頼関係が崩れると，関係を再構築するには多大な時間や
環境の変化が必要となる場合が多い。むろん，関係のもつれのなかから学ぶこ
とも少なくないが，学校における教師と児童生徒，児童生徒同士の「関わり
（関係性）」を密接にし，よりよい関係を築くための働きのすべてが生徒指導で
ある。それゆえ，問題行動の予防や，事後の対応ではなく，日々の児童生徒と
の関わりにこそ生徒指導の本分は存在する。その意味で，生徒指導は教師が関
わるすべての教育活動に等しい，といっても過言ではない。予防からさらに成
長の援助までをも視野に入れた積極的な生徒指導を日頃から心がけたい。

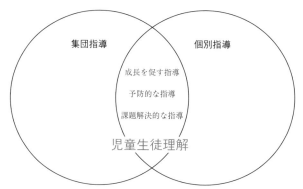

図 11-3　集団指導と個別指導の指導原理
出所：文部科学省（2010：14）。

　イギリスの教育実践家**ニイル**（Alexander Sutherland Neill）の「もっともよい教師は子どもと共に笑う。もっともよくない教師は子どもを笑う」（堀，2013：110）という文言は，教師の児童生徒への対応を考える際に思い返したい言葉である。生徒指導にしろ学習指導にしろ，教育的な関わりを真剣に考えた結果，かえって教師は子どもの前で眉根を寄せて難しい顔になったり，厳しい表情をつくってはいないだろうか。教育に真摯に取り組み真面目に児童生徒に向き合うことはもちろん大切である。だが私たちが教師として対する児童生徒のすべてが唯一無二の存在として，今ここに在るかけがえのなさに目を向ければ，まずはその存在を歓び迎える笑顔が児童生徒への対応の基調となるのではないだろうか。いうまでもなくその笑いは，生徒の失敗や無知を愚弄し教師の権威的な地位を守る攻撃的な笑いではない。教授や学習，生活を通じて共に感じる喜びの自然な表出としての笑いである。

学習課題　① 本章第1節を参考に，学習指導における児童生徒との関わりであなたが教師として注意したい事柄を，300字程度で表現してみよう。
　　　　　　② 本章第2節を参考に，生徒指導の方法と目的を150字程度の短文で簡潔にまとめてみよう。

引用・参考文献

加澤恒雄・広岡義之編著『新しい生徒指導・進路指導——理論と実践』ミネルヴァ書房，
　　2007年。

佐島群巳・黒岩純子編著『教職論——教師をめざす人のために』学文社，2005年。

佐藤学『学校を改革する——学びの共同体の構想と実践』岩波書店，2012年。

柴田義松編著『教育の方法と技術』学文社，2001年。

武安宥編『ペレニタスの教育』教育哲学・思想研究会，2006年。

武安宥・長尾和英編著『教育のプシューケーとビオス』福村出版，2001年。

ビースタ，G.『教えることの再発見』上野正道監訳，東京大学出版会，2018年。(原著は
　　Gert J. J. Biesta, *The Rediscovery of Teaching*, Routledge, 2017.)

ヘルバルト『一般教育学』三枝孝弘訳，明治図書出版，1960年。(原著は Johann Friedrich
　　Herbart, "Allgemeine Pädagogik aus dem Zweck der Erziehung abgeleitet 〔1806〕,"
　　Sämtliche Werke Bd.2, Scientia Verlag, 1989.)

堀真一郎『きのくに子どもの村の教育——体験学習中心の自由学校の20年』黎明書房，
　　2013年。

溝上慎一『アクティブラーニングと教授学習パラダイムの転換』東信堂，2014年。

文部科学省『生徒指導提要』教育図書，2010年。

文部科学省『中学校学習指導要領（平成29年告示）解説　総則編』東山書房，2018年 a。

文部科学省『中学校学習指導要領（平成29年告示）解説　特別活動編』東山書房，2018年 b。

文部省『生徒指導の手引　改訂版』大蔵省印刷局，1981年。

第12章

保護者への対応

　教員にとって，保護者とはどのような存在だろうか。現場の教員にとって，保護者（家庭）との関わり方や信頼関係の構築は，教育活動を豊かに進めていくために考えるべき重要なポイントとなる。

　本章ではまず，近年の家庭環境の変化と，それに伴い顕著になっている「児童虐待」や「子どもの貧困」の現状と問題について確認する。そして，これらの問題にも関連する，保護者への対応や保護者との関係の捉え方について考察する。

1　保護者対応について考える

（1）保護者とはどのような存在か——信頼関係と「対応」について

　教員や保育者にとって，保護者とはどのような存在といえるだろうか。たとえば，大学の教職課程等で教員のあり方について学ぼうとする時，どうしても保護者という存在について考える必要が出てくる。なぜなら，教員が教育・保育していく子どもたちの背景には，形は様々でも，保護者とのそれまでの生活があるからだ。まず，保護者とは，学校等で教員や保育者が子どもたちに出会う以前から，家庭等における教育の責任を負ってきた人達である。**教育基本法**の第10条第1項には，次のように教育に関する保護者の責任が明記されている。「父母その他の保護者は，子の教育について第一義的責任を有するものであって，生活のために必要な習慣を身に付けさせるとともに，自立心を育成し，心身の調和のとれた発達を図るよう努めるものとする」。

　教員や保育者にとって，一般に保護者は昔からの子どもの姿を誰より深く知っている存在であり，誰よりも信頼関係を結ばなければならない，あるいは

結びたい存在である。しかし，昨今の教育・保育の状況全体を眺めてみると，そのような信頼関係を結ぶことが簡単ではないとわかる。それは，身近な書店等においても「保護者対応」というタイトルがついた書籍がいくつも販売されていることからもうかがい知ることができる。たとえばそのうちの1冊をみてみると，プロローグとして，次のような言葉がある。

「今は，保護者の目が厳しくなっています。学校に対して要求することが過激と言ってもよいくらいに増えているのです」「しかも，教師への敬意があまりないので，言い方もきつく，攻撃的な方もたくさんいらっしゃいます」（多賀，2017：3）。

つまり，現場の教員たちは，保護者との連携，あるいは「対応」に実際に苦慮しているのである。本来，最も信頼し合い，協力関係を築くべき保護者との間で，なぜこのような問題状況が生じてしまうのだろうか。

（2）生活・家庭環境の変化

もちろん，教員・保育者として活動するうえで，保護者との関係が常に問題となるわけではない。しかし，特に近年の家庭環境の変化を見渡すと，少なくともその変化が，保護者のあり方に影響を与えるだけの大きなものであったということができる。

表12-1は厚生労働省のホームページにある「**国民生活基礎調査**」の2019年の概況からの資料だが，特に注目したいのは，3世代世帯数の占める割合の変化だろう。1986年の段階では，3世代世帯は構成割合として15.3％を占めていた。2019年までに，「夫婦と未婚の子のみの世帯」が世帯数としてはそれほど変化がない一方で，3世代世帯は確実に減少しており，割合としては5.1％となっている。「単独世帯」や「夫婦のみの世帯」の割合も大きくなっているが，やはりここから読みとれるのは，ここ30年の間で家庭の姿が大きく変容し，家庭生活のあり方が大きく変化しているということである。特に3世代世帯の割合が減少しているという状況は，我々が思う以上に子育て環境に影響を与えるといってよい。たとえば，後述する「虐待」に関連しては，佐柳（2017）が，「人口の高齢化の中でこの3世代世帯が急激に減少したことが，日

表 12 - 1　世帯構造別, 世帯類型別世帯数及び平均世帯人員の年次推移

	総　数	世　帯　構　造						世　帯　類　型				平均世帯人員
		単独世帯	夫婦のみの世帯	夫婦と未婚の子のみの世帯	ひとり親と未婚の子のみの世帯	3世代世帯	その他の世帯	高齢者世帯	母子世帯	父子世帯	その他の世帯	
					推	計	数（単位：千世帯）					（人）
1986(昭和61)年	37 544	6 826	5 401	15 525	1 908	5 757	2 127	2 362	600	115	34 468	3.22
'89(平成元)	39 417	7 866	6 322	15 478	1 985	5 599	2 166	3 057	554	100	35 707	3.10
'92(4)	41 210	8 974	7 071	15 247	1 998	5 390	2 529	3 688	480	86	36 957	2.99
'95(7)	40 770	9 213	7 488	14 398	2 112	5 082	2 478	4 390	483	84	35 812	2.91
'98(10)	44 496	10 627	8 781	14 951	2 364	5 125	2 648	5 614	502	78	38 302	2.81
2001(13)	45 664	11 017	9 403	14 872	2 618	4 844	2 909	6 654	587	80	38 343	2.75
'04(16)	46 323	10 817	10 161	15 125	2 774	4 512	2 934	7 874	627	90	37 732	2.72
'07(19)	48 023	11 983	10 636	15 015	3 006	4 045	3 337	9 009	717	100	38 197	2.63
'10(22)	48 638	12 386	10 994	14 922	3 180	3 835	3 320	10 207	708	77	37 646	2.59
'13(25)	50 112	13 285	11 644	14 899	3 621	3 329	3 334	11 614	821	91	37 586	2.51
'16(28)	49 945	13 434	11 850	14 744	3 640	2 947	3 330	13 271	712	91	35 871	2.47
'17(29)	50 425	13 613	12 096	14 891	3 645	2 910	3 270	13 223	767	97	36 338	2.47
'18(30)	50 991	14 125	12 270	14 851	3 683	2 720	3 342	14 063	662	82	36 184	2.44
'19(令和元)	51 785	14 907	12 639	14 718	3 616	2 627	3 278	14 878	644	76	36 187	2.39
					構	成	割	合（単位：%）				
1986(昭和61)年	100.0	18.2	14.4	41.4	5.1	15.3	5.7	6.3	1.6	0.3	91.8	・
'89(平成元)	100.0	20.0	16.0	39.3	5.0	14.2	5.5	7.8	1.4	0.3	90.6	・
'92(4)	100.0	21.8	17.2	37.0	4.8	13.1	6.1	8.9	1.2	0.2	89.7	・
'95(7)	100.0	22.6	18.4	35.3	5.2	12.5	6.1	10.8	1.2	0.2	87.8	・
'98(10)	100.0	23.9	19.7	33.6	5.3	11.5	6.0	12.6	1.1	0.2	86.1	・
2001(13)	100.0	24.1	20.6	32.6	5.7	10.6	6.4	14.6	1.3	0.2	84.0	・
'04(16)	100.0	23.4	21.9	32.7	6.0	9.7	6.3	17.0	1.4	0.2	81.5	・
'07(19)	100.0	25.0	22.1	31.3	6.3	8.4	6.9	18.8	1.5	0.2	79.5	・
'10(22)	100.0	25.5	22.6	30.7	6.5	7.9	6.8	21.0	1.5	0.2	77.4	・
'13(25)	100.0	26.5	23.2	29.7	7.2	6.6	6.7	23.2	1.6	0.2	75.0	・
'16(28)	100.0	26.9	23.7	29.5	7.3	5.9	6.7	26.6	1.4	0.2	71.8	・
'17(29)	100.0	27.0	24.0	29.5	7.2	5.8	6.5	26.2	1.5	0.2	72.1	・
'18(30)	100.0	27.7	24.1	29.1	7.2	5.3	6.6	27.6	1.3	0.2	71.0	・
'19(令和元)	100.0	28.8	24.4	28.4	7.0	5.1	6.3	28.7	1.2	0.1	69.9	・

注：1 ）1995（平成 7 ）年の数値は，兵庫県を除いたものである。
　　 2 ）2016（平成28）年の数値は，熊本県を除いたものである。
出所：厚生労働省（2020a：3）。

本社会全体として児童の養育や高齢者の介護における自助能力の大幅な低下を招く大きな要因となっている」(佐柳, 2017：16) と述べている。

　子育ては誰にとっても初めての時期があるのであり，その時期を自分の（あるいはパートナーの）親と共に過ごすことができない不安はことのほか大きい。子を育てるということは，子と親が新たな家族として生活を共にし，相互に影響を与え合う営みである。それは，親のそれまでの生き方や価値観に大きな変化をもたらすだろうし，また重圧も伴いうる。

　また，単に助言が不足しているだけではなく，子どものけがや病気という問題が起こった時，率先して助けてくれる家族が近くにいない，そのような状況が現代ではありふれたものとなっている。無論，地域の人々やほかの保護者と日常から交流し，助け合える関係が構築されていれば心配も少なくはなるが，現代では家庭の「孤立」も問題となっている。信頼関係構築の問題の背景には，このような家庭の変化と不安があるといってよいだろう。

　教員としてまず理解しなければならないのは，現代社会における保護者が，このような変化を１つの背景としながら，子育てや教育について少なからず大きな不安を抱えているという事実である。もちろん，従来の家庭において子育てをしてきた保護者たちにも不安はあっただろう。しかし，現代に至ってはその不安はより複雑な形をとっているのである。

（3）「モンスターペアレント」問題とは何か

　ところで，教員が保護者への対応を考える時，そのイメージがネガティブなものになってしまう要因として，近年メディアでも取り上げられた「モンスターペアレント」の問題がある。「モンスターペアレント」の定義を明確に定めることは難しいが，一般的には，教員や学校の都合，時には自分の子どもの願いすらも無視して，理不尽な要求，クレームを出す親たちのことを指しているといえよう。保護者からの意見については，教育や学校に対する期待の表れとも考えることができるので，それ自体は問題とはいえないし，批判すべきことではない。ただし，理不尽な要求が続くと，教員もそれに悩むことになる。たとえば喜多 (2011) は次のように述べる。「近年各種のメディアが取り上げ

てきた『モンスターペアレント』問題が学校教師を悩ませているという情報が広がっています。最近では親が教師を訴えたり，逆に親から被害を受けたと教師側が訴えたりするニュースも聞かれるようになりました」（喜多，2011：274）。

　この問題を根本的に解決することは容易ではないが，教員の対応，特にその姿勢としてまず重要なのは，同僚の教員及び管理職との連携，組織としての対応のあり方を意識することだろう。対応の流れはそれまでの保護者との関係や事情により様々だが，それでも，独断専行することなく，無理せずほかの教員等に相談する姿勢が重要なのはどの場面においても共通するといってよい。

　他方，教員としてこのような保護者へ対応する場合，一時的な対応だけでなく，なぜその保護者がそのような理不尽な要求をするに至ったのか，その経緯や背景にあるものに目を向けることも重要である。「モンスターペアレント」の問題が生じる原因については，様々に論じられてきたが，1つの説として，市場原理主義に基づいた教育政策の影響があるといわれている（喜多，2011：274〜275）。つまり，親が「消費者」としての立場に立たされることによって，学校教育が一種のサービスとしてみなされるのである。「消費者」的意識が植えつけられてしまった保護者とは対等な協力関係を築けず，結果的に一方的かつ理不尽な要求が生じる場合があると考えられるのである。教員自身の心身を守ることももちろん重要であるが，「困った保護者」とレッテルを貼ることによって，一方的に保護者を悪者扱いするだけでは，築けるはずの信頼関係を自ら崩してしまう危険性があることも，理解しておかなければならない。

2　「児童虐待」への対応

（1）「児童虐待」の現状

　これまで述べてきたように，子どもや保護者の周囲，その生活は近年大きな変化を遂げている。そのなかで生じてきた問題として，特に「児童虐待」についてここでは考えたい。保護者への対応を考えるうえでも，家庭教育に深く関連する「児童虐待」の問題を軽視することはできない。まず，我が国の「児童虐待」の現状について確認する。

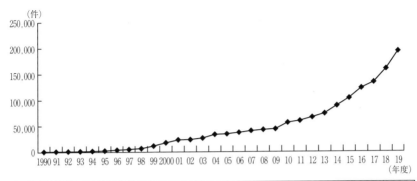

年　度	2008	2009	2010	2011	2012	2013	2014	2015	2016	2017	2018	2019
件　数	42,664	42,211	注56,384	59,919	66,701	73,802	88,931	103,286	122,575	133,778	159,838	193,780
対前年度比	+5.0%	+3.6%	―	―	+11.3%	+10.6%	+20.5%	+16.1%	+18.7%	+9.1%	+19.5%	+21.2%

図 12-1　児童虐待相談対応件数の推移

注：2010年度の件数は，東日本大震災の影響により，福島県を除いて集計した数値。
出所：厚生労働省「令和元年度　児童相談所での児童虐待相談対応件数」をもとに筆者作成。

　図12-1によると2019（令和元）年度における相談対応件数が19万3780件と過去最多となっていることがわかる。その要因は様々であるが，近年，社会における「虐待」に対する危機感が増していることもその1つといえるだろう。児童相談所虐待対応ダイヤル「189」が活用されるようになったこともあり，これまで隠れていた「虐待」も明るみに出たと考えることができる。現在の日本において，残念ながら，「児童虐待」は珍しい問題ではない。

　次に，「児童虐待」の内容を確認しておこう。「児童虐待の防止等に関する法律」の第2条において定義が与えられているが，その内容をふまえて簡単に解釈・整理すると，次のようになる。

　まず，「**身体的虐待**」と呼ばれる虐待がある。身体に外傷が生じるおそれのある暴行を加えること等を指す。次に「**性的虐待**」である。児童に対しわいせつな行為をしたり，させたりすること等である。また，性的なものをみせることもここには含まれる。3つ目は，育児放棄，「**ネグレクト**」である。適切な教育を受けさせないことや，適切な生活環境を与えず，たとえば長期間空腹，不潔なまま放置すること，病気やケガをしても病院につれていかないこと等が含まれる。4つ目に，「**心理的虐待**」がある。児童に対し激しい暴言を吐く，

また，極端に拒絶的な態度をとるなどして，児童の心を傷つける行為がここに含まれる。直接的に児童を対象とする行為でなくても，たとえば家庭内暴力等で子どもの心を間接的に傷つけうる行為もここに含まれると考えられる。以上，簡単な整理であるが，「虐待」と一口にいってもいくつかの種類に分けられる。また実際に分類が困難であっても，子どもの心身を傷つけ，その成長を阻害する行為は「虐待」と捉えられるべきである。

（2）「児童虐待」への対応——子どもへの影響と，学校・教員の役割

　これらの「虐待」は，子どもたちに大きな悪影響を与えるし，その後の成長を阻害しうる。たとえば人格形成への影響については，「人間不信に陥り適切な人間関係を形成できない，否定的な言葉を浴びせられ続けることで『生まれてこなければよかった』などと自己否定感を抱く」（山﨑，2018：90）こと等が指摘されてきた。特に，幼い頃に最も信頼すべき保護者，家族から身体的虐待や心理的虐待等を受けたとしたら，それは，その後の成長を支える重要な基盤を損なうことに等しい。また，健全な生活環境が保障されていない状況で，知的好奇心を発揮することは難しい。ただ生きていくことすら困難な状態において，何かに興味や関心を抱くことは容易ではない。ここから，知的発達への悪影響も心配される。

　このような「虐待」に関し，教員，保育者はどのように対応していくべきだろうか。もちろん，学校関係者等だけで根本的に解決できる問題ではないが，期待されている役割は大きい。2006年の「学校等における児童虐待防止に向けた取組に関する調査研究会議」による「学校等における児童虐待防止に向けた取組について（報告書）」には「学校のアドバンテージ」が提示されている。たとえば，「虐待」に対応し，早期発見するうえで，学校や教員の量的・人的規模の大きさが有利に働く。さらに，義務教育期間にあたる子どもたちは特に学校で過ごす時間が長いと考えられるため，気づきのための機会も多いと期待できる。これらの有利な点をふまえ，学校教員に対する「虐待」問題に関する期待は大きい。また，「児童虐待の防止等に関する法律」においても，たとえば，第5条においては，「早期発見」や「児童虐待の防止のための教育又は啓

発」を進めることが定められている。

　それでは，実際に「児童虐待」が疑われる事態が生じた時，教員らはどのように対応していくことが求められるのか。もしも「児童虐待」が疑われる場合，独断専行することなく，必要な情報を連携して収集しつつ同僚の教員や管理職に相談し，会議へつなげることが必要である。また，「虐待」の疑いが晴れない場合は自治体の関係する課や児童相談所等へ連絡する。さらに，関係機関が情報共有し支援方針を検討する「**要保護児童対策地域協議会**」における会議への参加も，視野に入れておかなければならない（加藤，2017：136〜145）。なお，教員間の連携がスムーズに行われるためには，いうまでもなく，日常的に同僚の教員らとの信頼関係が構築されていることが必要である。他方，子どもたちに対しては，「学校」という場所が安全な場所であり，何よりも教員らが信頼すべき相手であることを理解してもらえるような配慮や対応が必要である。日々の教育活動そのものが，児童虐待への対応の基礎であるということができる。

（3）「児童虐待」と保護者対応

　「虐待」そのものは当然あってはならないことだし，未然に防ぐべきである。しかし，仮にそれが起きてしまった場合，学校組織としての動きは上記のように進むとしても，保護者への具体的対応には困難が伴う。たとえば，本来子どもを守るべき家庭やその保護者が「虐待」の加害者側にまわってしまった時，教員として思うところがあるのは当然のことだろう。しかし，「モンスターペアレント」の場合と類似して，ただ保護者やその家庭を責めるだけでは，改善への道は開かれない。教員として必要なのは，無論，「虐待」等の問題が再度生じないよう対応していくことであるが，そのためにも，その家庭や保護者の背景にあるものに視野を広げ，また理解していく必要がある。たとえば加藤（2017）は次のように述べる。「児童虐待は 1 つの原因だけで起きるのではなく，複数の要素が重なり合って起きる問題です。例えば，保護者の性格，育児不安，社会的孤立，夫婦関係の問題，経済的貧困，援助を求める手段を知らないなど，保護者の要因，子どもの要因，養育環境の要因，社会や文化など環境の要因が

悪循環を起こしたり，重なり合ったりして起きます」（加藤，2017：67）。無論，どんな理由があろうと「児童虐待」は許されないが，貧困や生活環境の複雑さ等も視野に入れて，教員は「児童虐待」の要因についても理解していく必要がある。

3 「子どもの貧困」への対応

（1）「子どもの貧困」とは何か

　子どもや保護者，その家庭生活や教育を考えるうえで，近年，軽視することのできないもう1つの大きな問題が注目を集めている。いわゆる「子どもの貧困」の問題である。

　ここでいう「貧困」とは，貧困線と呼ばれる一定基準（等価可処分所得の中央値の半分）を下回る所得で生活している「相対的貧困」であり，「子どもの貧困」とは，一般にこの状況下で暮らしている子どもに関する問題を指す。「子どもの貧困」は以前より問題視されていたが，図12-2からわかる通り，現在においても依然として7〜8人に1人という，少なくない割合で「貧困」という問題を抱えた子どもがいるという状況がある。この問題に関し，日本では，2013年に「子どもの貧困対策の推進に関する法律」が成立し，2014年には「子供の貧困対策に関する大綱」が閣議決定された。また2019年11月には，時代の変化もふまえ新たな「大綱」も閣議決定された。

（2）「子どもの貧困」への対応——子ども・保護者への対応

　それでは，「子どもの貧困」に関連し，学校や教員はどのように対応すべきだろうか。まず，これまで述べてきたことと同じく，「貧困」という問題に関して，教員自身が理解を深めることである。先行研究をふまえ考察した盛満（2019）によれば，従来，日本の教員は貧困層の子どもたちに差別的まなざしを向ける傾向があり，「特別扱いしない」という傾向も強いことが指摘されてきたという（盛満，2019：204）。教育が「平等」であることは無論重要であるが，この問題は，子どもが抱える背景の1つとして理解すべきものである。まずは

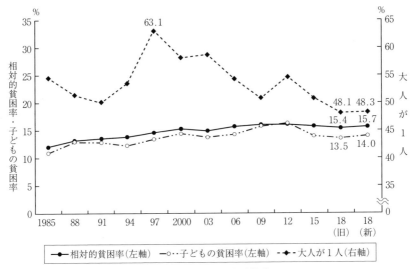

図 12 - 2　貧困率の年次推移

注：1) 1994 年の数値は，兵庫県を除いたものである。
　　2) 2015 年の数値は，熊本県を除いたものである。
　　3) 2018 年の「新基準」は，2015 年に改定された OECD の所得定義の新たな基準で，従来の
　　　可処分所得から更に「自動車税・軽自動車税・自動車重量税」，「企業年金の掛金」及び「仕
　　　送り額」を差し引いたものである。
　　4) 貧困率は，OECD の作成基準に基づいて算出している。
　　5) 大人とは 18 歳以上の者，子どもとは 17 歳以下の者をいい，現役世帯とは世帯主が 18 歳以
　　　上 65 歳未満の世帯をいう。
　　6) 等価可処分所得金額不詳の世帯員は除く。
　　7) 右軸の「大人が 1 人」とは，「子どもがいる現役世帯」のうち，大人が 1 人である世帯を示す。
出所：厚生労働省（2020b：14）をもとに筆者作成。

　この認識を持つことが，子どもたちへの対応の基礎となる。さらに具体的には，
「貧困の連鎖」を抑制する意味においても，十分な「教育」の質を保障してい
く必要があるだろう。「貧困」が原因となって，子どもがその将来の可能性を
狭めることがないよう，学校という場所が，少なくとも安心して「学びたい」
という気持ちを出せる場所であるよう，教員にはその環境づくりが期待されて
いる。

　他方，保護者への対応に関してだが，実は，「貧困」の問題は，経済的不安
という家庭内のストレスとして，「児童虐待」の問題とつながりやすいとも指
摘される（松尾，2018：152）。学校や教員は，「虐待」の問題と同様，保護者が

抱える不安や苦しみに配慮したうえで，少なくとも「学校」という場所から各家庭が孤立することがないように丁寧に対応していく必要があるだろう。

4　教職課程における学びと保護者対応

　大学の教職課程等においては，現状，保護者対応そのものを経験することは難しい。ただし，現代社会の抱える「児童虐待」や「貧困」問題について探究し，その現状や要因について理解を深めることは，それらの問題と深く関わる各家庭の状況の理解を進めるうえで必要なことである。保護者との信頼関係が重要なのはいうまでもないが，まずは知ることから，その信頼関係の構築は始まるといってよい。

　他方，ただ知ることにとどまっていては，対応の難しい場面が多いのも確かである。藤本（2012）は，保護者との信頼関係を築くための原則を10項目にわたり紹介しているが，そのなかで，親の視点について想像力を働かせることや，多様な価値観をもつ人々と出会い対話を重ねることの重要性を述べている（藤本，2012：33）。つまり，教員の視点ばかりではなく，「保護者にとって」という視点を想像してみること，そして自分の教育観・価値観がすべてではないことを理解し，他者の多様な価値観とその意味にふれることの重要性の指摘であろう。

　本章では詳細を論じきれないが，近年，教員は「**省察的実践者**」であることが求められている。教員が「省察的」であるためには，目の前の問題を我が事として捉え，他者の関心や問題意識を相互に「省察」し合うことが必要である。保護者対応においても，互いの観点や関心のあり方を「省察」し合い，そこに含まれる意味を理解することが重要である。藤本（2012）による「想像力」等に関する指摘には，この「省察」の必要性にも通じるものがある。多くの人々と出会い，多様な価値観にふれ，またその意味を「想像」し「省察」することは，教員・保育者を目指す者にこそ期待される学びであるといえるだろう。

学習課題　① 　教員と保護者の信頼関係を築くことが難しいといわれている理由を考えてみ
よう。
② 　「児童虐待」や「子どもの貧困」の解決のために，教員にできることは何だ
ろうか。話し合ってみよう。

引用・参考文献

堅田香緒里「『子どもの貧困』再考──『教育』を中心とする『子どもの貧困対策』のゆく
え」佐々木宏・鳥山まどか編著，松本伊智朗編集代表『教える・学ぶ──教育に何がで
きるか（シリーズ子どもの貧困 3 ）』明石書店，2019 年，35～57 頁。

学校等における児童虐待防止に向けた取組に関する調査研究会議「学校等における児童虐待
防止に向けた取組について（報告書）」2006 年。https://www.mext.go.jp/a_menu/
shotou/seitoshidou/06060513/__icsFiles/afieldfile/2016/04/08/1235293_001.pdf（2019 年
9 月 27 日閲覧）

加藤尚子『虐待から子どもを守る！──教師・保育者が必ず知っておきたいこと』小学館，
2017 年。

喜多明人「コラム　モンスターペアレント」汐見稔幸・伊東毅・髙田文子ほか編著『よくわ
かる教育原理』ミネルヴァ書房，2011 年，274～275 頁。

厚生労働省「2019 年　国民生活基礎調査の概況」より「Ⅰ　世帯数と世帯人員の状況」
2020 年 a。https://www.mhlw.go.jp/toukei/saikin/hw/k-tyosa/k-tyosa19/dl/02.pdf
（2021 年 4 月 19 日閲覧）

厚生労働省「2019 年　国民生活基礎調査の概況」より「Ⅱ　各種世帯の所得等の状況」
2020 年 b。https://www.mhlw.go.jp/toukei/saikin/hw/k-tyosa/k-tyosa19/dl/03.pdf
（2021 年 4 月 19 日閲覧）

厚生労働省「令和元年度　児童相談所での児童虐待相談対応件数」。https://www.mhlw.go.
jp/content/000696156.pdf（2021 年 4 月 19 日閲覧）

佐柳忠晴『児童虐待の防止を考える──子の最善の利益を求めて』三省堂，2017 年。

ショーン，D. A.『省察的実践者の教育──プロフェッショナル・スクールの実践と理論』
柳沢昌一・村田晶子監訳，鳳書房，2017 年。

多賀一郎『大学では教えてくれない　信頼される保護者対応』明治図書出版，2017 年。

藤本浩行『信頼を勝ち取る「保護者対応」（はじめての学級担任 2 ）』明治図書出版，2012
年。

松尾裕子「子どもの貧困と学校・教職員にできること」久保富三夫・砂田信夫編著，原清
治・春日井敏之・篠原正典ほか監修『教職論（新しい教職教育講座　教職教育編 2 ）』
ミネルヴァ書房，2018 年，145～160 頁。

盛満弥生「子どもの貧困と教師」佐々木宏・鳥山まどか編著・松本伊智朗編集代表『教え

　　る・学ぶ——教育に何ができるか（シリーズ子どもの貧困3）』明石書店，2019年，
　　199〜218頁。
山﨑由可里「児童虐待問題と学校・教職員の役割」久保富三夫・砂田信夫編著，原清治・春
　　日井敏之・篠原正典ほか監修『教職論（新しい教職教育講座　教職教育編2）』ミネル
　　ヴァ書房，2018年，80〜95頁。

第13章

いじめと不登校

　いじめや不登校問題に対して，これまで国を挙げて様々な対策が考えられてきた。しかし，子どもの数は減少しているにもかかわらず，その件数は増加する一方であり，深刻な社会問題となっている。いじめも不登校も，個人の背景と社会の背景が複雑に絡み合った問題であり，今や特定の児童生徒だけにではなく，誰にでも起こりうることである。学校だけでなく，社会全体でその予防と対応を考えていかなければならない。本章では，いじめや不登校の現状とそれに対する社会のまなざしの変化を知り，当事者やその家族の心理的な葛藤を理解するための土台をつくる。また，現代の子どもが置かれている状況を理解し，これからの学校のあり方を考えるとともに，どのような視点から児童生徒を教育・支援していけばよいのかを考えてみよう。

1　「いじめ」とは何か

（1）いじめの定義と実態

　いじめは，被害者の児童生徒を傷つけ，彼らの教育を受ける権利を侵害するのみならず，その後の心身の健康にも重大な影響を与えるものである。生命や身体を危険にさらす可能性もある許されない行為である。これまで，いじめの対策は主にクラス担任やその学校に委ねられてきたが，今や地域や国において取り組むべき最重要課題の1つであるといえる。大人の社会においてもハラスメントや暴力，差別など，様々な形でみられるいじめを子どもたちの間でなくしていくためには，いじめを許さないという意識や態度を，学校だけでなく社会全体，大人一人ひとりが持つことが大切である。では，そもそもいじめとはどのようなものを指すのだろうか。

2011年，滋賀県大津市の中学2年生の男子が深刻ないじめを受け，自殺する事件が発生した。この時の学校等の介入方法，その後の調査・対応をめぐり世論が高まり，2013年9月に「いじめ防止対策推進法」が施行された。日本において初めて法でいじめを定義し，禁止したのである。この法のなかで，いじめは「児童等に対して，（中略）当該児童等と一定の人的関係にある他の児童等が行う心理的又は物理的な影響を与える行為（インターネットを通じて行われるものも含む。）であって，当該行為の対象となった児童等が心身の苦痛を感じているもの」（第2条第1項）と定義された。つまり，加害者の意図や被害の大きさ，継続性など一切関係なく，一方が苦痛を感じているものはどのような行為であれいじめといえるのである。この法により，これまでいじめの共通認識が持ちにくく，悪ふざけやからかい，友人関係のトラブルとして見過ごされてきた行為についても，いじめとして把握し，解決に向けて対応することが求められるようになった。さらに，いじめに対する国・地方自治体・学校・教職員・保護者の責務や対処の方法などが具体的に規定され，いじめの防止や早期発見・解決を目指した取り組みが義務づけられるようになった。

　しかし，この法律が施行された後もいじめは増え続けている。文部科学省の「令和元年度　児童生徒の問題行動・不登校等生徒指導上の諸課題に関する調査」によると，2019年度の小・中・高等学校におけるいじめの認知件数は約61万2500件であり，警察に相談・通報したケースも1100件を超える（図13-1）。いじめの認知件数の増加は，人々のいじめに対する意識が高くなったことも影響するが，実際にいじめの発生件数が非常に多いことを忘れてはならない。2016年に国立教育政策研究所が発表した「いじめ追跡調査」では，およそ9割の児童生徒が小学4年生から中学3年生までの6年間にいじめ被害にあったことがあると報告されている。また，同じく9割の児童生徒が加害をしたことがあり，同じ人間関係のなかでいじめの対象がどんどん変わっていくことが報告されている。児童生徒の学校生活が時代とともに変化するのと同様，いじめの形態も変化している。近年は，ネットいじめをはじめ，仲のよい友人関係からいじめが始まるなど，教師からいじめがみえにくくなっており，誰もがいじめの加害者にも被害者にもなりうるというように，潜在化・複雑化しているのが特徴である。

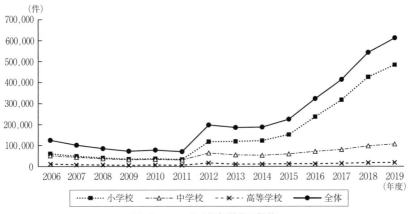

図 13-1　いじめ認知件数の推移

出所：文部科学省（2020：25）をもとに筆者作成。

（2）いじめのメカニズム

　いじめをしてもよいと考える人はまずいないだろう。では，なぜいじめは起きるのだろうか。ここではまず心理学的な観点からそのメカニズムを考えてみる。

　人は集団を作る。集団は動物が生きていくうえでも，社会生活を行ううえでもとても大事なことである。しかし，集団のなかでは，人には１人の時には生じなかったような心の動きや行動が生まれる。これを**グループダイナミックス**（**集団力動**）という。具体的にどんなことが生じるのだろうか。集団が発達すると，その集団のなかにはルール（**規範**）ができる。つまり，グループの考え方の基準や暗黙の了解，各メンバーの役割や立ち位置などが決まってくるのである。そして，メンバーはその基準に対して無批判に**同調**するようになる。時とともに集団のまとまり（**凝集性**）が強くなってくると，集団のメンバーにはできるだけそのグループにとどまろうとする心理が働き，その集団規範に従わなければならない，同調しなければならないという**集団圧力**が高まる。いじめはこの集団圧力を背景に，**スケープゴート**[1]をつくり出し，ほかのメンバーと一緒

---

(1)　集団に属する人が特定の人を攻撃し，その集団の不満をそらして集団の正当性を高めたり，結束を強めたりする現象を指す。

にいじめることで集団の凝集性を維持しようとする行為として捉えることもできる。

　また，集団は**傍観者効果**も引き起こしやすくなる。傍観者効果とは，他者を援助しなければならない状況が目の前にあっても，周囲に人がいると助けを提供しなくなっていく現象のことを指す。人は周りに他者がいることで，責任が分散されたような気になり，さらに，「周りの人が助けていないのは，その必要がないと状況判断したからだ」と認識する（多数の無知）。また，周囲と違う行動をすることで，自分の行動が否定的に評価されることをおそれ（評価懸念），援助行動に出ないのである。この**傍観者**や，はやしたてたり面白がってみている**観衆**がいることで，いじめる側は周囲に承認されているような気になり，いじめが激化，継続しやすくなる。傍観者や観衆はいじめに直接は加担していないようにみえるが，いじめを助長しているのである。

　特に思春期の児童生徒は，生理学的な変化や社会的要請の増加を背景に，心理的に不安定になりやすい。自我が目覚め，他者に敏感になり，大人からの自立を目指すとともに家族以外の仲間との精神的つながりを求める傾向がある。このような思春期特有の心理は，いじめを促進しやすいだけでなく，教師や周囲の大人からの助言や指導に対する反発を生みやすい。いじめの防止や適切な介入のためには，このような心理的なメカニズムを理解しておくことが重要である。

2　いじめの対応と予防

（1）いじめ対策のあり方

　いじめやそれに起因する重大事故は，クラス担任や学級経営に問題があるから生じるのだろうか。いじめを止めることができないのは担任の力不足なのだろうか。いじめ対応の責任を教員個人が負うような体制は，十分で適切な対応ができないばかりか，教員の多忙化やいじめを隠蔽しやすい体質を生む。また，いじめを学校のなかだけで解決しようとすることで，被害が大きくなったり，被害者やその家族の学校に対する信頼を失ってしまったりすることも少なくな

い。いじめは，ふざけあいを装った形態で行われることがあり，加害者がいじめでないと主張し，被害者も同意せざるをえないまま状況が悪化することなどもある。重大事故が生じた後や「いじめ」と確定した段階での対応では遅い。「いじめ」であってもなくても，相手を傷つける行為は許されることではない。慎重に対応することはもちろん必要であるが，いじめはどこでも誰にでも起こりうるという認識をもって，疑いが生じた時点で違和感を持った行為をすぐに止めさせ，指導をすることが大切である。

　いじめの防止と早期発見のために，学校は定期的な調査と相談体制の整備をしなければならない。実際に，いじめはその半数以上がアンケート調査などの学校の取り組みによって発見されている。また，いじめを発見した場合は，担任などの個人の教員が個別に対応するのではなく，組織としてほかの教職員やスクールカウンセラーなどの専門家と連携し，すみやかに保護者や教育委員会に報告することも必要である。特に，いじめは学校のなかだけで起こるものではない。被害者・加害者双方の保護者に事実関係を迅速に報告し，学外でのケアや見守りについての協力を得るとともに助言を行い，学校の対応に理解を求めることも重要である。さらに，「いじめ」のなかには，児童生徒の生命，身体または財産に重大な被害が生じるようなこともあり，犯罪行為として扱われるべきものもある。加害者への教育的な配慮や被害者の意向への配慮のうえで，出席停止などの懲戒措置を検討するとともに，早期に警察に相談・通報のうえ，警察と連携した対応をとるなど，毅然とした対応が求められる。

（2）被害者への対応

　精神科医の中井久夫は，いじめのプロセスを「孤立化」「無力化」「透明化」の段階で進んでいくと述べている（中井，2018）。まず，加害者はターゲットを根拠のない理由で「いじめられるだけの理由がある」と問題視する。すると周囲もそのターゲットから距離を置き始め，「孤立化」していく。徐々に被害者自身も「自分にも悪いところがあるかもしれない」と思うようになる。同時に，加害者は被害者が反撃すれば罰し，周囲に助けを求めればとがめ，繰り返し被害者が抵抗できないように「無力化」していく。そして，いじめがある状態が

当たり前になり，周りには気にもしない，確かにそこにあるのに周りからみえない「透明化」の段階に移行する。この段階では被害者は加害者との関係で頭がいっぱいになり，永遠に逃げ出せないみえない檻に入れられたかのような絶望感をもつという。こうして，いじめ被害者は自尊心を喪失し，加害者に隷属するようになる。

　このような心理過程をみてみると，周囲の「決して1人にしない」「あなたは価値のある人間だ」という声かけや態度が心理的な支援になるということがわかる。また，被害者がいじめられているという事実を認めない場合があるが，そうすることで自身の尊厳を守ったり，報復を防ごうとしているのかもしれない。被害者本人が否定したから，ふざけ合っているようにみえたから「いじめではない」と捉えずに，児童生徒の表情や様子をきめ細かく観察し，本人の主観的体験に寄り添いながら，客観的な状況確認や事実関係の聴取を行わなければならない。そのためには，まずいじめられている児童生徒が安心して話せるよう，安全を確保することが不可欠である。徹底して守り通すこと，秘密も守ることを約束し，できるかぎり不安を取り除くよう努めること。保健室やスクールカウンセラーなども利用して，心のケアを行うとともに，避難場所を確保しておくこともよいだろう。そして，教師として「どんな理由があってもいじめは断固として許さない」という積極的な姿勢をみせ，具体的な対策を提示することがきわめて重要である。

（3）加害者への対応

　成長途中の過ちは誰にでも生じるものである。遊びや悪ふざけの延長でいじめてしまうこと，悪気なく相手を傷つける言葉を投げてしまうことは，禁止して厳罰を与えたところでなくなるものではない。また，学校は児童生徒がお互いに接触や衝突を通して成長していく場でもあるだろう。学校が常に児童生徒を監視し，彼らの行動を管理しようとすることは適切ではない。しかし，喧嘩や悪ふざけあっても，相手を傷つける言動は教育的に指導する必要がある。

　観衆や傍観者を含めた，加害者側の児童生徒の心のなかには，不安や葛藤，劣等感，欲求不満などが潜んでいることが少なくない。自身のストレス，異質

な者への嫌悪感，ねたみや嫉妬感情などがいじめや他者への攻撃に向かわせることがある。また，ほかのメンバーとの結束を固めるためや，自分が被害者となることを避けるためにいじめることもあるだろう。被害者にも原因があるという認識をしてしまう者もいるかもしれない。いかなる理由があってもいじめは許さないという毅然とした態度は必要だが，未熟な子ども達が深く考えずにいじめてしまうことのないよう，頭ごなしに叱るのではなく，自らの行為の責任を自覚させることが重要である。いじめた児童生徒の心理を十分理解しつつ，彼らが社会規範を守り，互いを認め合える人間関係を構築できるように指導していくことが必要である。さらに，いじめは犯罪にあたる場合があることを十分に理解させなければならない。時には出席停止や警察との連携などによって，物理的に分離させることでいじめの解消を図ることもある。同時に，いじめている児童生徒が抱えている問題を解決できるように支援していく必要もある。その際，保護者と協力し，必要に応じて関係機関を紹介するなど，適切に対応していく。謝罪をもっていじめが解決したとみられる場合でも，教師の気づかないところでいじめが続いていることや再発することも少なくないため，継続して注意深く観察し，折にふれて必要な指導を行うことも忘れてはならない。

（4）クラスでの対応

　先述の大津の事件では，授業中に悪ふざけやいじめ行為が生じるほど学級が機能していなかったことが報告されている。周囲の児童生徒にとっても，自分が安心していられない学級のなかで，ほかの児童生徒のために立ち上がることは容易ではない。教員が日頃から児童生徒を見守り，信頼関係を構築しておくこと，指導が通る学級経営をしておくことが，いじめを生まない土壌をつくる。また，道徳教育，情操教育の重要性も指摘されており，相手の気持ちや立場が理解できること，相互に認め合うことのできるクラスの雰囲気を醸成しておくことも大切である。同時に，児童生徒が自分で考え，ルールを守り，自分の行動に対して責任を持てるような指導を日頃から行っていかなければならない。いじめを発見したら，当事者だけの問題ではなく，クラスの各児童生徒に自分の問題として捉えさせること，傍観者や聴衆がいじめにどのような影響を与え

るのか理解させることも必要である。また，その結果加害者が被害者に転じて
しまわないように配慮しなければならない。

3　不登校現象の変遷

（1）不登校の実態

　不登校とは，「何らかの心理的，情緒的，身体的，あるいは社会的要因・背
景により，児童生徒が登校しないあるいはしたくともできない状況にある者。
（ただし，『病気』や『経済的理由』による者を除く）。」（文部科学省，2020：68）とし
て文部科学省により定義されている。目安として，30日以上長期欠席してい
る児童生徒を指している。2019（令和元）年度の調査では，小・中学校におけ
る不登校児童生徒数は18万1272人に上り，全体の1.9％，つまり約50人に1
人が不登校状態に陥っているといえる（図13-2）。高等学校においても不登校
生徒数は5万100人，やはり全体の1.6％と非常に高い割合を示している。

　文部科学省が2006（平成18）年に不登校の中学生に行った実態調査では，学
校を休み始めたきっかけは図13-3のように「友人との関係」が52.9％，「生
活リズムの乱れ」34.2％，「勉強が分からない」31.2％，「先生との関係」
26.2％，「クラブや部活動の友人・先輩との関係」22.8％の順となっており，
学校での対人関係や学習に関する項目が高いことがわかる。「親との関係」
14.2％，「家族の不和」10.0％と家庭の問題も挙げられてはいるが，学校生活
をめぐる問題と比べると相対的に低くなっている。不登校の継続理由としても，
「無気力でなんとなく」「いやがらせやいじめをする生徒の存在や，人間関係の
ため」「勉強についていけなかったため」「学校へ行かないことをあまり悪く思
わなかったため」などが挙げられており（図13-4），不登校を防止するために
も，不登校状態を継続させないためにも，学校の担う役割がいかに大きいかが
わかる。児童生徒の対人関係，学習，意欲，幅広い側面でのサポートが学校側
に求められているのである。

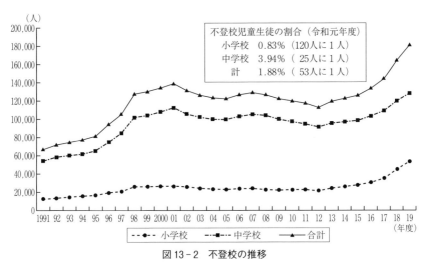

図 13-2　不登校の推移

出所：文部科学省（2020：71）をもとに筆者作成。

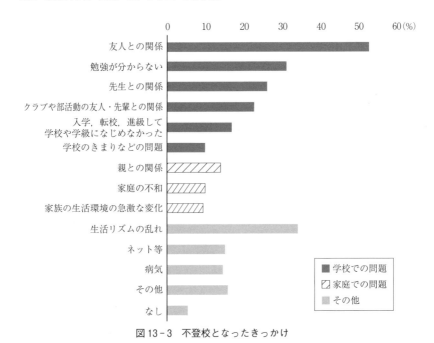

図 13-3　不登校となったきっかけ

出所：文部科学省（2014：8）をもとに筆者作成。

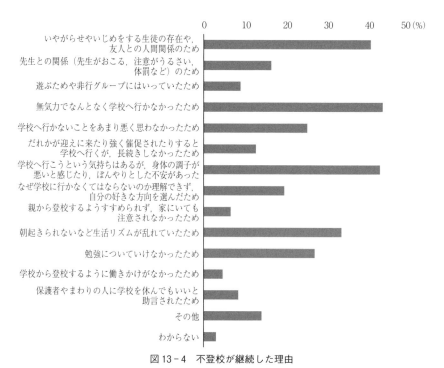

図13-4　不登校が継続した理由

出所：文部科学省（2014：12）をもとに筆者作成。

（2）不登校へのまなざしの変化

　不登校は1970年代後半から急激に増え始め，この頃から文部省（現文部科学省）がその原因や対応策を検討してきたが，現在まで不登校の数は増えることはあっても大きく減少することはなかった。かつて不登校は個人や家庭の問題に起因する不適切な行動として捉えられてきた。そして，不登校を「問題行動」として捉え，「なぜ学校に行けなくなったのか」と原因と責任を追究するあまり，「悪者探し」的な論調で当事者やその家族がさらに苦しめられることや，実際に「更生」という名のもとで子どもが追い詰められるような事件も生じた。そんななか，一口に「不登校」といってもそれぞれの子どもに様々な背景があり，必ずしも個人の資質の問題とはいえないことや，自分でも理由がわからないまま学校に行けずに辛い思いを抱えている子どもたちも少なくないこ

とが明らかになってきた。そこで，1990 年代からは，不登校は特定の子ども
に特有の問題があることによって起こることではなく「どの子にも起こりう
る」という視点に立ち，社会問題として捉え直すようになった。1990 年から
各市町村の教育委員会は適応指導教室（現在の**教育支援センター**）を設置し，不
登校の小・中学生を対象に，在籍校とは別の場所で学習指導や教育相談，集団
活動を提供しながら不登校児童生徒が学校に復帰できるようになることを目指
してきた。なお，適応指導教室に通った日数は在籍校の出席日数として扱われ
る。さらに，児童生徒や保護者の多様化する悩みを受け止め，学校におけるカ
ウンセリング機能の充実を図るため，1995 年には公立校へスクールカウンセ
ラー制度の導入が始まった。学校のなかにも心の専門家が入り，専門的な知
識・経験をもって不登校の背景や本人の状態をアセスメントしつつ，ほかの教
員と連携して支援にあたることとなった。以降，学校は不登校についての正し
い理解を深めるとともに，すべての児童生徒に対するきめ細かな指導・援助の
あり方や不登校の予防を考えていくことが求められてきたのである。

　このような学習サポートと心の居場所の提供，**別室登校**や教育支援センター
（適応指導教室）への通所を通じた学校復帰への段階的な取り組みは，一定の成
果が認められている。しかし，不登校増加の傾向に歯止めをかけるまでには
至っていない。そんななか，2016 年 12 月に不登校支援を明記した「**義務教育
の段階における普通教育に相当する教育の機会の確保等に関する法律**」（**教育
機会確保法**）が成立した。このなかで，「学校復帰のみ」にこだわらない新しい
不登校対応が必要であることが明示された。これに伴い，2017（平成 29）年告
示「小・中学校学習指導要領」「第 1 章　総則」「第 4　児童（生徒）の発達の
支援」の 2（3）において，初めて不登校への配慮について記載がなされ，登
校という結果のみを目標にすることなく「不登校児童（生徒）については（中
略）社会的自立を目指す観点から，個々の児童（生徒）の実態に応じた情報の
提供その他の必要な支援を行う」（括弧内は中学校）ことを目指している。

（3）不登校とその対応

　不登校の状態が継続し，教育・支援が十分に受けられない状態が続くことは，

教科学習や社会学習の時間が減り，生活リズムが乱れるリスクにつながることもある。また，対人関係のスキルや社会のルールを身につける機会が減少することは，児童生徒の進路や社会的自立のために望ましいことではないともいえる。学校に行けないこと自体が児童生徒の自己肯定感の低下を招く場合もある。学校にいない時間が長くなれば，学校への心理的なハードルも上がっていくこともあるため，不登校が長期化しないように別室登校や教育支援センターへの通所を続けることで，少しずつ段階を追って教室への復帰を目指す児童生徒もいる。しかし，実際に不登校の児童生徒のうち，学校復帰を果たすケースは3割ほどで，多いとはいえない。

　しかし一方で，いじめやストレスからの回復・休養期間として学校に行かないことが必要なケースもある。つまり，不登校は必ずしも不適応行動ではなく，不適切な環境に対応するための適応的な行動であることもある。不登校は学校での対人関係や学習のつまずきなどに対する心理的な反応であることも多いが，その陰に精神疾患や**発達障害**などが隠れていることも少なくない。また，**虐待や貧困**などで学校に行けない状況に陥っていることもある。個人の状況への配慮のない強引な登校の促しや画一的な働きかけにより，児童生徒やその保護者を追い詰めることもある。学校に再び通えるようになったとしても，学校でその児童生徒が苦しんでいないということにはならない。児童生徒の状態や特性，不登校となった要因・背景等を把握したうえで，時には見守り，時には働きかけながら，適時・適切に，かつ個々の状況に応じて対応することが肝要である。

　再登校できることで自信を取り戻し，様々な経験をし，豊かに学んでいく児童生徒もいるだろう。しかし，学校に行くことで，さらに不安と孤立感が大きくなる児童生徒がいることも忘れてはならない。そして，学校復帰が目指さなければならない目標であれば，復帰できなかった子ども達はさらに追い詰められることになる。学校に行かないことで学びの機会や未来への可能性を失ってしまわないよう，また，不登校になったことで落ち込み，自己肯定感の低下や無気力を招かないようサポートすることが必要だといえる。再登校ではなく，もっと先の将来の自立した社会生活に向けて何ができるかを考えなければならないのである。「教育機会確保法」はこのような考え方をふまえ，児童生徒が

自律的に生きる基礎を培い，豊かな人生を送ることができるよう，教育水準の維持向上を目指して成立した法である。全児童生徒が安心して教育を受けられるよう学校環境を整備すること，また，様々な事情を持つ児童生徒の学習活動を支援するとともに，フリースクール等の学校外での多様な学習活動の機会を提供することを目指している。そして，法のなかではこの理念の実現するにあたっての国の責務，地方公共団体の責務，財政上の措置等について規定している。

　現代社会においては学校に行く意味が揺らいでいるといえる。様々な職業やライフスタイルがあり，価値も多様化しており，それにより，学歴や学力の重要性はみえにくくなり，学校教育の先に豊かな暮らしがあるとはいえない。また，「生きる力」が学校だけで身につくのか，学校でなければ身につかないのか疑問を抱く者も少なくないだろう。周囲の大人は学校教育の意義やあり方を常に慎重に考えておかなければならない。

4　多様な学びと個人の成長を促すために

　これまでみてきたように，近年増加し続けるいじめや不登校の問題に取り組むためには，実際にそれらが生じた後に児童生徒を援助するだけでなく，予防的な観点からも学校のあり方を考えていく必要がある。そのためには，いじめや不登校が生じないような学校づくりを考えることが重要である。まず，「①学校のあり方を考えること」，つまり，特色のあるカリキュラムを考える，個性や能力に応じた指導方法や支援法を実践する，また，居場所として機能できるようなあたたかな雰囲気を醸成するなど，魅力ある学校づくりを進めていくことである。また，「②子どもの心理的キャパシティを広げること」，すなわち，児童生徒一人ひとりのソーシャルスキルやストレスマネジメントを身につけることを目指した教育も必要であろう。そして，「③子どもの支援体制を作ること」である。スクールカウンセラーやスクールソーシャルワーカーなどの専門スタッフ，外部専門機関とともに「チーム学校」として児童生徒を支えること，また，保護者・地域住民等と連携し，社会総がかりで児童生徒を見守り，児童

生徒が将来の社会的自立に向けて，主体的に生活をコントロールする力を身につけられるよう育んで行く姿勢を持たねばならない。

　子どもたちや学校を取り巻く環境は，近年大きく変化している。発達障害の増加，外国籍や帰国子女などのインターナショナルなバックグラウンドを持つ児童生徒の増加，子どもの貧困の増加など，様々な背景により学校生活や学習への参加に困難を抱えるケースがある。いじめ，不登校，校内暴力，非行などの増加を受け，子どものストレス低減と自律を目指して1998年に始まった「ゆとり教育」であるが，理念や目標は評価できるものの，そのねらいは十分に達成されなかった。その反省から，現在学力の向上を目指した教育施策も始まっている。一方で，そのような知識や技能の習得だけでなく，豊かな心や社会性なども含んだ「生きる力」を身につけることも重視されている。同時に，グローバル化，科学技術の進歩，社会の複雑化といった急速な変化に伴い，能力観も変化し多様化している。教育制度も時代に合わせて変化し，多様化していかなければならない側面もあるだろう。学校は常に社会的な背景を考えつつ，子ども一人ひとりが置かれている状況を様々な角度からアセスメントしながら対応することが望まれている。

学習課題　①　ある生徒が「部活中に『キモい』とコソコソいわれているのが聞こえた」と相談してきました。どうしますか？
　　　　　　②　先月から学校を休み続けている生徒に，担任が家庭訪問をしました。この行動の評価できる点と，改めるべき点はどこですか？

引用・参考文献

加藤美帆「フリースクールと公教育の葛藤とゆらぎ——教育機会確保法にみる再配分と承認」『教育学研究』85(2)，2018年，175〜185頁。

国立教育政策研究所「いじめ追跡調査　2013-2015——いじめQ&A」2016年。https://www.nier.go.jp/shido/centerhp/2806sien/tsuiseki2013-2015_3.pdf（2021年8月20日閲覧）

全国登校拒否・不登校問題研究会編，前島康男・馬場久志・山田哲也責任編集『登校拒否・不登校問題資料集』創風社，2016年。

滝川一広『学校へ行く意味・休む意味——不登校ってなんだろう？』日本図書センター，2012年。

中井久夫『いじめの政治学（中井久夫集6）』みすず書房，2018年。

文部科学省「いじめの防止等のための基本的な方針」2013年。https://www.mext.go.jp/component/a_menu/education/detail/__icsFiles/afieldfile/2019/06/26/1400030_007.pdf（2021年8月20日閲覧）

文部科学省「不登校に関する実態調査——平成18年度不登校生徒に関する追跡調査報告書（第Ⅰ部　調査の概要・第Ⅱ部　基礎集計編）」2014年。https://www.mext.go.jp/component/a_menu/education/detail/__icsFiles/afieldfile/2014/08/04/1349956_02.pdf（2021年8月20日閲覧）

文部科学省「令和元年度　児童生徒の問題行動・不登校等生徒指導上の諸課題に関する調査結果」2020年。https://www.mext.go.jp/content/20201015-mext_jidou02-100002753_01.pdf（2021年8月20日閲覧）

横井敏郎「教育機会確保法制定論議の構図——学校を越える困難」『教育学研究』85(2)，2018年，186～195頁。

吉田順『いじめ指導24の鉄則——うまくいかない指導には「わけ」がある』学事出版，2015年。

第14章

学校安全

　学校において児童生徒の心身の安全を確保することは，教育活動を展開していくために欠かすことのできない，大前提ともいえる条件である。そのため，危険・危機への対応方法の習得に直接的に関わる安全教育は学校安全を推進するうえで重要な役割を担っているといえるだろう。

　本章では，①学校安全において安全教育が果たす役割とその目標・内容について，②領域別（生活安全・交通安全・災害安全〔防災教育〕）安全教育の具体的教育内容について，③安全教育推進の際に必要となる学校内外での連携・協力体制の構築について，それぞれ学び，実践的かつ効果的な安全教育推進方法を考えていこう。

1　学校安全の概要と安全教育

（1）学校安全の現状

　日本の学校においては，23名の児童・教職員が死傷した大阪教育大学附属池田小学校事件（2001年6月8日）を契機として，「子どもの安全をいかにして確保していくのか」について様々な観点から議論がなされてきた。

　これらの議論を背景に，2009年に「学校保健法」が「学校保健安全法」と改題された。なお同法では第3章（第26条～第30条）において学校安全に関しての規定がなされている。また，学校の安全確保のための取り組みを総合的かつ効果的に推進することを目的として，同法第3条第2項の規定に基づき，2012年には「学校安全の推進に関する計画」（学校安全推進計画）が策定されている（第1次計画：2012～2016年，第2次計画：2017～2021年）。

　第1次計画においては東日本大震災（2011年3月11日）の教訓をふまえ，児

童生徒が主体的に行動する態度を育成することの重要性があらためて認識され，実践的な安全教育の推進が強調されている。一方，各学校における安全教育や安全管理，家庭・地域との連携（組織活動）の推進に関しては依然として地域間・学校間・教職員間でその取り組みに温度差が存在していることが指摘されており，そのため2021年現在推進中の第 2 次学校安全推進計画においては，すべての学校において質の高い学校安全の取り組みを推進することが求められることとなった（文部科学省，2017：1）。

　なお，第 2 次計画ではその目的として，①すべての児童生徒に安全に関する資質目的・能力を身につけさせること，②学校管理下の児童生徒等の死亡事故発生件数をかぎりなくゼロに近づけ，障害や重度の負傷を伴う事故の発生率を減少させること，を掲げている（文部科学省，2017：6）。

（2）学校安全の領域

　学校安全は**生活安全・交通安全・災害安全（防災教育）**の 3 つの領域に分類される。生活安全では学校・家庭などで日常的に発生する事件・事故（犯罪被害防止を含む）について，交通安全では交通場面に存在する危険の理解やその防止（安全確保）について，災害安全（防災教育）では地震や台風といった自然災害や火災・原子力災害等について，それぞれ取り扱うことになっている。

　また図14 - 1 が示すように，学校安全は安全能力の育成を目的とした安全教育と安全な環境づくりを目的とした安全管理，そしてそれらを効果的なものにするために行う組織活動に分類される。特に安全教育と安全管理は学校安全推進の両輪となるものであり，主として前者は教育課程全体を通して実施され，後者は学校・教職員等が主体となり実施されるものである。

（3）教育課程における安全教育

　2017（平成29）年・2018（平成30）年告示「学習指導要領」においては教育活動のなかで育成すべき資質・能力が明確化され，①「知識・技能」の習得，②「思考力・判断力・表現力等」の育成，③「学びに向かう力・人間性等」の涵養，の 3 点に整理された。そのため，安全教育においてもこれらに基づいた

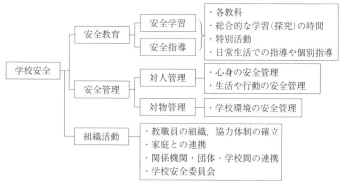

図14-1　学校安全体系図

出所：文部科学省（2019：12）をもとに筆者作成。

資質・能力の育成を目的とした教育活動の実践が求められる。

　ここで安全教育の目的を確認すると，「安全確保のために必要な事項を実践的に理解し，自他の生命尊重を基盤として，生涯を通じて安全な生活を送る基礎を培うとともに，進んで安全で安心な社会づくりに参加し貢献できるような資質・能力」（文部科学省，2019：11）を育成するとされている。そして，そこで育成される資質・能力については以下のようにまとめられている（文部科学省，2019：27）。

　　○様々な自然災害や事件・事故等の危険性，安全で安心な社会づくりの意
　　　義を理解し，安全な生活を実現するために必要な知識や技能を身に付け
　　　ていること。（知識・技能）
　　○自らの安全の状況を適切に評価するとともに，必要な情報を収集し，安
　　　全な生活を実現するために何が必要かを考え，適切に意思決定し，行動
　　　するために必要な力を身に付けていること。（思考力・判断力・表現力等）
　　○安全に関する様々な課題に関心をもち，主体的に自他の安全な生活を実
　　　現しようとしたり，安全で安心な社会づくりに貢献しようとしたりする
　　　態度を身に付けていること。（学びに向かう力・人間性等）

表 14 - 1　領域別安全教育の目標と内容

	目標	内容
生活安全	日常生活で起こる事件・事故の内容や発生原因，結果と安全確保の方法について理解し，安全に行動ができるようにする	①学校，家庭，地域等日常生活の様々な場面における危険の理解と安全な行動の仕方 ②通学路の危険と安全な登下校の仕方 ③事故発生時の通報と心肺蘇生法などの応急手当 ④誘拐や傷害などの犯罪に対する適切な行動の仕方など，学校や地域社会での犯罪被害の防止 ⑤スマートフォンや SNS の普及に伴うインターネットの利用による犯罪被害の防止と適切な利用の仕方 ⑥消防署や警察署など関係機関の働き
交通安全	様々な交通場面における危険について理解し，安全な歩行，自転車・二輪車（自動二輪車及び原動機付自転車）等の利用ができるようにする	①道路の歩行や道路横断時の危険の理解と安全な行動の仕方 ②踏切での危険の理解と安全な行動の仕方 ③交通機関利用時の安全な行動 ④自転車の点検・整備と正しい乗り方 ⑤二輪車の特性の理解と安全な利用 ⑥自動車の特性の理解と自動車乗車時の安全な行動の仕方 ⑦交通法規の正しい理解と遵守 ⑧自転車利用時も含めた運転者の義務と責任についての理解 ⑨幼児，高齢者，障害のある人，傷病者等の交通安全に対する理解と配慮 ⑩安全な交通社会づくりの重要性の理解と積極的な参加・協力 ⑪車の自動運転化に伴う課題（運転者の責任），運転中のスマートフォン使用の危険等の理解と安全な行動の仕方 ⑫消防署や警察署など関係機関の働き
災害安全	様々な災害発生時における危険について理解し，正しい備えと適切な判断ができ，行動がとれるようにする	①火災発生時における危険の理解と安全な行動の仕方 ②地震・津波発生時における危険の理解と安全な行動の仕方 ③火山活動による災害発生時の危険の理解と安全な行動の仕方 ④風水（雪）害，落雷等の気象災害及び土砂災害発生時における危険の理解と安全な行動の仕方 ⑤放射線の理解と原子力災害発生時の安全な行動の仕方 ⑥避難場所の役割についての理解 ⑦災害に関する情報の活用や災害に対する備えについての理解 ⑧地域の防災活動の理解と積極的な参加・協力 ⑨災害時における心のケア ⑩災害弱者や海外からの来訪者に対する配慮 ⑪防災情報の発信や避難体制の確保など，行政の働き ⑫消防署など関係機関の働き

出所：文部科学省（2019：30〜31）をもとに筆者作成。

表14-2　小学校における教科での安全教育の実践内容（抜粋）

○教科活動

	学年	内容
体育	第5学年	けがの防止
社会	第3学年	地域の安全を守る働き
	第4学年	自然災害から人々を守る活動
	第5学年	我が国の国土の自然環境と国民生活との関連
	第6学年	国や地方公共団体の政治
理科	第4学年	雨水の行方と地面の様子
	第5学年	流れる水の働きと土地の変化 天気の変化
	第6学年	土地のつくりと変化

○特別活動

	内容
学級活動	心身ともに健康で安全な生活態度の形成
学校行事 （健康安全・体育的行事）	事件や事故，災害等から身を守る安全な行動や規律ある集団行動の体得

出所：文部科学省（2019：31〜32）をもとに筆者作成。

　表14-1が示しているように，安全教育で実施する内容は多岐にわたっている。これらを不足なく児童生徒に習得させるためには，後述することになるが，教科横断的な視点を持ち，教育内容の重複回避・つながりを意識しつつ，教育課程を編成していく必要がある。

　先に提示した図14-1が示すように，安全教育は教科活動を中心として安全に関する基礎的・基本的事項を系統的に理解することを目的とした**安全学習**と，特別活動（学級活動・学校行事等）や日常の学校生活（「朝（帰り）の会，ショートホームルーム」「休み時間」を通じての注意喚起等）において児童生徒の身の回りで生じる問題を中心として実践的な能力・態度，望ましい習慣を形成することを目的とした**安全指導**に分類される。

　なお，教科活動・特別活動における安全教育の実践について，ここでは小学校での実践内容（表14-2）を取り上げているが，詳細な内容については『小・

中学校学習指導要領（平成29年度告示）解説　総則編』にそれぞれ付録として
掲載されているので参考にしてほしい。

2　安全教育の内容

（1）生活安全①——学校管理下での安全確保

　表14-3は小・中・高等学校における学校管理下での負傷・疾病について，
主な発生場面・発生場所および運動指導内容を示したものである。当然ながら，
身体的活動が伴う場合に負傷・疾病は多く発生している。

　なお，ここでいう「学校管理下」とは独立行政法人日本スポーツ振興セン
ターの災害共済制度の給付対象範囲を指す。また負傷・疾病の比率はどの校種
でもおおよそ9対1となっている（日本スポーツ振興センター，2019：143）。

　では，負傷・疾病の具体的な発生状況についてみていこう。まず発生場面に
ついて，小学校では休憩時間，中・高等学校では課外活動（ほぼ体育的部活動）
において事故が発生することが多く，発生場所は運動場等に集中している。特
に小学校においては心身の発達が未熟であるため，児童は自身の身体能力への
過信や注意力・想像力が不足した行動をとりやすい。そのため，たとえば学級
活動等において学級の「決まりごと」を話し合わせ制定する等，児童が積極的
かつ主体的に学校生活での安全を確保できる取り組みを実践していく必要があ
る。

　そして運動指導内容について，小学校においては跳箱・バスケットボール，
中・高等学校では球技での事故（バスケットボールが最多）が多い。球技の場合，
対人接触を伴うことが多く，また過熱化しやすい。そのため，機材・道具の状
態確認および適切な使用方法についての指導，児童生徒の心身状態の把握，事
故が発生しやすい状況や対処方法の確認等とともに，勝敗に基づかない目標を
児童生徒に提示する必要があるだろう。

（2）生活安全②——ネットリテラシーの育成

　2017年時点で児童生徒のスマートフォンの所有・利用率は小学生29.9%,

表14-3　小・中・高等学校における主な負傷・疾病の発生状況

		小学校	中学校	高等学校 (高等専門学校を含む)
発生場面	休憩時間		課外活動(体育的部活動)	課外活動(体育的部活動)
発生場所	運動場・校庭		体育館・屋内運動場 運動場・校庭	体育館・屋内運動場 運動場・校庭
運動指導内容 (実施種目)	跳箱・バスケットボール		球技	球技

出所：日本スポーツ振興センター（2019：138〜139）をもとに筆者作成。

中学生58.1％，高校生95.9％となっている（内閣府，2021：102）。また，SNS（Social Networking Service；Facebook，Twitter，LINE 等）の利用率は2019年時点で 6 〜12歳20.1％，13〜19歳72.6％（総務省，2020：32）となっており，中高生段階においては大半が SNS を利用していることになる。

　SNS は単にコミュニケーションをとるだけではなく，災害時の情報収集・発信にも活用できるものであり，適切に利用すれば非常に有益なサービスであるといえる。その一方，SNS の特徴の 1 つである匿名性が悪用され，犯罪に利用されることが社会問題となっている。図14-2 が示すように，SNS を利用した犯罪被害（性犯罪，個人特定による恐喝・脅迫・付きまとい等）にあう児童生徒は後を絶たない。また，ネットいじめに代表されるように，児童生徒が被害者になるだけではなく，加害者になる場合もある。

　そのため，情報機器・情報入手手段等について適切な利用方法を学び，情報モラルを中心とした情報活用能力を育成することは，安全教育においてより求められることになる。なお，情報モラルの学習内容として，『小学校学習指導要領（平成29年告示）解説　総則編』では以下の観点を提示している（文部科学省，2018：86）。

- 情報発信による他人や社会への影響について考えさせる学習活動
- ネットワーク上のルールやマナーを守ることの意味について考えさせる学習活動
- 情報には自他の権利があることを考えさせる学習活動
- 情報には誤ったものや危険なものがあることを考えさせる学習活動

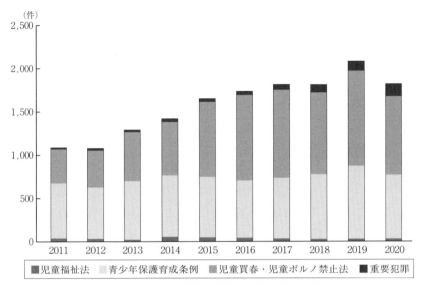

（件）

図 14-2　SNS に起因する事犯の被害児童数の推移
注：重要犯罪とは殺人・強盗・放火・強制性交等・略取誘拐・強制わいせつを指す。
出所：警察庁生活安全局少年課（2021：20）をもとに筆者作成。

・健康を害するような行動について考えさせる学習活動

これらの内容は教育活動全般を通して実施していく必要があるが，それらとともに保護者等家庭の協力・連携が不可欠である。しかし，たとえばインターネットの利用について家庭でルール（使用時間・場所・連絡相手の制限等）を設けることは，児童生徒の年齢が上昇するにつれ少なくなる傾向があり（内閣府，2021：105），また上述の「インターネットの危険性」について保護者から啓発や学習の機会を提供された児童生徒は35.4％（学校において説明を受けたり学んだりした児童生徒は95.2％）でしかない（内閣府，2021：113）。

このように，情報モラルの育成については学校への依存度が高いことが現状となっている。この状況を改善していくためには，児童生徒とともに保護者等を対象とした情報モラル育成の機会を学校が提供していくことが必要となるだろう。

（3）交通安全——自転車事故

表14‐4は交通事故における児童生徒の死傷者数（2013～2017年度の5年間の合計）を示したものである。ここからは児童生徒があう交通事故の傾向として、まず小学校（特に低学年）段階においては歩行中の事故が多いことがわかる。これは道路への飛び出しや無理な横断等が原因として挙げられる。そして中・高等学校段階以降は自転車による事故が大半を占めることになる。これは交通ルールを無視した運転（車道の逆走、2人乗り、「ながら運転」等）が原因として挙げられる。特に小学校6年生（5981人〔内死者3人〕）から中学校1年生（1万1587人〔同5人〕）にかけては死傷者数がほぼ倍増している。さらに高等学校段階になると死傷者数は増加し、特に高校1年生においては最多（2万8948人〔同26人〕）となっている。また、高等学校段階になると自動二輪車免許の取得が可能になる年齢に達することから、それに関連する事故がみられるようになる。この場合、ほかの事故と比べ死亡する件数が突出して多い。

交通安全教育は当然ながら事故に遭わない／起こさないことが最大の目的となる。そのため教育内容としては、交通ルールの遵守、交通マナー（思いやり）の育成、通学路等、児童生徒の生活範囲に潜む危険についての把握や回避方法・応急処置法の体得等がまず挙げられる。また万が一の事故に備え、自転車であってもヘルメットの着用を推奨することや、各種保険等（特に損害賠償保険）への加入の必要性を周知することも教育内容として挙げられるだろう。

これら交通安全教育を実践する代表的な場面としては、主に学校行事として開催される「交通安全教室」や、小学校入学当初に行われる教職員の引率を伴う集団下校での交通安全指導等がある。これらの活動は体験を伴うため、児童生徒の安全意識向上に対して有意義なものである。しかし、同一年度に何度も実施する性質のものではないため、一過的な学びになるおそれがあることは否定できない。

そのため、ここでの学びを日々の教育活動と関連づけ、日々の教育活動のなかで継続的・横断的に交通安全教育に取り組んでいく必要がある。具体的事例としては、「交通安全教室」等での学びをもとに「自分がよく通る道路で信号機が設置されていない場所を地図に記入する」「時速〇キロメートルで走行中

表 14 - 4　児童生徒状態別死傷者数(人)(2013～2017 年度合計)

		歩行中	自転車乗用中	自動車乗車中	二輪車乗車中	その他	合計
小学	1 年生	7,461(32)	3,291(7)	6,736(9)	16(0)	34(0)	17,538(48)
	2 年生	6,565(22)	4,449(8)	6,791(7)	25(0)	41(0)	17,871(37)
	3 年生	5,060(13)	5,879(15)	6,772(3)	33(1)	49(0)	17,793(32)
	4 年生	3,452(8)	6,353(9)	6,458(9)	27(0)	35(0)	16,325(26)
	5 年生	2,641(5)	6,111(6)	6,301(4)	29(0)	31(0)	15,113(15)
	6 年生	2,085(4)	5,981(3)	6,250(3)	41(0)	43(0)	14,400(10)
中学	1 年生	2,462(8)	11,587(5)	5,602(5)	53(0)	36(0)	19,740(18)
	2 年生	1,987(3)	10,419(10)	5,515(5)	96(1)	31(0)	18,048(19)
	3 年生	1,582(6)	9,322(5)	5,222(7)	169(7)	31(0)	16,326(25)
高校	1 年生	1,900(7)	28,948(26)	5,813(5)	2,062(27)	56(1)	38,779(66)
	2 年生	1,768(4)	22,801(16)	5,525(10)	5,870(44)	34(0)	35,998(74)
	3 年生	1,553(9)	17,456(16)	6,741(27)	5,838(44)	31(0)	31,619(96)

注：括弧内は死傷者数に占める死者数を表す。
出所：内閣府(2018：83～84)をもとに筆者作成。

の自動車がブレーキをかけて完全停止するまでに要する時間を計算する」「交通事故を起こした者に課される責任と補償とは何か調べる」等を各教科等で学習することを挙げられるだろう。

(4) 災害安全(防災教育)——危険予測・危険回避能力の育成

　日本は災害(特に自然災害)の多い国である。地震や台風をはじめ局所的大雨等，様々な災害によって毎年のように多くの人命・財産が失われている。災害は一度発生すると生命はもちろん，経済社会にも甚大な被害を与えてしまう。そのため，防災教育に課される社会的役割は大きいといえるだろう。

　自然災害は自然現象に起因するものであるため，完全に回避することは難しく，被害を最小限にするために方策を講じていくことが対策の基本となる。なお，対策の具体例としては，治水(山)・建築基準の厳格化等，構造物や社会インフラの強度を高めることで被害を減少させること，そして人々の防災意識を高め，地域・関係機関と連携し被害を減少させること，の 2 つを挙げること

ができる。なお，これらは学校安全に即して考えると，前者は安全管理，後者は安全教育で実施していくものであるといえるだろう。

　これらはどちらも欠かすことができない対策であるが，近年では構造物・社会インフラ強化による災害対策には限界があることが指摘されている。たとえば，東日本大震災においては多くの児童生徒が死亡・行方不明となったが，それは地震の揺れによる校舎等の倒壊を原因としたものではなく，その後発生した津波によるものであった（東日本大震災を受けた防災教育・防災管理等に関する有識者会議，2012：2〜3）。また大雨等による家屋浸水に関して，事前にその危険性を様々な媒体を通じて喚起していたとしても，避難の判断が遅れ，結果として犠牲が生じる等の事例が後を絶たない現状もある。これらの事例は災害に強いインフラを整備しても，それとともに人間の災害に対する適切な認識・行動をとるといった危険予測・回避能力を伴っていなければ，被害を減少させることは困難であることを示唆しているだろう。

　では，それらの能力を教育活動のなかでいかにして育成していくのかをみていこう。まず危険予測能力の育成について，これは災害が起きる過程およびそれが人や社会に与える影響を理解することが育成の第一歩となる。たとえば2017（平成29）年告示「小学校学習指導要領」「第2章　各教科」「第4節　理科」「第2　各学年の目標及び内容」では，小学校理科第5学年で履修する「流れる水の働きと土地の変化」について，「雨の降り方によって，流れる水の速さや量は変わり，増水により土地の様子が大きく変化する場合があること」が学習内容として提示されている。ここからは「大雨が降ると河川が増水し，普段は安全な場所にまで危険が及ぶ」ということを学ぶことができるだろう。また同様に社会科第4学年で履修する「自然災害から人々を守る活動」では「地域の関係機関や人々は，自然災害に対し，様々な協力をして対処してきたことや，今後想定される災害に対し，様々な備えをしていることを理解すること」（2017〔平成29〕年告示「小学校学習指導要領」「第2章　各教科」「第2節　社会」「第2　各学年の目標及び内容」）等が学習内容として提示されており，ここからは地域で発生しやすい災害やその事前事後の対処方法を学ぶことができるだろう。

　次に危険回避能力の育成について，実践例としては当然ながら避難訓練が挙げられる。避難訓練では災害発生直後の避難方法・避難経路の確認・集団行動による協調性の育成等，様々な災害への対応方法を習得することが期待できる反面，「交通安全教室」と同様に一過的な学びになるおそれがある。そのため，ほかの教育活動との連携が不可欠となるだろう。

　なお，災害のなかには事前にある程度予測できるもの（台風・大雨〔雪〕等）と突発的で予測が困難なもの（地震・火災等）がある。学校での避難訓練は主として後者を念頭に置いているため，前者の危険回避能力をどのように育成していくのかについては大きな課題となる。もちろん，上記で示した危険予測能力や関係機関から提供される情報（気象予報・避難勧告等）をもとに適切に回避行動を実行していくことが求められるが，この際に留意すべき点として，「正常性バイアス」（「大したことない，まだ大丈夫」と考えてしまうこと）や「狼少年効果」（「以前も危険といっていたけど問題なかったから今回も大丈夫」と考えてしまうこと）等の影響で危険を過小評価してしまい，回避行動が遅れてしまうことが挙げられる。そのため，「人間には危険に関する情報を適切に受け止めず，過小評価する傾向がある」ということを念頭に置いて教育活動を展開していく必要があるだろう。

3　安全教育推進にむけて

（1）組織活動

　児童生徒は学校だけではなく，様々な場所と接点を有しており，そこには安全を脅かす危険が多く潜んでいる。そのため，学校内の教育的資源のみで安全教育を実施するだけでは児童生徒の安全を確保することは困難であり，家庭・地域社会・各関係機関（教育委員会・警察署・消防署等）との連携を図っていく必要がある。ではその連携例をみていこう。

　まず学校内での連携例としては，教員間での学習内容の共有・調整による学習内容の重複回避が挙げられる。もちろん，学習内容の重複が必ずしも学習効果の低下を意味するものではないが，可能なかぎり多くの内容を効率的に学ぶ

ためには，学年や教科担当者間で事前に学習内容を協議し，分担を図る必要が
あるだろう。

そして学校外との連携例としては，地域住民による「見守り活動」や「子ど
も110番の家活動」が挙げられる。なお，これらの活動は地域住民の学校への
理解・協力があって初めて成り立つものであるため，日常的な地域との交流が
必要となる。さらに，不審者対応・交通指導・消火訓練・避難訓練・AED
（Automated External Defibrillator；自動体外式除細動器）講習会等は，その専門性
の高さから警察署や消防署との連携が必須となるだろう。

このように，効果的な安全教育（そして学校安全）の実施は決して学校内の資
源のみで実現できるものではない。それは様々な人々・機関・団体と連携し，
組織的な活動を行うことによって，初めて実現が可能になるということを忘れ
てはならない。

（2）カリキュラム・マネジメント

1998（平成10）年告示「学習指導要領」以降，各学校においては「創意工
夫」をもとに「特色ある教育活動」を展開することが求められ，2017（平成
29）年・2018（平成30）年告示「学習指導要領」においてはカリキュラム・マ
ネジメント的視点による教育課程編成が強調されていくことになった。カリ
キュラム・マネジメントとは「各学校が教育目標のよりよい達成のために，カ
リキュラムを創り，動かし，よりよいものへと変えていく営み」（田村，2019：
42）であり，カリキュラム（教育課程）を適宜見直し，学校内外の資源を活用
しながら編成・再編成していくことを指している。なお2017（平成29）年告示
「小学校学習指導要領」の「第1章　総則」「第1　小学校教育の基本と教育課
程の役割」の4においてカリキュラム・マネジメントは以下のように示されて
いる。

　　　各学校においては，児童や学校，地域の実態を適切に把握し，教育の目
　　的や目標の実現に必要な教育の内容等を教科等横断的な視点で組み立てて
　　いくこと，教育課程の実施状況を評価してその改善を図っていくこと，教

育課程の実施に必要な人的又は物的な体制を確保するとともにその改善を図っていくことなどを通して，教育課程に基づき組織的かつ計画的に各学校の教育活動の質の向上を図っていくこと（以下「カリキュラム・マネジメント」という。）に努めるものとする。

　以上のことから，安全教育におけるカリキュラム・マネジメントとは，①学年・教科間で安全教育に関する教育内容を共有・調整し学習計画を立てる，②実施された（されている）教育活動を評価し必要があれば改善していく，③これらの活動を実施する際に必要となる教育的資源を把握し，学内外を問わず連携・協力を求めていく，ことであるといえるだろう。

　安全教育は教育課程に基づき実施していくものであることを考えると，「安全教育で何を学び，何を児童生徒に身に付けさせたいか」を明らかにしつつ，上記で示したカリキュラム・マネジメント的視点を取り入れ，教育活動を展開していく必要がある。

学習課題　①　自身が担当する（志望する）教科等のなかで，安全教育に関わる教育内容を抜き出し，どのような教育活動を展開できるのか考えてみよう。
　　　　　②　学校内外にどのような安全教育に関する資源（関係機関等）があるのかを調べ，それらとの連携方法を考えてみよう。

引用・参考文献

警察庁生活安全局少年課「令和 2 年における少年非行，児童虐待及び子供の性被害の状況」2021 年。https://www.npa.go.jp/publications/statistics/safetylife/R2.pdf（2021 年 4 月 5 日閲覧）

総務省「令和元年通信利用動向調査報告書（世帯編）」2020 年。https://www.soumu.go.jp/johotsusintokei/statistics/pdf/HR201900_001.pdf（2021 年 3 月 31 日閲覧）

田村知子「教育課程行政からカリキュラム・マネジメントへ」金馬国晴編著『カリキュラム・マネジメントと教育課程（未来の教育を創る教職教養指針 6）』学文社，2019 年，42〜58 頁。

内閣府「平成 30 年版交通安全白書」2018 年。https://www8.cao.go.jp/koutu/taisaku/h30kou_haku/index_zenbun_pdf.html（2021 年 6 月 21 日閲覧）

内閣府「令和2年度　青少年のインターネット利用環境実態調査」2021年。https://www8.
　　cao.go.jp/youth/youth-harm/chousa/r02/net-jittai/pdf-index.html（2021年6月21日
　　閲覧）

日本スポーツ振興センター「学校管理下の災害　令和元年版」2019年。https://www.
　　jpnsport.go.jp/anzen/kankobutuichiran/tabid/1928/Default.aspx（2021年6月21日閲
　　覧）

東日本大震災を受けた防災教育・防災管理等に関する有識者会議「『東日本大震災を受けた
　　防災教育・防災管理等に関する有識者会議』最終報告」2012年。https://www.mext.go.
　　jp/b_menu/shingi/chousa/sports/012/toushin/__icsFiles/afieldfile/2012/07/31/1324017_
　　01.pdf（2021年6月21日閲覧）

文部科学省「学校安全資料『生きる力』をはぐくむ学校での安全教育」2019年。https://
　　www.mext.go.jp/component/a_menu/education/detail/__icsFiles/afieldfile/2019/04/03
　　/1289314_02.pdf（2021年6月21日閲覧）

文部科学省『小学校学習指導要領（平成29告示）解説　総則編』東洋館出版社，2018年。

文部科学省「第2次学校安全の推進に関する計画【概要】」2017年。https://www.mext.go.
　　jp/a_menu/kenko/anzen/__icsFiles/afieldfile/2017/06/13/1383652_04.pdf（2021年6月
　　21日閲覧）

第15章

教職の今後にむけて

　本章では締めくくりとして，これから教職に就こうとする人たち，あるいは教職に就こうかどうか迷っている人たちにむけて，あらためてこの仕事に何が求められているのか，この仕事をめぐって何が問題になっているのか，その現状と課題，および課題解決への手がかりについて学んでいく。また人工知能（AI）などが進展するSociety 5.0時代や，新学習指導要領にどのようにむき合うかについても考えてみよう。

1　教職への期待とカリキュラム改革

（1）増え続ける職務内容

　教職とはどのような仕事か。最も簡明にいうならば，それは「教育をする」仕事にほかならない。法規上でそれは「教育をつかさどる」（学校教育法第37条第11項・第49条・第62条・第70条）と表現されている。その中身は実に多岐にわたる。教員は授業だけをしているわけではない。学校生活のあらゆる場面が教員の仕事内容と直結する。したがって授業はもちろんのこと，子どもたちに直接関わる場面のすべてが教員の仕事内容となる。たとえば，子どもたちの休み時間，給食，清掃，クラブや課外活動，登下校，運動会や遠足などの諸行事などすべてが該当する。そうした諸活動を円滑に進めるには，子どもたち一人ひとりを理解し，学級経営にも勢力を注ぐ必要がある。

　しかし，教員の仕事は子どもたちとの直接的な関わりにとどまらない。出席や成績の管理，通知表の作成，学級通信，学年集金などの事務作業，学校運営上の役割分担（校務分掌），同僚・上司，保護者や地域との関わりも仕事内容に

入ってくる。さらにはキャリア教育，インクルーシブ教育，ICT の活用等々にも目をむけなければならない。学校現場に求められる課題は，今日ますます増え続けている。仕事内容は実に多様であり，複合的である。かなり高度な力量が求められる仕事である。そしてこの仕事で欠かせない要素は，子どもたちや保護者，教員同士，地域の方々などとの間に求められる「生きた人間同士の関わり」である。どれだけ有能な人物でも，もし他人との関わりが苦手であるならば，教員という仕事は苦しいものになるだろう。

（2）求められる資質能力の向上

　このように多様で複合的な教職への期待は大きい。我が国では，「教育は人なり」の考えのもと，学校教育の成否や水準の向上を**教員の資質能力**に委ねてきた。教育がうまくいくかどうか，またその水準を高めるかどうかも，教員にかかっているというわけである。第 2 次世界大戦後，新体制で展開してきた教職界の動向を追ってみれば，たとえば「教員養成制度の改善方策について」（中央教育審議会答申，1958 年）から，「新しい時代の教育に向けた持続可能な学校指導・運営体制の構築のための学校における働き方改革に関する総合的な方策について」（中央教育審議会答申，2019 年）まで，繰り返し教員の資質能力に関わる方策が立てられてきたのである。

　しかし，教員の資質能力の問題を単にそれぞれの教員や，教員を目指す人たちの自己責任だとして片づけるわけにいかない。前述したように，教員に求められる新たな諸課題も増え続けている。そうしたなかで教員の資質能力の向上を担保するためには，養成・採用・研修の各段階をより充実させていくことが求められる。そこで教員を養成する役割を担う大学の教職課程においては，近年大きな改革が実施された。「**教職課程コアカリキュラム**」の登場である。

（3）教職課程コアカリキュラムの登場

　「教職課程コアカリキュラム」は教職課程コアカリキュラムの在り方に関する検討会（以下，検討会）によって 2017 年 11 月に発表され，現在教職課程を持つ全国の大学等で実施されることになったカリキュラムである。検討会はこの

ようなカリキュラム作成が必要な理由を次のように説明している（教職課程コアカリキュラムの在り方に関する検討会, 2017： 1 ）。

　　　国民は, 公教育の担い手である教員に対して, その職への適性と高い資質能力を期待している。それに応えるためには, 教員の養成・採用・研修の各段階を通じた不断の改善努力が求められるが, その中でも教員資格の付与に当たる教職課程の在り方は, 最も重要視されなければならない。

　つまり, 教員の適性や高い資質能力の鍵を握っているのが教職課程のあり方であるというわけである。戦後日本の教職課程は, 「大学での養成」と「開放制」の原則に基づく。それによって各大学等の特色や「学芸の成果」が教職課程にも反映されやすかった。しかしその一方で, 「例えば初任者が実践的指導力や学校現場が抱える課題への対応力を十分に身に付けていない等の批判を受けてきた」（教職課程コアカリキュラムの在り方に関する検討会, 2017： 1 ）という。これまでの教職課程は現場で求められる資質能力を十分に養成できていないとの批判である。こうした批判に応えるため, 検討会は教職課程コアカリキュラム作成の目的を次のように明記している（教職課程コアカリキュラムの在り方に関する検討会, 2017： 2 ）。

　　　教職課程コアカリキュラムは, 教育職員免許法及び同施行規則に基づき全国すべての大学の教職課程で共通的に修得すべき資質能力を示すものである。

　この「共通的に修得すべき資質能力」を明示することによって, 検討会はカリキュラムの標準化を推し進め, 責任ある教員養成を実現しようとしている。さらに「これに加えて, 地域や学校現場のニーズに応じた教育内容や, 大学の自主性や独自性を発揮した教育内容を修得させる」（教職課程コアカリキュラムの在り方に関する検討会, 2017： 2 ）とし, これまで通り, 各大学等の独自性も尊重しようとしている。

2　教職への批判をめぐって

（1）長時間労働

　これまでみてきたように，日本では学校教育の成否を握る要として教職が捉えられ，教員に大きな期待がかけられてきた。その一方で，教職に対する批判的論調も数多くみられる。たとえば教職関係者の不祥事は，警察・法律関係者などと同様に，よりいっそう，世間の厳しい批判にさらされる。無論，それは当然であり，決して許されるものではない。しかしながら，そのような批判は，実際にはほとんどの教員に無縁の話であろう。むしろ大多数の教員にあてはまるものとして取り上げられ，世間で批判されているのが**長時間労働**の問題である。

　OECD（経済協力開発機構）の「TALIS（Teaching and Learning International Survey；国際教員指導環境調査）2018」によると，世界48カ国・地域の中等教育機関（中学校など）と15カ国・地域の初等教育機関（小学校など）を調査した結果，日本の教員の勤務時間は，中学校が週あたり56.0時間，小学校が54.4時間で，いずれも最長だったという（国立教育政策研究所，2019：70）。中等教育機関に関しては参加国・地域の平均勤務時間が示されている。それは週あたり38.3時間であった（国立教育政策研究所，2019：70）。つまり日本の教員は中学校で週あたり17.7時間も平均より長く働いていることになる。これは勤務時間数だけでいえば，週7日間休みなく働いているのに匹敵する。労働基準法では，休憩時間を除いて1日8時間（週40時間）を超えて働かせてはならないことになっている（第32条第2項）。教員は勤務時間外にも授業の準備などを行ったりしているので，それも換算するならば，さらに超過勤務時間数はかさむであろう。原則論でいえば1日8時間内で終われるような仕事内容にすべきである。しかしそれが叶わないほどの仕事量を抱えて，教員は忙しく過ごしているのが実状である。それゆえ，メディアは教職を「ブラック」などと揶揄する。

（2）「ブラック労働」

　印象操作も手伝ってか，教職はよく「**ブラック労働**」だといった論調で書きたてられる。しかし，「ブラック」という言葉は，元来，教職界から生まれたものではない。それは労働環境の悪い企業を表現する意味で近年使用されるようになったものである。日本の代表的な国語辞典『広辞苑』はその第 7 版（2018年発行）において，初めて「ブラック企業」という言葉を掲載した。その意味するところは「従業員を違法または劣悪な労働条件で酷使する企業」となっている（新村，2018：2591）。前述のように，もし長時間労働が常態化している学校があるならば，それに対して「ブラック企業」の定義を援用して，「教職員を違法または劣悪な労働条件で酷使する学校」を「ブラック学校」と表現することも可能かもしれない。実際にメディアのなかでは教職関係の文脈において「ブラック」，「ブラック学校」（略称は「ブラ学」），「ブラック勤務」そして「ブラック労働」などの言葉が使われたりしている。

　しかし，教職がブラックか否かを，単に長時間労働だけで判断するのは早計である。収入，休暇，福利厚生，職業の安定性，やりがい等々，量的・質的双方の指標に基づいて判断されるべきであろう。ちなみに前述の「TALIS 2018」によれば，むしろ日本では中学校で85.6％，小学校で91.1％の教員が教職を「安定した職業」と回答している（国立教育政策研究所，2019：159）。また中学校で84.8％，小学校で89.0％の教員が教職で「確実な収入」が得られることを肯定的に評価している。さらに，日本では世界平均よりかなり低いものの，中学校で54.9％の教員が「もう一度仕事を選べるとしたら，また教員になりたい」と回答しているのである（国立教育政策研究所，2019：196）。

（3）働き方改革への取り組み

　近年，我が国では「**働き方改革**」がキーワードの 1 つとして広く普及している。それを跡づける代表的な動きは，働き方改革実現会議による「働き方改革を推進するための関係法律の整備に関する法律」（働き方改革関連法）の成立・施行にみることができる（2018年 6 月29日可決・成立，2019年 4 月 1 日より順次施行）。この法律は「長時間労働の是正」「正規・非正規の不合理な待遇差の解

消」「多様な働き方の実現」を主たる3本柱として働き方改革を推進しようとするものである。なかでも長時間労働の問題は、いわば広く常態化してきたといっても過言ではない。その是正へとようやく我が国は本腰を入れ始めたようである。

　教職界においても教員の長時間労働が問題視されて久しい。たとえば2006年7月から11月にかけて、文部科学省は全国の教員勤務実態調査を約40年ぶりに実施している（東京大学，2006）。その調査研究の代表を務めた小川正人によれば、学校内での1日あたりの時間外勤務は小・中学校の教員の場合、平均約2時間程度、1カ月では約40時間程度あったという（夏季休業期間を除く）（小川，2007）。これは、教員が学校内で1日あたり平均約10時間程度、1週間で約50時間程度働いていることを意味している。

　このような長時間労働の問題は解消されてきたのだろうか。約10年後の2016年10月から11月に行われた教員勤務実態調査では、1週間あたりの学内総勤務時間について、教諭のうち、小学校は55〜60時間未満、中学校は60〜65時間未満、副校長・教頭のうち、小学校は60〜65時間未満、中学校は55〜60時間未満の占める割合が最も高かったのである（文部科学省，2018）。つまり、ここ10年で長時間労働の問題はむしろ悪化の一途をたどっている。この問題解決のため、2017年6月22日、「新しい時代の教育に向けた持続可能な学校指導・運営体制の構築のための学校における働き方改革に関する総合的な方策について」（以下、「総合的な方策」）が諮問された。これを受けて中央教育審議会の初等中等教育分科会に「学校における働き方改革特別部会」が設置され、同年7月11日に第1回部会がスタートした。さらに同年12月22日、中央教育審議会は「総合的な方策」の中間まとめを発表し、12月26日、文部科学省から「学校における働き方改革に関する緊急対策」が発表された。そこには、表15－1に示すような具体的な改善策が示されている（文部科学省，2017）。

　そして2019年1月25日、「総合的な方策」は答申され、同日、文部科学大臣を本部長とする「学校における働き方改革推進本部」も設置されたのである。さらに働き方改革を推進し、その実効性を高めるべく2022・2023年までの工程を示した「学校における働き方改革に関する文部科学省工程表」も公表して

表 15-1　これまで学校・教師が担ってきた代表的な業務のあり方に関する考え方

基本的には学校以外が担うべき業務
①登下校に関する対応
②放課後から夜間などにおける見回り，児童生徒が補導された時の対応
③学校徴収金の徴収・管理
④地域ボランティアとの連絡調整
※その業務の内容に応じて，地方公共団体や教育委員会，保護者，地域学校協働活動推進員や地域ボランティア等が担うべき。
学校の業務だが，必ずしも教師が担う必要のない業務
⑤調査・統計等への回答等（事務職員等）
⑥児童生徒の休み時間における対応（輪番，地域ボランティア等）
⑦校内清掃（輪番，地域ボランティア等）
⑧部活動（部活動指導員等）
※部活動の設置・運営は法令上の義務ではないが，ほとんどの中学・高等学校で設置。多くの教師が顧問を担わざるをえない実態。
教師の業務だが，負担軽減が可能な業務
⑨給食時の対応（学級担任と栄養教諭等との連携等）
⑩授業準備（補助的業務へのサポートスタッフの参画等）
⑪学習評価や成績処理（補助的業務へのサポートスタッフの参画等）
⑫学校行事の準備・運営（事務職員等との連携，一部外部委託等）
⑬進路指導（事務職員や外部人材との連携・協力等）
⑭支援が必要な児童生徒・家庭への対応（専門スタッフとの連携・協力等）

出所：文部科学省（2017）をもとに筆者作成。

いる。ともあれ，我が国が働き方改革に本腰を入れて取り組み始めたことは明白である。この工程表では2022・2023年に「勤務実態調査」を行うことを明記しており，こうした取り組みの効果・実効性がいずれ明らかになるであろう。

3　教職の未来

（1）教職はなくなるか

　教職の未来は明るいだろうか。それとも暗いだろうか。**人工知能（AI）**などを研究しているオズボーン（Michael A. Osborne）とフライ（Carl Benedikt Frey）が2013年9月に発表した「雇用の未来——コンピューター化によって職業はどれほど影響を受けるか」によれば，アメリカでは調査対象とした702の職種

のうち約47％の仕事が今後10年から20年程度で自動化されるリスクが高いとしている（Osborne／Frey, 2013：48）。定形的な事務仕事や肉体労働の多くが該当することになる。逆に「創造的・社会的技能」（creative and social skills）が求められる仕事は自動化される可能性が低いという（Osborne／Frey, 2013：48）。そしてそのような仕事に小学校教員が含まれているとしている（Osborne／Frey, 2013：61）。今後，AIなどの開発が進むことで，人間自身が直接行う仕事はますます減っていくであろう。しかし，創造性やコミュニケーション能力などの社会的技能が強く求められる分野では，今後も人間が担う仕事はなくならないと考えられているのである。

　我が国ではすでに教育職員養成審議会第1次答申「新たな時代に向けた教員養成の改善方策について」（1997年）のなかで，「変化の時代を生きる社会人に求められる資質能力」のなかに「創造力」や「社会性」「対人関係能力」「コミュニケーション能力」「ネットワーキング能力」「自己表現能力」などを挙げて，教員養成の課題としてきた（教育職員養成審議会, 1997）。さらに中央教育審議会答申「新しい時代の義務教育を創造する」（2005年）では，「優れた教師の条件」として①教職に対する強い情熱，②教育の専門家としての確かな力量，そして③総合的な人間力を挙げ，この人間力のなかに「対人関係能力」「コミュニケーション能力」を位置づけて重視してきたのである（中央教育審議会, 2005）。問題は，ここに挙げられているような創造性や社会的技能をいかに養成していくかということである。それは教職課程のカリキュラムを履修するだけで可能になるのであろうか。学校現場でのインターンシップやボランティアも必要だろうか。たとえば東京都教育委員会は『東京都教職課程ハンドブック』のなかで，教員を目指す学生に向けて次のように述べている（東京都教育委員会, 2021：50。傍点は筆者による）。

　　学生の皆さんには，大学での講義やゼミ，サークル活動（部活動）などの大学生活だけではなく，学校でのボランティア活動，インターンシップといった社会体験など，様々な場面で学ぶ機会があります。これらの経験を通して，教員として身に付けるべき資質・能力を高めましょう。

このように東京都は，大学での学びにかぎらず，学校現場や広く社会での体験的な学びの実践を促している。

ところで，我が国では現在，「第 5 期科学技術基本計画」のもとで未来社会を Society 5.0 と呼び，その実現を目指している。この基本計画では，狩猟社会を Society 1.0，農耕社会を Society 2.0，工業社会を Society 3.0 そして情報社会を Society 4.0 とし，それに続いて我が国が目指すべき未来社会を Society 5.0 と呼んでいる。Society 5.0 とは，「サイバー空間（仮想空間）とフィジカル空間（現実空間）を高度に融合させたシステムにより，経済発展と社会的課題の解決を両立する，人間中心の社会（Society）」（内閣府，2021：1）である。つまり，これから到来するのは AI，IoT（Internet of Things），ロボット，ビッグデータなどの技術革新によって人々の多くの負担が軽減され，一人ひとりがより快適に活躍できる社会だというのである。このような未来社会へ向かう子どもの可能性を引き出し伸ばす教員の役割は大きい。しかし，どのように備えていけばよいのか。これは教員研修の課題ともなろうが，それはもはや学校内だけで解決できるものではなくなっている。教育学者の広田照幸は，学校現場にまだ参考となる蓄積のない課題解決に向けて，次のような提案をしている（広田，2019：214）。

　　私の提案です。これからの時代の教員のかたがたには，ぜひ，現場の体験から学ぶだけでなく，学校の外の場やツールで多様な学びを自主的にしてほしい。これまでの学校やこれまでの授業にないものを，ぜひ学校の外で探し出して，学校に持ち込んでほしいと思います。

このような学習の機会を確保するためにも，教員にはゆとりが必要である。教員の長時間労働や多忙化の解決は急務である。広田は教職員定数の抜本的な見直し，つまりは増員を提言している。教育にもっとお金をまわせ，お金をかけよということである。このような考え方はすでに大正時代の八大教育主張講演会（1921 年 8 月）で全人教育を提唱した小原國芳にもみられる。彼は当時の政府が教育を重視する施策を掲げるにもかかわらず，実際には予算削減をしよ

うとする現状を痛烈に批判していた（小原，1969：176）。それから約100年の月日が流れようとしているが，状況はあまり変わらない。

（2）教職をめぐるパラダイムシフトの可能性

これまでみてきたように，技術革新がもたらす社会の変化に呼応して，教職をめぐる新しい課題が続々と登場している。そうした課題解決の前提となるのが，教員の長時間労働の是正や教職員定数の増加などへの取り組みである。それはもはや精神論で片づけられるものではなく，具体的な財政的措置を必要とする問題である。

ところで，これまでの考察では従来の学校を自明の前提にしてきた。学校は明治以来，近代教育の機関として発展を遂げてきたのである。すでに約150年近くに及ぶ日本の近代的学校の歴史と伝統の存在は大きい。学校はまた，地域の文化拠点として中心点な役割も果たしてきた。さらに，しつけに関わる問題をはじめ環境教育，性教育，食育，情報教育やICT教育，キャリア教育，プログラミング教育等々，学校には時の流れのなかで発生する家庭や社会の様々な課題解決に取り組む役割も求められてきたのである。あれもこれもが詰め込まれ，肥大化した学校教育。そうした課題は削減されるどころか増え続けている。教員の長時間労働の問題を解決するには，このような意味で肥大化する学校教育を見直し，家庭や地域との連携・協力のなかで，ある種の分業体制も視野に入れながら，課題解決を進める必要が生じている。このことに関連して，いささか過激ともとれる提案を1つ紹介しよう。それは上野千鶴子による「小さな学校」論である。上野はあれもこれもと取り込んで膨れ上がった「大きな学校」のあり方を批判し，次のように提言している（上野，2002：98，116）。

学校はこのさい，授業という本分にみずからを徹底的にダウンサイジングするべきではないでしょうか。学校が分不相応に学校的価値を塀の外にまで垂れ流すべきではありません。（中略）私はいま，「小さな政府」「小さな学校」ということを唱えています。大きな政府など，もういらない。（中略）構造改革に，大きな政府という選択肢はもはやない，というのが

私の考えです。おなじく大きな学校もいりません。小さな学校でたくさん
です。知育・徳育・体育などといわず，学校は分相応に知育だけをやれば
よい。学校的価値を分相応に学校空間に閉じこめて，その価値は多様な価
値の１つにすぎないという異なるメッセージを，制度的に保障していくし
くみをつくるべきだと思います。

　このような主張について読者はどのように考えるだろうか。確かに，これは
かなり過激な主張にみえる。しかし，このような極論と対峙してみるとき，そ
れまで無自覚的に自明だと思われきた学校教育の一つひとつについて，それは
いったいなぜ必要なのかを問い直す機会が生まれるだろう。「これまで行われ
てきたから」「やることになっているから」という受動的な立場から，積極的
なパラダイムシフトへの通路が開かれるかもしれない。しかし学校教育を抜本
的に改革し，パラダイムシフトを行うというような「大きな改革」は，教育制
度改革への国民的議論を必要とするので，一朝一夕に進むものではない。

（3）新教育運動が示唆するもの

　教育改革を大上段に振りかざす「大きな改革」路線とは別に，現行の制度下
で行われる日々の「小さな改革」の可能性はあるだろうか。教育史を紐解くな
らば，19世紀の後半から20世紀初頭にかけて台頭し，特に1920年代に隆盛を
きわめた**新教育運動**の試みが重要な示唆を与えてくれる。たとえば**イエナ・プ
ラン**の創始者であるドイツの**ペーターゼン**（Peter Petersen）は，そうした「小
さな改革」を「**内的学校改革**」と呼んで重視していた。イエナ・プランとは，
ペーターゼンがイエナ大学附属学校で取り組んだ「学校現実が真に教育的機能
を発揮できるように，伝統的な学校現実を内的に変革しようとする試み」
（Petersen, 1927：7）であった。イエナ・プランによる「内的学校改革」は，具
体的には従来の学校にみられる年齢別学年学級制，教員主導の一斉授業形態や
教科カリキュラム型の時間割編成からの脱却となってあらわれた。すなわち，
異年齢グループでの生活，子ども中心の学習形態（対話，遊び，作業，行事など），
学校生活のリズムを重視する週案の導入などである。これは一見すると「大き

な改革」のようにみえるが，そうではない。ペーターゼン自身が取り組んだのは学校制度の改革ではなく，学校内でできる教育機能の改革であった。彼が1927年に初めてイエナ・プランを発表した時，彼は「今一度強調すると，私はイエナでの試みをまったく普通の学校のために行っている，しかも教師が朝，ただちに始めることができるように」と述べていたのである（佐久間，2017：62）。「内的学校改革」が工夫しだいで日本の現行の教育制度下で可能であることは，日本最初のイエナ・プラン校（大日向小学校）が学校教育法第1条に規定する正規の学校として誕生したことからも明らかである。

　なお，このような「小さな改革」は約100年前の**大正新教育運動**の時代に，たとえば「自学」中心の学習形態の実現などとなってすでに日本で登場していたことも明記しておきたい。

　「**生きる力**」の育成を中核とする2017（平成29）年・2018（平成30）年告示の学習指導要領は，教授活動を中心とする考え方を脱却し，学習者による「**主体的・対話的で深い学び**」への転換を促している。また，学校の教育活動を閉鎖的に捉えず，教職員，保護者そして地域住民が熟議し，連携・協働するなかで「**社会に開かれた教育課程**」が実現していくことを求めている。このことがいわば追い風となって，各学校の「内的学校改革」の実現可能性はいま，高まってきているのではないか。たとえば，校長はリーダーシップを発揮して長時間労働の問題解決に本腰を入れ，教職員の心身の健康を守る。校務分掌などを見直し，ゆとりある学校生活のなかで教職員同士が同僚性や協働性を発揮しやすい職場環境を整え，「**チーム学校**」の実効性を高めていく。教員は，一斉授業形態への依存状態を抜け出て，サークル対話，協同的学び，自学など，子どもたち中心の学習形態を徐々に常態化していく。さらに，子どもたちの教育をめぐって教職員と保護者や地域住民とが課題を共有し，連携・協働していくなかで，相互の信頼関係が醸成され，徐々に「**学びの共同体**」が生まれていく，等々。そのような教職の未来は，きっと私たちの手中にある。

学習課題　① 教員の長時間労働を解消するための取り組み事例について調べてみよう。
　　　　　② あなたが夢みる「理想の学校」とはどのような学校か。また，その実現へむ
　　　　　　けてあなたはどのような取り組みをしていくか。あなたの考えをまとめてみよ
　　　　　　う。

引用・参考文献

上野千鶴子『サヨナラ，学校化社会』太郎次郎社，2002年。

小川正人「資料1　今後の教育の在り方について——義務教育学校の定数改善と教員給与の
　　問題を中心に」（中央教育審議会・教育振興基本計画特別部会〔第5回〕配布資料）
　　2007年。https://warp. ndl. go. jp/info: ndljp/pid/11293659/www. mext. go. jp/b_menu/
　　shingi/chukyo/chukyo7/shiryo/attach/1335250.htm（2021年8月22日閲覧）

小原國芳『全人教育論』玉川大学出版部，1969年。

教育職員養成審議会「新たな時代に向けた教員養成の改善方策について（第1次答申）」
　　1997年。https://warp. ndl. go. jp/info: ndljp/pid/11293659/www. mext. go. jp//b_menu/
　　shingi/old_chukyo/old_shokuin_index/toushin/1315369.htm（2021年8月22日閲覧）

教職課程コアカリキュラムの在り方に関する検討会「教職課程コアカリキュラム」2017年。
　　https://www.mext.go.jp/component/b_menu/shingi/toushin/__icsFiles/afieldfile/2017/
　　11/27/1398442_1_3.pdf（2021年8月22日閲覧）

国立教育政策研究所編『教員環境の国際比較　OECD国際教員指導環境調査（TALIS）
　　2018報告書——学び続ける教員と校長』ぎょうせい，2019年。

佐久間裕之「ペーターゼンにおける『教育共同体』思想の特質——『自由で一般的な国民学
　　校のイエナ・プラン』に着目して」『論叢　玉川大学教育学部紀要2016』2017年，49〜
　　67頁。

新村出編『広辞苑　第7版』岩波書店，2018年。

中央教育審議会「新しい時代の義務教育を創造する（答申）」2005年。https://www.mext.
　　go.jp/b_menu/shingi/chukyo/chukyo0/toushin/05102601/all.pdf（2021年8月22日閲
　　覧）

東京大学「平成18年度文部科学省委託調査　教員勤務実態調査（小・中学校）報告書」
　　2006年。https://berd.benesse.jp/shotouchutou/research/detail1.php?id=3261（2021年
　　8月22日閲覧）

東京都教育委員会『令和3年度東京都教職課程ハンドブック』2021年。https://www.
　　kyoiku.metro.tokyo.lg.jp/staff/recruit/guide/handbook2021.html（2021年6月30日閲
　　覧）

内閣府「戦略的イノベーション創造プログラム（SIP）IoT社会に対応したサイバー・フィ
　　ジカル・セキュリティ研究開発計画」2021年。https://www8.cao.go.jp/cstp/gaiyo/sip/

keikaku2/3_iot.pdf（2021 年 6 月 30 日閲覧）

広田照幸『教育改革のやめ方——考える教師，頼れる行政のための視点』岩波書店，2019年。

文部科学省「学校における働き方改革に関する緊急対策（概要）」2017 年。https://www.mext.go.jp/b_menu/houdou/29/12/__icsFiles/afieldfile/2018/01/25/1399949_02.pdf（2021年 8 月 22 日閲覧）

文部科学省「教員勤務実態調査（平成 28 年度）の分析結果及び確定値の公表について（概要）」2018 年。https://www.mext.go.jp/b_menu/houdou/30/09/__icsFiles/afieldfile/2018/09/27/1409224_001_3.pdf（2021 年 8 月 22 日閲覧）

Osborne, M. A./Frey, C. B., "The Future of Employment: How Susceptible are Jobs to Computerisation?," *OMS working paper*, the Oxford Martin Programme on Technology and Employment, 2013, pp. 1-77. https://www.oxfordmartin.ox.ac.uk/downloads/academic/future-of-employment.pdf（2021 年 8 月 22 日閲覧）

Petersen, P., *Der Jena-Plan einer freien allgemeinen Volksschule*, Julius Beltz, 1927.

付　録

日本国憲法（抄）

（昭和21年憲法）

第3章　国民の権利及び義務

第13条　すべて国民は、個人として尊重される。生命、自由及び幸福追求に対する国民の権利については、公共の福祉に反しない限り、立法その他の国政の上で、最大の尊重を必要とする。

第15条　①　〔略〕

②　すべて公務員は、全体の奉仕者であつて、一部の奉仕者ではない。

③・④　〔略〕

第26条　すべて国民は、法律の定めるところにより、その能力に応じて、ひとしく教育を受ける権利を有する。

②　すべて国民は、法律の定めるところにより、その保護する子女に普通教育を受けさせる義務を負ふ。義務教育は、これを無償とする。

教育基本法

（平成18年法律第120号）

　我々日本国民は、たゆまぬ努力によって築いてきた民主的で文化的な国家を更に発展させるとともに、世界の平和と人類の福祉の向上に貢献することを願うものである。

　我々は、この理想を実現するため、個人の尊厳を重んじ、真理と正義を希求し、公共の精神を尊び、豊かな人間性と創造性を備えた人間の育成を期するとともに、伝統を継承し、新しい文化の創造を目指す教育を推進する。

　ここに、我々は、日本国憲法の精神にのっとり、我が国の未来を切り拓く教育の基本を確立し、その振興を図るため、この法律を制定する。

第1章　教育の目的及び理念

（教育の目的）

第1条　教育は、人格の完成を目指し、平和で民主的な国家及び社会の形成者として必要な資質を備えた心身ともに健康な国民の育成を期して行われなければならない。

（教育の目標）

第2条　教育は、その目的を実現するため、学問の自由を尊重しつつ、次に掲げる目標を達成するよう行われるものとする。

（1）幅広い知識と教養を身に付け、真理を求める態度を養い、豊かな情操と道徳心を培うとともに、健やかな身体を養うこと。

（2）個人の価値を尊重して、その能力を伸ばし、創造性を培い、自主及び自律の精神を養うとともに、職業及び生活との関連を重視し、勤労を重んずる態度を養うこと。

（3）正義と責任、男女の平等、自他の敬愛と協力を重んずるとともに、公共の精神に基づき、主体的に社会の形成に参画し、その発展に寄与する態度を養うこと。

（4）生命を尊び、自然を大切にし、環境の保全に寄与する態度を養うこと。

（5）伝統と文化を尊重し、それらをはぐくんできた我が国と郷土を愛するとともに、他国を尊重し、国際社会の平和と発展に寄与する態度を養うこと。

（生涯学習の理念）

第3条　国民一人一人が、自己の人格を磨き、豊かな人生を送ることができるよう、その生涯にわたって、あらゆる機会に、あらゆる場所において学習することができ、その成果を適切に生かすことのできる社会の実現が図られなければならない。

（教育の機会均等）

第4条　すべて国民は、ひとしく、その能力に応じた教育を受ける機会を与えられなければならず、人種、信条、性別、社会的身分、経済的地位又は門地によって、教育上差別されない。

2　国及び地方公共団体は、障害のある者が、その障害の状態に応じ、十分な教育を受けられるよう、教育上必要な支援を講じなければならない。

3　国及び地方公共団体は、能力があるにもかかわらず、経済的理由によって修学が困難な者に対して、奨学の措置を講じなければなら

ない。

第2章　教育の実施に関する基本

（義務教育）

第5条　国民は、その保護する子に、別に法律で定めるところにより、普通教育を受けさせる義務を負う。

2　義務教育として行われる普通教育は、各個人の有する能力を伸ばしつつ社会において自立的に生きる基礎を培い、また、国家及び社会の形成者として必要とされる基本的な資質を養うことを目的として行われるものとする。

3　国及び地方公共団体は、義務教育の機会を保障し、その水準を確保するため、適切な役割分担及び相互の協力の下、その実施に責任を負う。

4　国又は地方公共団体の設置する学校における義務教育については、授業料を徴収しない。

（学校教育）

第6条　法律に定める学校は、公の性質を有するものであって、国、地方公共団体及び法律に定める法人のみが、これを設置することができる。

2　前項の学校においては、教育の目標が達成されるよう、教育を受ける者の心身の発達に応じて、体系的な教育が組織的に行われなければならない。この場合において、教育を受ける者が、学校生活を営む上で必要な規律を重んずるとともに、自ら進んで学習に取り組む意欲を高めることを重視して行われなければならない。

（大学）

第7条　大学は、学術の中心として、高い教養と専門的能力を培うとともに、深く真理を探究して新たな知見を創造し、これらの成果を広く社会に提供することにより、社会の発展に寄与するものとする。

2　大学については、自主性、自律性その他の大学における教育及び研究の特性が尊重されなければならない。

（私立学校）

第8条　私立学校の有する公の性質及び学校教育において果たす重要な役割にかんがみ、国

及び地方公共団体は、その自主性を尊重しつつ、助成その他の適当な方法によって私立学校教育の振興に努めなければならない。

（教員）

第9条　法律に定める学校の教員は、自己の崇高な使命を深く自覚し、絶えず研究と修養に励み、その職責の遂行に努めなければならない。

2　前項の教員については、その使命と職責の重要性にかんがみ、その身分は尊重され、待遇の適正が期せられるとともに、養成と研修の充実が図られなければならない。

（家庭教育）

第10条　父母その他の保護者は、子の教育について第一義的責任を有するものであって、生活のために必要な習慣を身に付けさせるとともに、自立心を育成し、心身の調和のとれた発達を図るよう努めるものとする。

2　国及び地方公共団体は、家庭教育の自主性を尊重しつつ、保護者に対する学習の機会及び情報の提供その他の家庭教育を支援するために必要な施策を講ずるよう努めなければならない。

（幼児期の教育）

第11条　幼児期の教育は、生涯にわたる人格形成の基礎を培う重要なものであることにかんがみ、国及び地方公共団体は、幼児の健やかな成長に資する良好な環境の整備その他適当な方法によって、その振興に努めなければならない。

（社会教育）

第12条　個人の要望や社会の要請にこたえ、社会において行われる教育は、国及び地方公共団体によって奨励されなければならない。

2　国及び地方公共団体は、図書館、博物館、公民館その他の社会教育施設の設置、学校の施設の利用、学習の機会及び情報の提供その他の適当な方法によって社会教育の振興に努めなければならない。

（学校、家庭及び地域住民等の相互の連携協力）

第13条　学校、家庭及び地域住民その他の関係者は、教育におけるそれぞれの役割と責任を

自覚するとともに，相互の連携及び協力に努めるものとする。

（政治教育）

第14条　良識ある公民として必要な政治的教養は，教育上尊重されなければならない。

2　法律に定める学校は，特定の政党を支持し，又はこれに反対するための政治教育その他政治的活動をしてはならない。

（宗教教育）

第15条　宗教に関する寛容の態度，宗教に関する一般的な教養及び宗教の社会生活における地位は，教育上尊重されなければならない。

2　国及び地方公共団体が設置する学校は，特定の宗教のための宗教教育その他宗教的活動をしてはならない。

第3章　教育行政

（教育行政）

第16条　教育は，不当な支配に服することなく，この法律及び他の法律の定めるところにより行われるべきものであり，教育行政は，国と地方公共団体との適切な役割分担及び相互の協力の下，公正かつ適正に行われなければならない。

2　国は，全国的な教育の機会均等と教育水準の維持向上を図るため，教育に関する施策を総合的に策定し，実施しなければならない。

3　地方公共団体は，その地域における教育の振興を図るため，その実情に応じた教育に関する施策を策定し，実施しなければならない。

4　国及び地方公共団体は，教育が円滑かつ継続的に実施されるよう，必要な財政上の措置を講じなければならない。

（教育振興基本計画）

第17条　政府は，教育の振興に関する施策の総合的かつ計画的な推進を図るため，教育の振興に関する施策についての基本的な方針及び講ずべき施策その他必要な事項について，基本的な計画を定め，これを国会に報告するとともに，公表しなければならない。

2　地方公共団体は，前項の計画を参酌し，その地域の実情に応じ，当該地方公共団体における教育の振興のための施策に関する基本的

な計画を定めるよう努めなければならない。

第4章　法令の制定

第18条　この法律に規定する諸条項を実施するため，必要な法令が制定されなければならない。

附　則（抄）

（施行期日）

1　この法律は，公布の日から施行する。

学校教育法（抄）

（昭和22年法律第26号）
最終改正：令和元年6月26日法律第44号）

第1章　総則

第1条　この法律で，学校とは，幼稚園，小学校，中学校，義務教育学校，高等学校，中等教育学校，特別支援学校，大学及び高等専門学校とする。

第2章　義務教育

第21条　義務教育として行われる普通教育は，教育基本法（平成18年法律第120号）第5条第2項に規定する目的を実現するため，次に掲げる目標を達成するよう行われるものとする。

（1）学校内外における社会的活動を促進し，自主，自律及び協同の精神，規範意識，公正な判断力並びに公共の精神に基づき主体的に社会の形成に参画し，その発展に寄与する態度を養うこと。

（2）学校内外における自然体験活動を促進し，生命及び自然を尊重する精神並びに環境の保全に寄与する態度を養うこと。

（3）我が国と郷土の現状と歴史について，正しい理解に導き，伝統と文化を尊重し，それらをはぐくんできた我が国と郷土を愛する態度を養うとともに，進んで外国の文化の理解を通じて，他国を尊重し，国際社会の平和と発展に寄与する態度を養うこと。

（4）家族と家庭の役割，生活に必要な衣，食，

住，情報，産業その他の事項について基礎
的な理解と技能を養うこと。
（5）読書に親しませ，生活に必要な国語を正
しく理解し，使用する基礎的な能力を養う
こと。
（6）生活に必要な数量的な関係を正しく理解
し，処理する基礎的な能力を養うこと。
（7）生活にかかわる自然現象について，観察
及び実験を通じて，科学的に理解し，処理
する基礎的な能力を養うこと。
（8）健康，安全で幸福な生活のために必要な
習慣を養うとともに，運動を通じて体力を
養い，心身の調和的発達を図ること。
（9）生活を明るく豊かにする音楽，美術，文
芸その他の芸術について基礎的な理解と技
能を養うこと。
（10）職業についての基礎的な知識と技能，勤
労を重んずる態度及び個性に応じて将来の
進路を選択する能力を養うこと。

第3章　幼稚園

第22条　幼稚園は，義務教育及びその後の教育
の基礎を培うものとして，幼児を保育し，幼
児の健やかな成長のために適当な環境を与え
て，その心身の発達を助長することを目的と
する。
第23条　幼稚園における教育は，前条に規定す
る目的を実現するため，次に掲げる目標を達
成するよう行われるものとする。
（1）健康，安全で幸福な生活のために必要な
基本的な習慣を養い，身体諸機能の調和的
発達を図ること。
（2）集団生活を通じて，喜んでこれに参加す
る態度を養うとともに家族や身近な人への
信頼感を深め，自主，自律及び協同の精神
並びに規範意識の芽生えを養うこと。
（3）身近な社会生活，生命及び自然に対する
興味を養い，それらに対する正しい理解と
態度及び思考力の芽生えを養うこと。
（4）日常の会話や，絵本，童話等に親しむこ
とを通じて，言葉の使い方を正しく導くと
ともに，相手の話を理解しようとする態度
を養うこと。

（5）音楽，身体による表現，造形等に親しむ
ことを通じて，豊かな感性と表現力の芽生
えを養うこと。

第4章　小学校

第29条　小学校は，心身の発達に応じて，義務
教育として行われる普通教育のうち基礎的な
ものを施すことを目的とする。
第30条　小学校における教育は，前条に規定す
る目的を実現するために必要な程度において
第21条各号に掲げる目標を達成するよう行わ
れるものとする。
②　前項の場合においては，生涯にわたり学習
する基盤が培われるよう，基礎的な知識及び
技能を習得させるとともに，これらを活用し
て課題を解決するために必要な思考力，判断
力，表現力その他の能力をはぐくみ，主体的
に学習に取り組む態度を養うことに，特に意
を用いなければならない。
第34条　小学校においては，文部科学大臣の検
定を経た教科用図書又は文部科学省が著作の
名義を有する教科用図書を使用しなければな
らない。
②　前項に規定する教科用図書（以下この条に
おいて「教科用図書」という。）の内容を文
部科学大臣の定めるところにより記録した電
磁的記録（電子的方式，磁気的方式その他人
の知覚によつては認識することができない方
式で作られる記録であつて，電子計算機によ
る情報処理の用に供されるものをいう。）で
ある教材がある場合には，同項の規定にかか
わらず，文部科学大臣の定めるところにより，
児童の教育の充実を図るため必要があると認
められる教育課程の一部において，教科用図
書に代えて当該教材を使用することができる。
③　前項に規定する場合において，視覚障害，
発達障害その他の文部科学大臣の定める事由
により教科用図書を使用して学習することが
困難な児童に対し，教科用図書に用いられた
文字，図形等の拡大又は音声への変換その他
の同項に規定する教材を電子計算機において
用いることにより可能となる方法で指導する
ことにより当該児童の学習上の困難の程度を

低減させる必要があると認められるときは，
文部科学大臣の定めるところにより，教育課
程の全部又は一部において，教科用図書に代
えて当該教材を使用することができる。

④　教科用図書及び第2項に規定する教材以外
の教材で，有益適切なものは，これを使用す
ることができる。

⑤　第1項の検定の申請に係る教科用図書に関
し調査審議させるための審議会等（国家行政
組織法（昭和23年法律第120号）第8条に規定
する機関をいう。以下同じ。）については，
政令で定める。

第5章　中学校

第45条　中学校は，小学校における教育の基礎
の上に，心身の発達に応じて，義務教育とし
て行われる普通教育を施すことを目的とする。

第46条　中学校における教育は，前条に規定す
る目的を実現するため，第21条各号に掲げる
目標を達成するよう行われるものとする。

第5章の2　義務教育学校

第49条の2　義務教育学校は，心身の発達に応
じて，義務教育として行われる普通教育を基
礎的なものから一貫して施すことを目的とす
る。

第49条の3　義務教育学校における教育は，前
条に規定する目的を実現するため，第21条各
号に掲げる目標を達成するよう行われるもの
とする。

第6章　高等学校

第50条　高等学校は，中学校における教育の基
礎の上に，心身の発達及び進路に応じて，高
度な普通教育及び専門教育を施すことを目的
とする。

第51条　高等学校における教育は，前条に規定
する目的を実現するため，次に掲げる目標を
達成するよう行われるものとする。

（1）義務教育として行われる普通教育の成果
を更に発展拡充させて，豊かな人間性，創
造性及び健やかな身体を養い，国家及び社
会の形成者として必要な資質を養うこと。

（2）社会において果たさなければならない使
命の自覚に基づき，個性に応じて将来の進
路を決定させ，一般的な教養を高め，専門
的な知識，技術及び技能を習得させること。

（3）個性の確立に努めるとともに，社会につ
いて，広く深い理解と健全な批判力を養い，
社会の発展に寄与する態度を養うこと。

第7章　中等教育学校

第63条　中等教育学校は，小学校における教育
の基礎の上に，心身の発達及び進路に応じて，
義務教育として行われる普通教育並びに高度
な普通教育及び専門教育を一貫して施すこと
を目的とする。

第64条　中等教育学校における教育は，前条に
規定する目的を実現するため，次に掲げる目
標を達成するよう行われるものとする。

（1）豊かな人間性，創造性及び健やかな身体
を養い，国家及び社会の形成者として必要
な資質を養うこと。

（2）社会において果たさなければならない使
命の自覚に基づき，個性に応じて将来の進
路を決定させ，一般的な教養を高め，専門
的な知識，技術及び技能を習得させること。

（3）個性の確立に努めるとともに，社会につ
いて，広く深い理解と健全な批判力を養い，
社会の発展に寄与する態度を養うこと。

第8章　特別支援教育

第72条　特別支援学校は，視覚障害者，聴覚障
害者，知的障害者，肢体不自由者又は病弱者
（身体虚弱者を含む。以下同じ。）に対して，
幼稚園，小学校，中学校又は高等学校に準ず
る教育を施すとともに，障害による学習上又
は生活上の困難を克服し自立を図るために必
要な知識技能を授けることを目的とする。

学校教育法施行規則（抄）

（昭和22年文部省令第11号）
最終改正：令和3年3月31日文部科学省令第14号

第1章　総則

第3節　管理

第24条　校長は，その学校に在学する児童等の指導要録（学校教育法施行令第31条に規定する児童等の学習及び健康の状況を記録した書類の原本をいう。以下同じ。）を作成しなければならない。

② 校長は，児童等が進学した場合においては，その作成に係る当該児童等の指導要録の抄本又は写しを作成し，これを進学先の校長に送付しなければならない。

③ 校長は，児童等が転学した場合においては，その作成に係る当該児童等の指導要録の写しを作成し，その写し（転学してきた児童等については転学により送付を受けた指導要録（就学前の子どもに関する教育，保育等の総合的な提供の推進に関する法律施行令（平成26年政令第203号）第8条に規定する園児の学習及び健康の状況を記録した書類の原本を含む。）の写しを含む。）及び前項の抄本又は写しを転学先の校長，保育所の長又は認定こども園の長に送付しなければならない。

第25条　校長（学長を除く。）は，当該学校に在学する児童等について出席簿を作成しなければならない。

第28条　学校において備えなければならない表簿は，概ね次のとおりとする。

（1）～（7）　〔略〕

② 前項の表簿（第24条第2項の抄本又は写しを除く。）は，別に定めるもののほか，5年間保存しなければならない。ただし，指導要録及びその写しのうち入学，卒業等の学籍に関する記録については，その保存期間は，20年間とする。

③ 〔略〕

第4章　小学校

第1節　設備編制

第41条　小学校の学級数は，12学級以上18学級以下を標準とする。ただし，地域の実態その他により特別の事情のあるときは，この限りでない。

第5章　中学校

第79条　第41条から第49条まで，第50条第2項，第54条から第68条までの規定は，中学校に準用する。〔後略〕

地方公務員法（抄）

昭和25年法律第261号
最終改正：令和3年6月16日法律第75号

第1章　総則

（この法律の目的）

第1条　この法律は，地方公共団体の人事機関並びに地方公務員の任用，人事評価，給与，勤務時間その他の勤務条件，休業，分限及び懲戒，服務，退職管理，研修，福祉及び利益の保護並びに団体等人事行政に関する根本基準を確立することにより，地方公共団体の行政の民主的かつ能率的な運営並びに特定地方独立行政法人の事務及び事業の確実な実施を保障し，もつて地方自治の本旨の実現に資することを目的とする。

第2章　人事機関

（任命権者）

第6条　地方公共団体の長，議会の議長，選挙管理委員会，代表監査委員，教育委員会，人事委員会及び公平委員会並びに警視総監，道府県警察本部長，市町村の消防長（特別区が連合して維持する消防の消防長を含む。）その他法令又は条例に基づく任命権者は，法律に特別の定めがある場合を除くほか，この法律並びにこれに基づく条例，地方公共団体の規則及び地方公共団体の機関の定める規程に

従い，それぞれ職員の任命，人事評価（任用，給与，分限その他の人事管理の基礎とするために，職員がその職務を遂行するに当たり発揮した能力及び挙げた業績を把握した上で行われる勤務成績の評価をいう。以下同じ。），休職，免職及び懲戒等を行う権限を有するものとする。

2　前項の任命権者は，同項に規定する権限の一部をその補助機関たる上級の地方公務員に委任することができる。

第3章　職員に適用される基準

第5節　分限及び懲戒

（分限及び懲戒の基準）

第27条　すべて職員の分限及び懲戒については，公正でなければならない。

2　職員は，この法律で定める事由による場合でなければ，その意に反して，降任され，若しくは免職されず，この法律又は条例で定める事由による場合でなければ，その意に反して，休職されず，又，条例で定める事由による場合でなければ，その意に反して降給されることがない。

3　職員は，この法律で定める事由による場合でなければ，懲戒処分を受けることがない。

（降任，免職，休職等）

第28条　職員が，次の各号に掲げる場合のいずれかに該当するときは，その意に反して，これを降任し，又は免職することができる。

（1）人事評価又は勤務の状況を示す事実に照らして，勤務実績がよくない場合

（2）心身の故障のため，職務の遂行に支障があり，又はこれに堪えない場合

（3）前2号に規定する場合のほか，その職に必要な適格性を欠く場合

（4）職制若しくは定数の改廃又は予算の減少により廃職又は過員を生じた場合

2　職員が，次の各号に掲げる場合のいずれかに該当するときは，その意に反して，これを休職することができる。

（1）心身の故障のため，長期の休養を要する場合

（2）刑事事件に関し起訴された場合

3　職員の意に反する降任，免職，休職及び降給の手続及び効果は，法律に特別の定めがある場合を除くほか，条例で定めなければならない。

4　職員は，第16条各号（第2号を除く。）のいずれかに該当するに至つたときは，条例に特別の定めがある場合を除くほか，その職を失う。

（懲戒）

第29条　職員が次の各号の一に該当する場合においては，これに対し懲戒処分として戒告，減給，停職又は免職の処分をすることができる。

（1）この法律若しくは第57条に規定する特例を定めた法律又はこれに基く条例，地方公共団体の規則若しくは地方公共団体の機関の定める規程に違反した場合

（2）職務上の義務に違反し，又は職務を怠つた場合

（3）全体の奉仕者たるにふさわしくない非行のあつた場合

2　職員が，任命権者の要請に応じ当該地方公共団体の特別職に属する地方公務員，他の地方公共団体若しくは特定地方独立行政法人の地方公務員，国家公務員又は地方公社（地方住宅供給公社，地方道路公社及び土地開発公社をいう。）その他その業務が地方公共団体若しくは国の事務若しくは事業と密接な関連を有する法人のうち条例で定めるものに使用される者（以下この項において「特別職地方公務員等」という。）となるため退職し，引き続き特別職地方公務員等として在職した後，引き続いて当該退職を前提として職員として採用された場合（一の特別職地方公務員等として在職した後，引き続き一以上の特別職地方公務員等として在職し，引き続いて当該退職を前提として職員として採用された場合を含む。）において，当該退職までの引き続く職員としての在職期間（当該退職前に同様の退職（以下この項において「先の退職」という。），特別職地方公務員等としての在職及び職員としての採用がある場合には，当該先の退職までの引き続く職員としての在職期間を

含む。次項において「要請に応じた退職前の在職期間」という。）中に前項各号のいずれかに該当したときは，これに対し同項に規定する懲戒処分を行うことができる。

3　職員が，第28条の4第1項又は第28条の5第1項の規定により採用された場合において，定年退職者等となつた日までの引き続く職員としての在職期間（要請に応じた退職前の在職期間を含む。）又はこれらの規定によりかつて採用されて職員として在職していた期間中に第1項各号の一に該当したときは，これに対し同項に規定する懲戒処分を行うことができる。

4　職員の懲戒の手続及び効果は，法律に特別の定がある場合を除く外，条例で定めなければならない。

　　　　第6節　服務
（服務の根本基準）
第30条　すべて職員は，全体の奉仕者として公共の利益のために勤務し，且つ，職務の遂行に当つては，全力を挙げてこれに専念しなければならない。
（服務の宣誓）
第31条　職員は，条例の定めるところにより，服務の宣誓をしなければならない。
（法令等及び上司の職務上の命令に従う義務）
第32条　職員は，その職務を遂行するに当つて，法令，条例，地方公共団体の規則及び地方公共団体の機関の定める規程に従い，且つ，上司の職務上の命令に忠実に従わなければならない。
（信用失墜行為の禁止）
第33条　職員は，その職の信用を傷つけ，又は職員の職全体の不名誉となるような行為をしてはならない。
（秘密を守る義務）
第34条　職員は，職務上知り得た秘密を漏らしてはならない。その職を退いた後も，また，同様とする。

2　法令による証人，鑑定人等となり，職務上の秘密に属する事項を発表する場合においては，任命権者（退職者については，その退職した職又はこれに相当する職に係る任命権

者）の許可を受けなければならない。

3　前項の許可は，法律に特別の定がある場合を除く外，拒むことができない。
（職務に専念する義務）
第35条　職員は，法律又は条例に特別の定がある場合を除く外，その勤務時間及び職務上の注意力のすべてをその職責遂行のために用い，当該地方公共団体がなすべき責を有する職務にのみ従事しなければならない。
（政治的行為の制限）
第36条　職員は，政党その他の政治的団体の結成に関与し，若しくはこれらの団体の役員となつてはならず，又はこれらの団体の構成員となるように，若しくはならないように勧誘運動をしてはならない。

2　職員は，特定の政党その他の政治的団体又は特定の内閣若しくは地方公共団体の執行機関を支持し，又はこれに反対する目的をもつて，あるいは公の選挙又は投票において特定の人又は事件を支持し，又はこれに反対する目的をもつて，次に掲げる政治的行為をしてはならない。ただし，当該職員の属する地方公共団体の区域（当該職員が都道府県の支庁若しくは地方事務所又は地方自治法第252条の19第1項の指定都市の区若しくは総合区に勤務する者であるときは，当該支庁若しくは地方事務所又は区若しくは総合区の所管区域）外において，第1号から第3号まで及び第5号に掲げる政治的行為をすることができる。

（1）公の選挙又は投票において投票をするように，又はしないように勧誘運動をすること。

（2）署名運動を企画し，又は主宰する等これに積極的に関与すること。

（3）寄附金その他の金品の募集に関与すること。

（4）文書又は図画を地方公共団体又は特定地方独立行政法人の庁舎（特定地方独立行政法人にあつては，事務所。以下この号において同じ。），施設等に掲示し，又は掲示させ，その他地方公共団体又は特定地方独立行政法人の庁舎，施設，資材又は資金を利用し，又は利用させること。

（5）前各号に定めるものを除く外，条例で定める政治的行為

3　何人も前2項に規定する政治的行為を行うよう職員に求め，職員をそそのかし，若しくはあおつてはならず，又は職員が前2項に規定する政治的行為をなし，若しくはなさないことに対する代償若しくは報復として，任用，職務，給与その他職員の地位に関してなんらかの利益若しくは不利益を与え，与えようと企て，若しくは約束してはならない。

4　職員は，前項に規定する違法な行為に応じなかつたことの故をもつて不利益な取扱を受けることはない。

5　本条の規定は，職員の政治的中立性を保障することにより，地方公共団体の行政及び特定地方独立行政法人の業務の公正な運営を確保するとともに職員の利益を保護することを目的とするものであるという趣旨において解釈され，及び運用されなければならない。

（争議行為等の禁止）

第37条　職員は，地方公共団体の機関が代表する使用者としての住民に対して同盟罷業，怠業その他の争議行為をし，又は地方公共団体の機関の活動能率を低下させる怠業的行為をしてはならない。又，何人も，このような違法な行為を企て，又はその遂行を共謀し，そそのかし，若しくはあおつてはならない。

2　職員で前項の規定に違反する行為をしたものは，その行為の開始とともに，地方公共団体に対し，法令又は条例，地方公共団体の規則若しくは地方公共団体の機関の定める規程に基いて保有する任命上又は雇用上の権利をもつて対抗することができなくなるものとする。

（営利企業への従事等の制限）

第38条　職員は，任命権者の許可を受けなければ，商業，工業又は金融業その他営利を目的とする私企業（以下この項及び次条第1項において「営利企業」という。）を営むことを目的とする会社その他の団体の役員その他人事委員会規則（人事委員会を置かない地方公共団体においては，地方公共団体の規則）で定める地位を兼ね，若しくは自ら営利企業を営み，又は報酬を得ていかなる事業若しくは事務にも従事してはならない。ただし，非常勤職員（短時間勤務の職を占める職員及び第22条の2第1項第2号に掲げる職員を除く。）については，この限りでない。

2　人事委員会は，人事委員会規則により前項の場合における任命権者の許可の基準を定めることができる。

第7節　研修

（研修）

第39条　職員には，その勤務能率の発揮及び増進のために，研修を受ける機会が与えられなければならない。

2　前項の研修は，任命権者が行うものとする。

3　地方公共団体は，研修の目標，研修に関する計画の指針となるべき事項その他研修に関する基本的な方針を定めるものとする。

4　人事委員会は，研修に関する計画の立案その他研修の方法について任命権者に勧告することができる。

教育公務員特例法（抄）

（昭和24年法律第1号）
最終改正：令和3年6月16日法律第75号

第4章　研修

（研修）

第21条　教育公務員は，その職責を遂行するために，絶えず研究と修養に努めなければならない。

2　教育公務員の任命権者は，教育公務員（公立の小学校等の校長及び教員（臨時的に任用された者その他の政令で定める者を除く。以下この章において同じ。）を除く。）の研修について，それに要する施設，研修を奨励するための方途その他研修に関する計画を樹立し，その実施に努めなければならない。

（初任者研修）

第23条　公立の小学校等の教諭等の任命権者は，当該教諭等（臨時的に任用された者その他の政令で定める者を除く。）に対して，その採

用（現に教諭等の職以外の職に任命されている者を教諭等の職に任命する場合を含む。附則第5条第1項において同じ。）の日から1年間の教諭又は保育教諭の職務の遂行に必要な事項に関する実践的な研修（以下「初任者研修」という。）を実施しなければならない。

2　任命権者は，初任者研修を受ける者（次項において「初任者」という。）の所属する学校の副校長，教頭，主幹教諭（養護又は栄養の指導及び管理をつかさどる主幹教諭を除く。），指導教諭，教諭，主幹保育教諭，指導保育教諭，保育教諭又は講師のうちから，指導教員を命じるものとする。

3　指導教員は，初任者に対して教諭又は保育教諭の職務の遂行に必要な事項について指導及び助言を行うものとする。

（中堅教諭等資質向上研修）

第24条　公立の小学校等の教諭等（臨時的に任用された者その他の政令で定める者を除く。以下この項において同じ。）の任命権者は，当該教諭等に対して，個々の能力，適性等に応じて，公立の小学校等における教育に関し相当の経験を有し，その教育活動その他の学校運営の円滑かつ効果的な実施において中核的な役割を果たすことが期待される中堅教諭等としての職務を遂行する上で必要とされる資質の向上を図るために必要な事項に関する研修（以下「中堅教諭等資質向上研修」という。）を実施しなければならない。

2　任命権者は，中堅教諭等資質向上研修を実施するに当たり，中堅教諭等資質向上研修を受ける者の能力，適性等について評価を行い，その結果に基づき，当該者ごとに中堅教諭等資質向上研修に関する計画書を作成しなければならない。

（指導改善研修）

第25条　公立の小学校等の教諭等の任命権者は，児童，生徒又は幼児（以下「児童等」という。）に対する指導が不適切であると認定した教諭等に対して，その能力，適性等に応じて，当該指導の改善を図るために必要な事項に関する研修（以下「指導改善研修」という。）を実施しなければならない。

2　指導改善研修の期間は，1年を超えてはならない。ただし，特に必要があると認めるときは，任命権者は，指導改善研修を開始した日から引き続き2年を超えない範囲内で，これを延長することができる。

3　任命権者は，指導改善研修を実施するに当たり，指導改善研修を受ける者の能力，適性等に応じて，その者ごとに指導改善研修に関する計画書を作成しなければならない。

4　任命権者は，指導改善研修の終了時において，指導改善研修を受けた者の児童等に対する指導の改善の程度に関する認定を行わなければならない。

5　任命権者は，第1項及び前項の認定に当たつては，教育委員会規則（幼保連携型認定こども園にあつては，地方公共団体の規則。次項において同じ。）で定めるところにより，教育学，医学，心理学その他の児童等に対する指導に関する専門的知識を有する者及び当該任命権者の属する都道府県又は市町村の区域内に居住する保護者（親権を行う者及び未成年後見人をいう。）である者の意見を聴かなければならない。

6　前項に定めるもののほか，事実の確認の方法その他第1項及び第4項の認定の手続に関し必要な事項は，教育委員会規則で定めるものとする。

7　前各項に規定するもののほか，指導改善研修の実施に関し必要な事項は，政令で定める。

教育職員免許法（抄）

（昭和24年法律第147号）

最終改正：令和3年6月4日法律第57号

第1章　総則

（この法律の目的）

第1条　この法律は，教育職員の免許に関する基準を定め，教育職員の資質の保持と向上を図ることを目的とする。

（定義）

第2条　この法律において「教育職員」とは，

学校（学校教育法（昭和22年法律第26号）第
1条に規定する幼稚園，小学校，中学校，義
務教育学校，高等学校，中等教育学校及び特
別支援学校（第3項において「第1条学校」
という。）並びに就学前の子どもに関する教
育，保育等の総合的な提供の推進に関する法
律（平成18年法律第77号）第2条第7項に規
定する幼保連携型認定こども園（以下「幼保
連携型認定こども園」という。）をいう。以
下同じ。）の主幹教諭（幼保連携型認定こど
も園の主幹養護教諭及び主幹栄養教諭を含む。
以下同じ。），指導教諭，教諭，助教諭，養護
教諭，養護助教諭，栄養教諭，主幹保育教諭，
指導保育教諭，保育教諭，助保育教諭及び講
師（以下「教員」という。）をいう。

2～5　〔略〕

（免許）

第3条　教育職員は，この法律により授与する
各相当の免許状を有する者でなければならな
い。

2　前項の規定にかかわらず，主幹教諭（養護
又は栄養の指導及び管理をつかさどる主幹教
諭を除く。）及び指導教諭については各相当
学校の教諭の免許状を有する者を，養護をつ
かさどる主幹教諭については養護教諭の免許
状を有する者を，栄養の指導及び管理をつか
さどる主幹教諭については栄養教諭の免許状
を有する者を，講師については各相当学校の
教員の相当免許状を有する者を，それぞれ充
てるものとする。

3　特別支援学校の教員（養護又は栄養の指導
及び管理をつかさどる主幹教諭，養護教諭，
養護助教諭，栄養教諭並びに特別支援学校に
おいて自立教科等の教授を担任する教員を除
く。）については，第1項の規定にかかわら
ず，特別支援学校の教員の免許状のほか，特
別支援学校の各部に相当する学校の教員の免
許状を有する者でなければならない。

4　義務教育学校の教員（養護又は栄養の指導
及び管理をつかさどる主幹教諭，養護教諭，
養護助教諭並びに栄養教諭を除く。）につい
ては，第1項の規定にかかわらず，小学校の
教員の免許状及び中学校の教員の免許状を有

する者でなければならない。

5　中等教育学校の教員（養護又は栄養の指導
及び管理をつかさどる主幹教諭，養護教諭，
養護助教諭並びに栄養教諭を除く。）につい
ては，第1項の規定にかかわらず，中学校の
教員の免許状及び高等学校の教員の免許状を
有する者でなければならない。

6　幼保連携型認定こども園の教員の免許につ
いては，第1項の規定にかかわらず，就学前
の子どもに関する教育，保育等の総合的な提
供の推進に関する法律の定めるところによる。

第2章　免許状

（種類）

第4条　免許状は，普通免許状，特別免許状及
び臨時免許状とする。

2　普通免許状は，学校（義務教育学校，中等教
育学校及び幼保連携型認定こども園を除く。）
の種類ごとの教諭の免許状，養護教諭の免許
状及び栄養教諭の免許状とし，それぞれ専修
免許状，一種免許状及び二種免許状（高等学
校教諭の免許状にあつては，専修免許状及び
一種免許状）に区分する。

3　特別免許状は，学校（幼稚園，義務教育学
校，中等教育学校及び幼保連携型認定こども
園を除く。）の種類ごとの教諭の免許状とする。

4　臨時免許状は，学校（義務教育学校，中等
教育学校及び幼保連携型認定こども園を除
く。）の種類ごとの助教諭の免許状及び養護
助教諭の免許状とする。

5・6　〔略〕

地方教育行政の組織及び運営に関する法律（抄）

（昭和31年法律第162号）
最終改正：令和3年6月11日法律第63号

第1章　総則

（この法律の趣旨）

第1条　この法律は，教育委員会の設置，学校
その他の教育機関の職員の身分取扱その他地
方公共団体における教育行政の組織及び運営

の基本を定めることを目的とする。

第2章　教育委員会の設置及び組織

第1節　教育委員会の設置，教育長及び委員並びに会議

（設置）

第2条　都道府県，市（特別区を含む。以下同じ。）町村及び第21条に規定する事務の全部又は一部を処理する地方公共団体の組合に教育委員会を置く。

（組織）

第3条　教育委員会は，教育長及び4人の委員をもつて組織する。ただし，条例で定めるところにより，都道府県若しくは市又は地方公共団体の組合のうち都道府県若しくは市が加入するものの教育委員会にあつては教育長及び5人以上の委員，町村又は地方公共団体の組合のうち町村のみが加入するものの教育委員会にあつては教育長及び2人以上の委員をもつて組織することができる。

いじめ防止対策推進法（抄）

（平成25年法律第71号）

最終改正：令和3年4月28日法律第27号

第1章　総則

（定義）

第2条　この法律において「いじめ」とは，児童等に対して，当該児童等が在籍する学校に在籍している等当該児童等と一定の人的関係にある他の児童等が行う心理的又は物理的な影響を与える行為（インターネットを通じて行われるものを含む。）であって，当該行為の対象となった児童等が心身の苦痛を感じているものをいう。

2　この法律において「学校」とは，学校教育法（昭和22年法律第26号）第1条に規定する小学校，中学校，義務教育学校，高等学校，中等教育学校及び特別支援学校（幼稚部を除く。）をいう。

3　この法律において「児童等」とは，学校に在籍する児童又は生徒をいう。

4　この法律において「保護者」とは，親権を行う者（親権を行う者のないときは，未成年後見人）をいう。

（いじめの禁止）

第4条　児童等は，いじめを行ってはならない。

（学校及び学校の教職員の責務）

第8条　学校及び学校の教職員は，基本理念にのっとり，当該学校に在籍する児童等の保護者，地域住民，児童相談所その他の関係者との連携を図りつつ，学校全体でいじめの防止及び早期発見に取り組むとともに，当該学校に在籍する児童等がいじめを受けていると思われるときは，適切かつ迅速にこれに対処する責務を有する。

第4章　いじめの防止等に関する措置

（いじめに対する措置）

第23条　学校の教職員，地方公共団体の職員その他の児童等からの相談に応じる者及び児童等の保護者は，児童等からいじめに係る相談を受けた場合において，いじめの事実があると思われるときは，いじめを受けたと思われる児童等が在籍する学校への通報その他の適切な措置をとるものとする。

2　学校は，前項の規定による通報を受けたときその他当該学校に在籍する児童等がいじめを受けていると思われるときは，速やかに，当該児童等に係るいじめの事実の有無の確認を行うための措置を講ずるとともに，その結果を当該学校の設置者に報告するものとする。

3　学校は，前項の規定による事実の確認によりいじめがあったことが確認された場合には，いじめをやめさせ，及びその再発を防止するため，当該学校の複数の教職員によって，心理，福祉等に関する専門的な知識を有する者の協力を得つつ，いじめを受けた児童等又はその保護者に対する支援及びいじめを行った児童等に対する指導又はその保護者に対する助言を継続的に行うものとする。

4　学校は，前項の場合において必要があると認めるときは，いじめを行った児童等についていじめを受けた児童等が使用する教室以外

の場所において学習を行わせる等いじめを受けた児童等その他の児童等が安心して教育を受けられるようにするために必要な措置を講ずるものとする。

5　学校は，当該学校の教職員が第3項の規定による支援又は指導若しくは助言を行うに当たっては，いじめを受けた児童等の保護者といじめを行った児童等の保護者との間で争いが起きることのないよう，いじめの事案に係る情報をこれらの保護者と共有するための措置その他の必要な措置を講ずるものとする。

6　学校は，いじめが犯罪行為として取り扱われるべきものであると認めるときは所轄警察署と連携してこれに対処するものとし，当該学校に在籍する児童等の生命，身体又は財産に重大な被害が生じるおそれがあるときは直ちに所轄警察署に通報し，適切に，援助を求めなければならない。

発達障害者支援法（抄）

（平成16年法律第167号）

最終改正：平成28年6月3日法律第64号

第2章　児童の発達障害の早期発見及び発達障害者の支援のための施策

（教育）

第8条　国及び地方公共団体は，発達障害児（18歳以上の発達障害者であって高等学校，中等教育学校及び特別支援学校並びに専修学校の高等課程に在学する者を含む。以下この項において同じ。）が，その年齢及び能力に応じ，かつ，その特性を踏まえた十分な教育を受けられるようにするため，可能な限り発達障害児が発達障害児でない児童と共に教育を受けられるよう配慮しつつ，適切な教育的支援を行うこと，個別の教育支援計画の作成（教育に関する業務を行う関係機関と医療，保健，福祉，労働等に関する業務を行う関係機関及び民間団体との連携の下に行う個別の長期的な支援に関する計画の作成をいう。）及び個別の指導に関する計画の作成の推進，

いじめの防止等のための対策の推進その他の支援体制の整備を行うことその他必要な措置を講じるものとする。

2　大学及び高等専門学校は，個々の発達障害者の特性に応じ，適切な教育上の配慮をするものとする。

児童虐待の防止等に関する法律（抄）

（平成12年法律第82号）

最終改正：令和2年6月10日法律第41号

（児童に対する虐待の禁止）

第3条　何人も，児童に対し，虐待をしてはならない。

（児童虐待の早期発見等）

第5条　学校，児童福祉施設，病院，都道府県警察，婦人相談所，教育委員会，配偶者暴力相談支援センターその他児童の福祉に業務上関係のある団体及び学校の教職員，児童福祉施設の職員，医師，歯科医師，保健師，助産師，看護師，弁護士，警察官，婦人相談員その他児童の福祉に職務上関係のある者は，児童虐待を発見しやすい立場にあることを自覚し，児童虐待の早期発見に努めなければならない。

2～5　〔略〕

（児童虐待に係る通告）

第6条　児童虐待を受けたと思われる児童を発見した者は，速やかに，これを市町村，都道府県の設置する福祉事務所若しくは児童相談所又は児童委員を介して市町村，都道府県の設置する福祉事務所若しくは児童相談所に通告しなければならない。

2　前項の規定による通告は，児童福祉法第25条第1項の規定による通告とみなして，同法の規定を適用する。

3　刑法（明治40年法律第45号）の秘密漏示罪の規定その他の守秘義務に関する法律の規定は，第1項の規定による通告をする義務の遵守を妨げるものと解釈してはならない。

学校保健安全法（抄）

（昭和33年法律第56号）

最終改正：平成27年6月24日法律第46号

第1章　総則

（目的）

第1条　この法律は，学校における児童生徒等及び職員の健康の保持増進を図るため，学校における保健管理に関し必要な事項を定めるとともに，学校における教育活動が安全な環境において実施され，児童生徒等の安全の確保が図られるよう，学校における安全管理に関し必要な事項を定め，もつて学校教育の円滑な実施とその成果の確保に資することを目的とする。

（定義）

第2条　この法律において「学校」とは，学校教育法（昭和22年法律第26号）第1条に規定する学校をいう。

2　この法律において「児童生徒等」とは，学校に在学する幼児，児童，生徒又は学生をいう。

第2章　学校保健

第3節　健康診断

（就学時の健康診断）

第11条　市（特別区を含む。以下同じ。）町村の教育委員会は，学校教育法第17条第1項の規定により翌学年の初めから同項に規定する学校に就学させるべき者で，当該市町村の区域内に住所を有するものの就学に当たつて，その健康診断を行わなければならない。

（児童生徒等の健康診断）

第13条　学校においては，毎学年定期に，児童生徒等（通信による教育を受ける学生を除く。）の健康診断を行わなければならない。

2　学校においては，必要があるときは，臨時に，児童生徒等の健康診断を行うものとする。

（職員の健康診断）

第15条　学校の設置者は，毎学年定期に，学校の職員の健康診断を行わなければならない。

2　学校の設置者は，必要があるときは，臨時に，学校の職員の健康診断を行うものとする。

第4節　感染症の予防

（出席停止）

第19条　校長は，感染症にかかつており，かかつている疑いがあり，又はかかるおそれのある児童生徒等があるときは，政令で定めるところにより，出席を停止させることができる。

（臨時休業）

第20条　学校の設置者は，感染症の予防上必要があるときは，臨時に，学校の全部又は一部の休業を行うことができる。

著作権法（抄）

（昭和45年法律第48号）

最終改正：令和3年6月2日法律第52号

第2章　著作者の権利

第3節　権利の内容

第5款　著作権の制限

（学校その他の教育機関における複製等）

第35条　学校その他の教育機関（営利を目的として設置されているものを除く。）において教育を担任する者及び授業を受ける者は，その授業の過程における利用に供することを目的とする場合には，その必要と認められる限度において，公表された著作物を複製し，若しくは公衆送信（自動公衆送信の場合にあつては，送信可能化を含む。以下この条において同じ。）を行い，又は公表された著作物であつて公衆送信されるものを受信装置を用いて公に伝達することができる。ただし，当該著作物の種類及び用途並びに当該複製の部数及び当該複製，公衆送信又は伝達の態様に照らし著作権者の利益を不当に害することとなる場合は，この限りでない。

2　前項の規定により公衆送信を行う場合には，同項の教育機関を設置する者は，相当な額の補償金を著作権者に支払わなければならない。

3　前項の規定は，公表された著作物について，第1項の教育機関における授業の過程におい

て，当該授業を直接受ける者に対して当該著
作物をその原作品若しくは複製物を提供し，
若しくは提示して利用する場合又は当該著作
物を第38条第1項の規定により上演し，演奏
し，上映し，若しくは口述して利用する場合
において，当該授業が行われる場所以外の場
所において当該授業を同時に受ける者に対し
て公衆送信を行うときには，適用しない。

（試験問題としての複製等）

第36条　公表された著作物については，入学試
験その他人の学識技能に関する試験又は検定
の目的上必要と認められる限度において，当
該試験又は検定の問題として複製し，又は公
衆送信（放送又は有線放送を除き，自動公衆
送信の場合にあつては送信可能化を含む。次
項において同じ。）を行うことができる。ただ
し，当該著作物の種類及び用途並びに当該公
衆送信の態様に照らし著作権者の利益を不当
に害することとなる場合は，この限りでない。

2　営利を目的として前項の複製又は公衆送信
を行う者は，通常の使用料の額に相当する額
の補償金を著作権者に支払わなければならな
い。

索　引

《監修者紹介》＊は編者

＊広岡義之 （ひろおかよしゆき）　編著者紹介参照

林　泰成 （はやしやすなり）　上越教育大学学長

貝塚茂樹 （かいづかしげき）　武蔵野大学教育学部・同大学院教授

《執筆者紹介》所属，執筆分担，執筆順，＊は編者

＊津田　徹 （つだとおる）　編著者紹介参照：はじめに，第1章，第8章

柏木　敦 （かしわぎあつし）　立教大学文学部教授：第2章

池上　徹 （いけがみとおる）　関西福祉科学大学健康福祉学部教授：第3章

林　美輝 （はやしみき）　龍谷大学文学部教授：第4章，第6章

塩見剛一 （しおみこういち）　大阪産業大学全学教育機構准教授：第5章，第11章

佐々木哲哉 （ささきてつや）　岩手大学教育学部非常勤講師：第7章

武田猪久生 （たけだいくを）　龍谷大学文学部講師：第9章，第14章

嶋口裕基 （しまぐちひろき）　名城大学教職センター准教授：第10章

杉原央樹 （すぎはらひろき）　名古屋女子大学文学部講師：第12章

諏訪絵里子 （すわえりこ）　目白大学心理学部専任講師：第13章

佐久間裕之 （さくまひろゆき）　玉川大学教育学部教授：第15章

《編著者紹介》

津田　徹（つだ・とおる）

　1970年生まれ。神戸芸術工科大学芸術工学教育センター教授。関西学院大学大学院文学研究科博士課程単位取得満期退学。主著に『新しい教育原理　第2版』（共著）ミネルヴァ書房，2014年。『はじめて学ぶ教職論』（共著）ミネルヴァ書房，2017年。『はじめて学ぶ教育の制度と歴史』（共著）ミネルヴァ書房，2019年。『教育思想の50人』（共訳）青土社，2012年など。

広岡　義之（ひろおか・よしゆき）

　1958年生まれ。神戸親和女子大学発達教育学部・同大学院教授。関西学院大学大学院文学研究科博士課程単位取得満期退学。博士（教育学）。主著に『フランクル教育学への招待』風間書房，2008年。『ボルノー教育学研究　増補版』（上・下）風間書房，2018・2019年。『絵で読む教育学入門』ミネルヴァ書房，2020年。レーブレ『教育学の歴史』（共訳）青土社，2015年など。

ミネルヴァ教職専門シリーズ③
教職論

2021年11月25日　初版第1刷発行　　　　　〈検印省略〉

定価はカバーに
表示しています

編著者	津	田	徹
	広	岡 義	之
発行者	杉	田 啓	三
印刷者	坂	本 喜	杏

発行所　株式会社　ミネルヴァ書房

607-8494　京都市山科区日ノ岡堤谷町1
電話代表　(075)581-5191
振替口座　01020-0-8076

©津田・広岡ほか，2021　　冨山房インターナショナル・藤沢製本

ISBN 978-4-623-08956-7

Printed in Japan

ミネルヴァ教職専門シリーズ

広岡義之・林　泰成・貝塚茂樹 監修

全12巻

Ａ５判／美装カバー／200〜260頁／本体予価2400〜2600円

ミネルヴァ書房

https://www.minervashobo.co.jp/